労働過程論ノート

内山 節 Takashi Uchiyama

内山節著作集 1

農文協

内山節著作集　第1巻　労働過程論ノート　目次

内山節著作集

1

労働過程論ノート

内山 節

著者解題

労働と人間の考察への出発点

人間と労働の関係について考え始める

その人の労働のあり方が、人間形成に何らかの関わりをもっているのではないか。そんな気持ちをもったのはずいぶん昔のことで、中学生の頃だったのではないかと思う。なぜ学校の先生は「先生らしく」なっていくのか。私が暮らしていた東京郊外の住宅地はサラリーマンが圧倒的に多い地域で、その人たちは何となく「会社員らしく」なっていた。商店街の人たちは「商人らしく」、まだ多少残っていた農民たちは「農民らしく」生きていた。そんな様子をみながら、労働が人間の形成に何らかの役割を果たしているのではないかと私は感じていた。

さらに振り返ってみると、私は小学校四年のときに一九六〇年を迎えている。それは日本を二分したといわれた安保闘争の年だった。当時は子どもたちでも、デモ隊のまねをして校庭で遊んだりしていたのだけれど、私がより大きな関心をもっていたのは、安保闘争の前からつづいていた三井三池闘争のほうだった。それは炭鉱合理化をめぐる労働争議であり、総資本と総労働の対決ともいわれた大闘争だった。もちろん闘争の意義や構造などというものは当時の私にはわからない。にもかかわらず炭鉱労働者たちの様子が生き生きとしているように感じられて、この躍動感は何が生みだしているのだろうかと考えていたことを覚えている。そんなこともあって、人間と労働の関係を考えてみたいという気持ちが、十代の頃の私にはあった。

高校に入るとマルクスの本をよく読むようになった。いくつかの本は中学生時代にも読んでいたが、理解しながら読むようになったのは高校生になってからである。私が重点を置いていたのは『共産党宣言』を書く前の文献、いわゆる初期マルクスの文献で、最初の論文になる学位論文『デモクリトスとエピクロスの自然哲学の相違について』から、「新ライン新聞」の記者時代に書いた『森林盗伐禁止法について』、その後パリに住居を移してから書かれた『経済学・哲学草稿』、『ドイツイデオロギー』などだった。

この時代にも私の関心の中心は人間と労働の関係だった。初期のマルクスはそれを資本主義の労働として、資本主義における疎外された労働として描いている。労働は通時的、歴史貫通的に同じではなく、資本主義のもとでは疎外された労働として成立しているという記述である。この文脈は『経済学・哲学草稿』にもっともよく現われているが、何回となく読んでいるうちに疑問も発生してきた。マルクスの論理にしたがうなら、資本主義は疎外された労働の上に成立し、この労働の疎外のもとでは人間の疎外や人間の自然からの疎外、個と類の関係の疎外が発生して、人間性が喪失されていくということになる。ところがもしもそのとおりだとするなら、それは人間が力を失っていく過程であり、その人間たちが社会変革の力を確立するとは思えない。マルクスの論理は、ダメになっていく人間の構造を示しているのである。

当時私がマルクスを読むためのテキストとして使っていた梅本克己の場合は、だからこそ疎外された人間として生きていることへの自覚と、歴史における人間の役割への自覚が大事なものとして措定されるのだが、キェルケゴール流の自覚の論理をマルクス哲学に導入していく論法が十分なものとはまた思えなかった。その頃はサルトルの人気も高く、実存哲学、あるいは実存主義にある自覚の論理とマルクス哲学とを重ね合わせるのは、一九六〇年代の思想のひとつの傾向ではあったが、私自身はこの「自覚の論理」を信用してはいなかった、もともとはそれは神に対する自覚から発生してきた論理であり、この論法をもちだすと、自覚できない人間の問題がたえず重大な課題になってしまう。自覚できるものと自覚できないものというヒエラルキーが発生してしまうのである。

社会変革の主体形成はどう実現するか

疎外論は資本主義のもつ原理を考察する優れた理論ではあったが、それだけでは、前記したようにダメな人間の成立をみることになってしまって、マルクスがめざした革命をめざす人間の論理がでてこないのである。それを補うために「自覚の論理」が提示されることにもなったが、それもまた十分なものではなかった。

『経済学・哲学草稿』の後半部分から、マルクス自身も疎外論の記述が低下していく。それに代わってひとつの軸になっていくのが窮乏化論だった。窮乏化論とは、資本主義が発達すればするほど労働者は窮乏化していくという理論なのだが、この理論は世界的にみれば、たとえばアフリカなどの人々の窮乏化というかたちでいまでも通用するという意見もある。しかしこの論法には無理があるというべきだろう。歴史的には資本主義はこの方向ですすんではこなかった。

私が感じていたのは、マルクスは革命の可能性を導き出せなかったのではないかという疑いだった。確かに資本主義はいろいろな矛盾を生じさせる。しかし矛盾があるからといって人々が社会を変革しようとするとはかぎらない。たとえば戦前の日本にはさまざまな矛盾があったが、変革の気運が高まるどころか戦争に突入してしまっている。人間たちが変革にむかって歩むためには、それをめざす人々の意志が必要なのである。とするとこの意志はどこから生まれてくるのか。疎外論ではそれが解けないし、窮乏化論は歴史の現実を説明できない。

しかも歴史をよくみていくと、社会に矛盾が堆積しているときに変革の動きが起こるとはかぎらないのである。矛盾が深まっているときに変革の動きが発生せず、逆にそれほど矛盾が深まっているとは思えないときに、大きな社会変革がはじまったりもする。さらにその担い手たちをみると、客観的にみれば社会のなかで安定している人たちや、支配階級に近い人、マルクスの時代には貴族やブルジョアジーの一部が革命に加わったり、大きな役割を果たしたりもしている。矛盾のまっただなかにいる人が動かず、社会変革など起こらないほうが有利な立場にいる人が、革命をめざしたりもしているのである。とすると社会変革をめざす主体形成はどのようにして実現していくのか。この問いに対して、マルクスもまた答えることができなかったのではないか。そんな思いをもちながら、十代の頃の私はマルクスを読んでいた。

『資本論』に描かれていない世界

そんな問題意識をもちながら『資本論』を読んでみると、次のようなことがわかってきた。いうまでもなく『資本論』はマルクス最晩年の本であり、マルクスの手で完成したのは第一巻だけで、第二巻以降は死後に残されたノートをもとに、エンゲルスが完成させたものである。ゆえに第二巻以降がマルクスの考え方を正確に反映しているかどうかは議論のあるところであるが、第一巻に則して述べてもいくつかの疑問がでてくる。

たとえば全体の構成なのだが、『資本論』は資本制生産様式を科学的に解析していこうとする部分と、資本制社会に対するマルクスの思いが重なり合うかたちでつくられている。この「思い」の部分を外して科学的な考察の部分だけを読んでいくと、資本制生産様式がどのような構造を形成していて、いかに資本の拡大生産がとげられていくのかはよくわかる。その意味では「資本主義」分析にとって有効な研究であることは変わらない。ところが素直にこの部分だけを読んでいくと、剰余価値を生みだしながら拡大再生産されていく「資本主義」の仕組みは明らかになっても、その資本主義がなぜ倒されうるのかはわからないのである。日本の代表的なマルクス経済学の研究者であった宇野弘蔵は、『資本論』をいくら読んでも革命の必然性はでてこない。むしろ永遠に発展しつづける「資本主義」の論理が展開されている、というようなことを述べていたが、この宇野の見解に私も同意していた。

もっとも宇野は学問と実践は別のもので、実践の論理は学問の成果を参考にしつつも、学問とは別のところでつくられると述べることによって、『資本論』の論理構造自体に問題があるという立場はとっていなかったのだが、私自身には、それでよいのだろうかという気持ちがあった。

なぜ『資本論』は「革命の必然性」が明らかにできないのか。それは『資本論』の端緒的概念が商品、労働力商品におかれているからなのではないか。そのために商品の展開過程である資本制生産様式の構造は明らかになっても、労働者は自己の労働力を商品として売る存在だけになってしまい、あたかも《永遠に搾取される》存在として描かれてしまうのである。

とするなら、「資本主義」を別の方法で分析することはできないだろうか。「資本主義」のあり方自体が「資本主義」を瓦解させていく可能性をもっている、そういうものとして「資本主義」を分析することはできないだろうか。十代の終わり頃になると、私はそんな感覚をもつようになった。

労働力商品の背景に退いた労働過程に着目する

ところがいろいろな本を読んでみても、そんな研究はどこにも存在しないのである。仕方ないから自分でやってみようか。次第に私はそんな気持ちをいだくようになった。

そんなある日、この課題を解いていくヒントが、やはり『資本論』にあることに気づいた。第一巻のはじめのほうで、マルクスは使用価値や労働過程についてふれている。労働過程とは労働それ自体のプロセスのことであり、自然と人間が交通する過程、使用価値を生みだす過程として描かれている。使用価値についての記述はさして独自性があるわけではなく、アダム・スミス以来の古典経済学を踏襲したものであるが、労働過程では人間労働を通時的、歴史貫通的に扱いながら、人間労働とは本来どのようなものであったのかが考察されている。ところがその後に記述が、資本制生産様式の構造分析に移ると、前記したように、労働や労働者は労働力商品として扱われ、労働力商品の価値と労働が生みだす価値との違いをとおして、永遠に拡大再生産をとげていくかのごとく「資本主義」が描かれてしまうのである。

もしかすると労働過程の考察をとおして資本制生産様式を分析するという方法が可能かもしれない。それができれば、資本制生産様式のなかに発生する労働の矛盾をとらえることで、「資本主義」に飲み込まれていく人間のあり方と、にもかかわらず「資本主義」に対抗していく主体の形成とを、同時に明らかにする思想がつくれるかもしれない。つまり、「資本主義」の展開自体が、それに対抗する主体をつくりだしていくという構造が示せるかもしれないと私は思った。

それは子どもの頃からの私の問題意識ともつながっていた。労働が人間の形成にどんな役割を果たしているのかという問題意識である。もしも私の仮説が正しいとすれば、「資本主義」における労働は、「資本主義」的人間とそれに対抗する人間とを同時につくりだす可能性をもっていることになる。

すなわちそれは資本制生産様式を生産過程＝商品の生産過程と労働過程とが分離・二重化した生産様式としてとらえることによって、生産過程がつくりだす人間と労働過程がつくりだす人間とが不調和なままに展開する、すなわちふたつの主体が不調和なままに形成されていく構造を、資本制生産様式がもっているという視点から「資本主義」分析をおこなうことで、「革命の可能性」をもつくりだす「資本主義」をとらえようとしたものだった。

残された課題を追って

もっともそれは簡単にはいかず、この研究とともに二十代前半はすぎていった。その頃の私は自分の考え方をまとめることが目標で、それを本にするとか、著述を自分の仕事にするとかを考えていたわけではなかった。ところが知人たちのすすめで雑誌に原稿を書くようになり、その掲載誌がでると当時三一書房にいた編集者の方が連絡をくださって、将来単行本にする気があるのなら自分の手で本にするという提案をされた。私もそうしてもらえるのならそれもいいかもしれないという気持ちになり、こうして生まれたのが『労働過程論ノート』だった。提案をもらったときには大まかな構想はできあがっていたのだけれど、完成したのはそれから二年の後だった。その間に編集者の方は田畑書店に移っていたから、この本は田畑書店からの刊行になっている。本巻には『労働過程論ノート』に先立って発表した小論二編をあわせて収録しているが、いずれも「労働過程」に言及するきっかけとなったものや、単行本の構想中の試論である。

『労働過程論ノート』はいまから四〇年近く前の本である。その点では不十分なところはたくさんあるが、ともかくも今日の私の考え方につながる第一歩の本ができた。いまでもこの本のなかで探ろうとしたことは、私の考え方の柱のひとつになっている。

ただし次のような問題点があることは、脱稿したときからわかっていた。それはこの本で扱っている労働が、二次産業の労働に限定されていたことである。将来は一次、三次産業をふくめて、より包括的な「労働過程論」を書く必要があると私は感じていた。だがこの課題はいまも果たしていない。その理由は、『労働過程論ノート』の草稿を書きはじめた頃から、私が群馬県の山村、上野村と関わりをもつようになったことにあった。この村で私は山村の労働の姿やその労働が自然、地域、共同体、共同体の文化などと一体のものであることを学んだ。労働のなかに商品の生産過程と労働過程とが重なり合っているだけでなく、自分たちの生きる世界のすべてが関わっている。とするとこの世界をとらえるには、単なる生産様式の考察には終わらない包括的な研究が必要だということになる。

たとえば農業について考察しようとするときは、農業だけを分析したのではうまくないのである。農村のすべてをとらえることによってはじめて、農業とは何かもわかってくる。このような世界があることを知った結果、私の文章の対象は、ときに自然と人間の関係をとらえなおすことに、ときに伝統社会と近代社会の時間存在の違いに、ときに伝統的な労働のあり方に、ときに共同体の考察へとすすんでいくことになった。

『労働過程論ノート』でとらえようとしたものはいまも引き継がれているにもかかわらず、この本ではとらえられていなかった課題を追ううちに、私の考察対象が広がっていったのである。

その意味でも『労働過程論ノート』は、私の出発点の本だった。

労働過程論ノート

増補版へのまえがき

『労働過程論ノート』初版は私にとっては二十代前半の大半の時間を費した研究であった。「マルクス主義」を労働者＝人間の存在を解放するという視点から再構築しなければならない、そのためにはまず「労働」概念をつかみなおし、労働存在論の視角から資本制生産様式を分析する方法を確立しなければならない、その理論的核になるものが労働過程論である、その頃の私はその思いにかられながら『労働過程論ノート』の草稿づくりを繰り返していた。

その私の思いは、一九六〇年代後半の一連の階級闘争——反戦派労働運動と全共闘運動——の一定の終息という地平からはじまっていた。もっとも、当時これら新左翼系運動に対する挫折感というようなものはなかった。ただ六〇年代闘争の到達した地平を検討しながら、この闘いの延長線上に人間の解放は実現しないと思っていたのである。これからは六〇年代に獲得した思想をもう一度見直して、新しい革命の哲学を創造するために再出発しなければならない。当時の私にとってそれはなによりも優先しなければいけない歴史の要請のように思えた。

『労働過程論ノート』初版はけっして売れ行きのよい本ではなかった。しかし少しずつ在庫は減っていき、六年後にようやく初版二五〇〇部が売り切れた。その頃から逆に私のところにも本書の問い合わせが来るようになってきた。

その背景には、「労働」を思想の次元でとらえなおすことへの関心の高まりがあったように思う。いうまでもなく、今日も繰り返されている技術革新によって、いま人間の労働は深刻な地点に立たされている。とともに、マルクス主義を含む古典理論が一定程度意味を失っていくという状況のなかで、近代‐現代の思想とは何だったのかを根本から問いなおそうという意識が徐々に拡がってきていたように思われる。

二年間在庫切れになっていた『労働過程論ノート』は、この状況のなかで新版が刊行されることになった。その後の研究に照らして補足すべきいくつかの点は、「補章」として書き下し、増補版としたが、本論は誤植等を数ヵ所訂正した以外は初版のままである。

『労働過程論ノート』初版のなかには、いまとなれば書き足したい箇所も存在している。しかしこの本のもつ理論的骨格はいまの私にとっても変更される必要はない。それは私にとって端緒的な仕事であったというばかりでなく、存在論↓労働存在論↓労働過程論という『労働過程論ノート』の方法自体もまた現代を分析するための基本的方法になりうると思われるからである。ただその後刊行してきた何冊かの本、『存在からの哲学』や『戦後日本の労働過程』、さらに本書の続篇ともいうべき『労働の哲学』などを参照にしていただければ幸いである。

労働とは単に賃労働の世界を規定するだけではない。それをとおして人間の存在全体を律していく基盤であり、あるいは人間の存在自体がひとつの労働過程である。そうして私たちの目的は人間を解放することであり、換言すれば人間の存在を解放することである。そのためにはまず賃労働の世界を解放された労働存在の世界へと変えていかなければならない。その核心が労働者の手による労働過程の奪還であるという『労働過程論ノート』における私の二十代前半の主張は、いまの状況のなかでいかなる読まれ方をするのであろうか。この一九八〇年代の現実をみながら、私は新しい批判を受けたいと思っている、そこからしか思想の未来に対する情熱は生まれてこないであろうからである。

一九八四年六月　著者

序章　革命の哲学を構築するために

一　なぜ、〈革命の哲学〉か？

労働過程の研究は、マルクス主義哲学の空白領域を止揚するための作業である。空白を埋めるのではない。資本制社会における人間の労働の本質を、存在論・実践論として解き明かし、その視角から資本制社会総体を認識しようとする試みである。それをわたしは、マルクス主義哲学を、労働者の主体的・実践的な哲学体系へと変革する作業として設定した。

マルクス主義哲学の空白領域とは、どのような内容を指すのだろうか。ここでいう空白とは、一分野の欠落ということを意味しているのではない。個々の分野にかぎっていえば、自然哲学は今日も依然として論争上にあり、史的唯物論でさえ、その内容は、すべての哲学者に承認されうる共通項をもっているわけではない。しかし、そのような個別的な分野の未完成ということの以前に、根源的な領域において、マルクス主義哲学は、大きな空白を残してきたように思えるのである。そのことは、思想としてのマルクス主義は人間自身が創造していく領域の問題をとらええていないのではないか、という疑問にはじまる。
哲学は、人間の具体的な存在と実践の営為を対象化することができるとき、一つの物質的力を保有する。より具体的にいうなら、資本主義的な諸関係のなかに規定された人間が、どのような存在物として、いかなる軌跡を描いて生きているのかという、人間自身が創造した存在と実践の世界を、科学的に解明することができるとき、哲学は今日の人間のなかで有効性を保有することができるのである。そのことを逆にいうなら、人間のつくりだした存在と実践の領域を対象化しえない哲学は、人間に対して外在的なものにならざるをえないということである。すなわち、〈私〉の外の思想になってしまう。それは〈私〉の世界には、なにものをももたらさない。

常識的にいえば、マルクス主義哲学は労働者の哲学であり、革命の哲学である、といわれてきた。しかしその反面において、労働者の・革命のという言葉のもつ内容は、かならずしも明確ではなかった。なぜマルクス主義哲学は、労働者の・革命のものであるという独自性をもつのだろうか。今日、わたしたちは、そのことへの解答の術を失ったように思える。*

マルクスがおこなった作業は、簡潔に述べれば、対象世界の認識へと導かれている。前資本主義的な諸規定がとり払われ、資本の独自の法則が貫徹する社会へと社会全体が純化していく、そのような資本制社会の形成過程を対象化し、その対象世界の諸要素のなかに、同時に資本制社会を揚棄する矛盾をもみていこうとしたのである。

それは、資本制社会の一般的な諸状態を解明していく努力であった。しかし、それだけなら、資本制社会一般の分析は、別に、労働者の・革命の哲学になるわけではない。例示するなら、『資本論』は、労働者・革命にとってのみ有効であり資本家にとってはなんら有効性をもたないわけではないのである。

資本制社会一般の分析とは、あくまで、労働者にとっても資本家にとっても、自分とは自己疎外的な関係にある、対象世界を認識する、という次元の解明にすぎないのである。なぜ労働者は革命をとおして資本制社会を解体するのか、あるいは、なぜ〈私〉は資本制社会に敵対するのか、という根拠は、対象世界一般の認識からは出てこないのである。

そういう疑問に対して、ある意味では明確な解答を出したのは、宇野弘蔵である。宇野は、マルクス経済学は、資本主義的経済過程の法則を科学的に明らかにすることにその意義があったのであって、そこから革命の必然性などは導き出せないという、そのかぎりでは正しい提起をおこなっている。*

しかしそのことは、次項で述べるように、資本制社会という対象を、経済過程の分析としておこなうかぎりにおいて正しい指摘である、ということが留意されなければならないだろう。すなわち、資本制社会を経済学の立場から分析する、資本制社会の内的法則性を抽出するのが経済学である、ということを前提にする以上、社会一般の認識は、労働者だけのものになることも、革命の必然性を導き出すこともないのである。

対象世界の認識という営為は、それ自身、労働者の・革命の思想をつくりだす作業ではない。

労働者が・革命が、利用する科学的認識を提起することができるだけである。そしてそれは、労働者だけが利用するものでもない。

とすれば、マルクス主義哲学は、本来労働者の・革命のものであるという註釈を、放棄すべきなのであろうか。そしてただ単に、世界を科学的にとらえるものにすぎないのだろうか。それならば、マルクス主義とは、他の一般科学より特別に優位な地平をもつわけではなくなる。

そのような疑問は、実際の労働者にとっては、より大きな意味をもってくるのである。なぜなら、マルクス主義が、労働者だけの共有できる思想でないとするならば、労働者にとってマルクス主義は単なる外在的な科学であり、労働者はマルクス主義と結合する内的必然性をもたなくなる。マルクス主義は、それを正しい科学だと信じる人びとだけの所有物となってしまい、労働者との特別の関係は生まれない。そして現実的には、労働者は、自分の行動を決定する原理として、マルクス主義を承認してはいないのである。

しかし、それでは、それでよいのだろうか、という新しい疑問が生まれることになるだろう。マルクス自身の言葉を使えば、「哲学はプロレタリアートを止揚することなしには現実化されず、プロレタリアートは哲学を現実化することなしには止揚されない」(『ヘーゲル法哲学批判序説』)のではなかったのか。*

マルクス主義哲学を、労働者の・革命の哲学として創造しなおすことが、今日要求されているのである。労働者の世界をとらえ、革命の必然性と方向性を提示しうる哲学体系をつくりだすことが、必要なのである。

哲学が、労働者の・革命の、ものであるためには、哲学の主体が、労働者でなければならない。哲学自身が、労働者という主体を媒介として、その主体の展開過程としてつくりだされている、ということが必要なのである。たとえば経済学は、資本の生産過程の一要素として、労働力商品として、労働者を考察する。そこから商品になり切れない労働力の性格をもとらえていく。*そこでの主体は、資本の生産過程の側に設定されている。資本の生産過程に従属して、労働力という規定がつくられるのである。そういう方法は、労働者から外化した、労働者の表象の世界をとらえることはできても、労働者自身の内的な世界、実存的な世界は考察しえない。

反対に、わたしの考えていることは、労働者の主体の展開過程として、この資本主義的生産過程の構造を、この資本制社会総体を、とらえることはできないだろうか、ということである。そのことによってしか、労働者の、革命の哲学としてマルクス主義哲学をつくりだすことは不可能ではないか、と思えるのである。〈彼〉の主体を媒介としない哲学は、〈彼〉のもつ世界をとらえる哲学体系にはならない。

マルクスの哲学は、対象世界の認識という営為のなかでつくりだされた。すなわち、資本制社会がどのようなしくみによってつくりだされ、運営されているのかということを知ろうとする努力であった。だからそこでは、社会全体という対象が設定され、社会を構成する要素は、そこでの一概念として抽出されたのである。たとえば資本家とは、資本の人格的表現としての一概念であり、生産手段とは、生産過程のなかの一概念である。そのように諸要素を一概念としてアトム化することにより、対象世界を、科学的に解明することを可能にしたのである。

それゆえにそこでは、労働者も、生産過程の内部における労働力、という一概念として扱われた。生身の労働者は、それ自身としては、科学の分析対象にはならなかった。しかし労働者は、労働力という概念である以前に、ただの労働者としての実存をもっている。〈彼〉のそのような領域は、科学の分析対象にはならない。〈彼〉は、生産過程の一要素になることによって、科学のなかにあらわれたのである。*

マルクスの経済学は、労働者の世界を、労働力の世界に置き換えたのである。その結果、労働者の世界に属する問題は切り捨てられることになった。労働者が、自分の労働の世界のなかでかかえている矛盾は、マルクス主義の体系のなかから消えたのである。

それをわたしは「客観主義」という言葉で呼ぶ。〈彼〉の主体的な世界を捨象した思想は、〈彼〉にとっては客観主義でしかない。

哲学の主体性は、そのイデオロギーによって証明されるものではない。マルクス主義が科学体系としては客観主義であり、労働者、革命の問題は、イデオロギーとして補完するというのであれば、マルクス主義哲学は、けっして労働者の主体性をとらえることはないのである。反対に、科学体系のなかに労働者の主体が貫徹するとき、マルクス主義哲学は、労働者の・革命のものであるという主体性をもつのである。

マルクス主義哲学は、労働者の世界を媒介として資本制社会を把握する哲学体系へと創造されなければならない、というのがわたしの提起である。もちろん、今日においては労働者は、賃金労働者にすぎない。生産過程では、労働力として〈彼〉の価値は承認されているにすぎない。しかし半面において、労働者は、労働という行為をとおして、自分の主体的な世界をつくりだしているのである。ここでいう「主体的」という言葉の意味はのちにふれることにしよう。しかし次のことは確認されねばならない。資本制社会では労働者は、資本の生産過程に従属することによってしか自己の存在の基盤をもつことはできない、しかしそこにおいても〈彼〉は、自分の労働をおこなうことによって〈彼〉の世界をつくりだしつづける、ということを。そしてこの〈彼〉の世界は、労働力という概念だけによって代替されることはできないのだ、ということを。〈彼〉の世界とは、〈彼〉を媒介とした行為の世界である。これに対して労働力という概念に〈彼〉が置き換えられたとき、それは生産過程の要素としての、空間上での概念である。そこには、おのずから次元のちがいがある。もし後者をもってマルクス主義哲学が終了してしまうなら、労働者の行為の世界は、不可視のものとなってしまう。そして実際なってしまっている、とわたしには思えるのである。

自分が労働者という存在である、ということから生まれるその存在の世界を、科学の課題として解明しないかぎり、マルクス主義は労働者に対して他者となってしまう。理論は人間の実践によってつくられる領域を包摂しないかぎり、人間の主体と結合することはできないだろう。

わたしが労働過程をとらえようとする目的は、労働主体の自己展開過程のうちに、資本制社会を分析することにある。労働者の日常的営為のなかから資本制社会をとらえる視角をつくろうとすることである。そういう方法によって、わたしは、労働者の・革命の哲学を創造しようと考えた。

二　なぜ、〈労働過程論〉か？

労働主体の自己展開過程として資本制社会をとらえることはできないだろうか、というわたしの問題意識をつくりだしていったのは、次の三つのことがらである。一つは、資本制社会を把握する場合の、経済学を万能の基礎原理と考えることへの疑問であり、二つは、戦後主体性論争で提起された、マルクス主義は人間の主体的な領域の問題をどのように把握するのか、ということへのわたしの解答の作業であった。そして三番目には、これまで述べてきたことと関連するが、労働者という主体とマルクス主義はどのような関係として結合するのか、という疑問である。

第三の課題は、同時に、きわめて今日的な問題でもあった。つまり、マルクス主義は労働者の主体的な世界をこれまでとらえてきていない。そのことは、労働者の主体的な解放である革命についての思想、すなわち、革命と労働者の関係を解明してはいないことを示している。そして、であるがゆえに、労働者の革命運動は、明確な理論をもっていないのである。資本主義の諸原理が貫徹している国において、革命運動は一つの壁につきあたっているように思える。その壁をつくりだした原因は、たとえば前衛党の不在というようなことになるのではなく、より基礎的な、すなわち、労働主体の解放としての革命の原理が解明されていないということにかかわっているのである。労働者は、自分が主体的にかかわっている領域の問題で、明確な方針をもつことができなくなっている。そのことが、わたしには、労働者の運動を混乱におとしいれている最大の原因に思える。マルクス主義哲学が、労働者という主体の〈外〉の哲学であるかぎり、労働者は、自己を革命主体に転化していく理論をもつことはできない。

そのような三つの経路をたどって、わたしは労働過程論の構想にたどりついた。それは冒頭に述べたように、マルクス主義哲学の空白領域を止揚する、という問題意識につながっていったのである。

なぜわたしが労働過程論を提起するのか、ということを明らかにするために、ここでは、この三つの経路についてより詳しい説明を加えていきたい。

第一の経路について述べれば、次のようなことである。

マルクス経済学は、資本制社会を資本家的生産様式が貫徹する社会としてとらえ、その資本主義的生産様式の法則の解明としてつくられたものである。資本制社会をかたちづくる基盤は、この資本主義的生産様式のなかにあるのだから、その法則の分析をめざすこと自体は、当然のことであったといえるだろう。ここで考えなければならないことは、その分析を、マルクスはなぜ価値論を基礎としておこなったのか、ということである。

マルクス経済学は、スミスにはじまる国民経済学の批判的完成としてあらわれてくる。またスミスからマルクスに到る経済学の完成過程は、イギリスにおいて、重商主義が克服され、産業資本が自立した運動法則を確立していく過程にある。つまり、前資本主義的な諸要素が解体され、資本主義自身が自己の内的運動法則にもとづいて自立し、純化していくのである。資本主義的生産様式が、自分自身の内部の諸要素によって均衡を保ち、また破壊され、更新されていく、純粋に経済内的要素によって社会が構成されていくことになった。それは経済過程の内部に、自身を動かす法則がつくられていくことを示している。そのような法則を、スミスは「見えざる手」として考察した。つまり、見えざる手の「予定調和」のうちに、資本主義的生産様式の運動法則を解明していこうとしたのである。

そのことをマルクスは、労働によってつくりだされる価値と、その資本家的搾取のなかに見出していった。換言すれば、剰余価値の生産と、その資本への蓄積のなかに、資本主義的生産様式の内部の法則をとらえていったのである。

そこでは労働者は、資本主義的生産過程の内部で価値を生産する者としてとらえられた。つまり、労働力として扱われたのである。そしてこの労働力とは、当然、資本主義的生産様式にもとづいて概念規定を与えられたものでなければならなかったのである。

そのことは、二つの原因にもとづいている。一つは、いま述べたように、資本主義的生産様式が支配的な原理となっている以上、それとの関係においてしか人間を科学的に規定しえなくなってきたことであり、もう一つは、実際に小生産者が資本のもとでの労働者になりはじめた、という事実である。小生産者が労働者に転化するということは、小生産者が労働力商品を売ることによってしか生きられない人間に変化することを意味する。だから、その変化を正しく規定することが必要となるのである。

それはマルクスにとっては、革命論上の問題である。近代的工業とともにつくられてきた労働者を、革命の力として考えていたマルクスにとっては、それがなぜ下層民一般ではなく、近代的工業のもとでの労働者であると設定するのか、ということへの解答を出す必要があったといえるだろう。マルクスが、資本主義的生産様式の分析というレベルで対峙していたのは、産業資本の形成とともに生まれたスミス、リカード等であり、革命論の立場からマルクスが対決していたのは、職人プロレタリアートの連合を考えていたワイトリング*らであり、また下層民を革命の主体としていたバクーニンらであること、そのことの意味がここでは考えられねばならない。

労働力の商品化は、それまでの小生産者としての人間の、人間と労働の紐帯を喪失させる。それまでの人間の、労働過程と生活過程を否定する。そのことによって近代プロレタリアートはつくられてくる。そして、資本にみずからを労働力として売る以外の一切のすべをもたない存在であるがゆえに、プロレタリアートは下層民一般ではない。彼らは資本主義的生産様式によって規定された「下層民」なのである。であるがゆえに、プロレタリアートは、この近代資本制社会を打ち倒す革命の力となる、というのがマルクスの主張であった。

マルクスにとっては、その意味から、労働者が労働力になるとき、どのような新しい存在になるのかを解明することが必要だった。そしてそれが、国民経済学の流れをふまえて、資本主義的生産様式を、労働によってつくられた価値の搾取の法則のなかに解き明かすことと重なったのである。また、そのことに根拠を与えたのは、前記したように、当時の資本主義的生産様式が純化されていく過程でもあった。

マルクスが価値論を媒介として資本主義的生産様式をとらえたということは、当時の経済学、当時のイギリスの歴史、そして当時の革命運動、という三つの要素が重なりあってのものであった。

第三の革命運動の問題についていえば、資本主義的生産様式のもとでの労働と生産は、それまでの前資本主義期における労働と生産の延長線上にはないことを認識することなしに当時の革命運動を発展させることはできない、とマルクスが考えていたことを意味する。*

わたしは、そういう時代的制約性において、マルクス経済学をとらえた。資本主義の経済過程が、資本内部の法則によって純粋に運営されていくという方向性をもつとき、マルクス経済学は、経済過程の分析の原理論としての地位をもつ。そして、近代プロレタリアートを、近代の「下層民」として概念規定することを可能にする。** しかし、そのような前提条件は、金融資本の成立以降、崩されていくことになるのである。

第一の前提について述べれば、金融資本の成立と対応した資本主義の重工業化は、巨大な生産手段、不変資本の拡大をともなう。それは繊維産業を中心とした産業資本段階とは異なって、恐慌を媒介として資本主義内部の均衡が保たれていくという、資本の自己運動の貫徹を不可能としていった。* つまり、金融資本成立以降の資本制社会においては、資本主義の運動の法則的純粋性を、むしろ阻害する要因が生まれてきたのである。経済過程内部の自立した運動法則によるだけでは説明しきれない現象がつくられてくるとともに、運動法則を自立化させない要素が加わるのである。たとえば商品の価格ということについていえば、独占価格、寡占価格の出現は、商品の価格が、需要と供給というバランスによっては決定されない側面をつくる。すなわち、きわめて非科学的な価格決定がなされることにもなるのである。その意味では、今日の問題は『資本論』体系を演繹させるだけでは解明されない。それは、資本制社会が純粋法則的社会ではない、ということから生まれる結論である。

そして第二の点について述べれば、下層民と、近代的「下層民」であるプロレタリアートを区別することの意味は、ほとんど失われている。それは、今日の労働者には近代的な諸関係にもとづかない「身分」などというものは存在しないこと、また存在しないことを労働者自身が一番よく知っているという簡単な理由から引きだせるものである。

つまり、今日的な問題（金融資本の成立以降の問題）を解明していこうとするなら、マルクス経済学を成立させた根拠に失われた面のあることを、やはり承認せざるをえない。もちろん、そのことはマルクス経済学が不要になったといっているのではない。その上に、今日の資本制社会を解明する方法を考察することが必要になったといっているのである。

そこで多くの人びとは、国家独占資本主義の経済分析ということを頭に描くであろう。しかし、国家独占資本主義とは、資本の法則が純粋に貫徹しえない社会であることにその特質があるのであり、国家独占資本主義段階の経済法則などは存在しないのである。つまり、『資本論』に延長を求めるだけでは、それは理解しえない。それゆえに国独資分析をおこなった多くの研究は、どうしても実態的分析を軸とすることになり、純粋に経済学としては完成できないように思えるのである。

そういうことを考えていくとき、わたしは経済学の一定の限界というところにたどりつくのである。つまり、国独資分析は、どうしても実態分析にならざるをえない。たとえば、アメリカ資本主義の実態を考慮しないで日本資本主義は分析できない、というようにである。が、その実態とは経済的実態であるとすると、経済の実態を評論するという以上の成果は得られなくなってしまう。そこでは、すでに科学としての経済学ではなくなってしまう。

そのようにみていくとき、わたしは、資本制社会を分析する座標軸がどこか狂っているのではないか、という感慨をもつのである。マルクス経済学は、近代プロレタリアートという概念を正しくとらえるという、当時における今日的意味があった。また、当時の資本主義がむしろ純化をとげていく過程にあり、それゆえに資本主義の純化された法則をとらえていくという作業が必要でもあった。が、そういう直接的な意味は、時代状況をふまえたときにでてくるものである。それに対して、近代的プロレタリアートが質的にも量的にも確立し、また資本制社会が非法則化という側面をもちはじめたとき、マルクス経済学の直接的意味は失われているのではないのか。とすれば、わたしたちは、マルクスが経済学の確立をはからなければならなかった原因を、そのまま今日に引きつぐだけではなく、今日の資本制社会を分析することの特別の意味を、つねに考慮しつづける必要がある。

では今日、わたしたちが科学的に解き明かさなければならないこととは、何であろうか。つまり、今日の資本制社会の本質を知るには、どのようなことが明らかにされなければならないのか。この質問に対するわたしの解答は次の二点である。

第一のものは、前記したように、今日の非法則的社会において、分析が実態分析を軸にせざるをえなくなっている以上、実態分析を科学化せしめていく軸をどこに設定するのか、ということである。経済的な現象を追うだけでは、それは現象の解説であって、けっして実態のもつ本質性をつかまえることにはならない。それならば、実態の中身に直接対応してみたらどうか。つまり、資本の生産過程の実態を科学的に解明しようとしてみたらどうか。そこから、資本の生産過程を、本当に過程的に分析したらどうなるのだろうか。そういう目的意識が生じ、それをわたしは労働過程論として考えたのである。

第二の解答は、今日の資本主義的生産様式のもとで、労働者は、何を矛盾として感じ、しかし何を解明できずにとまどっているのか、ということからでてくる結論である。労働者は、資本主義的生産様式のなかでは、自分の存在というところで矛盾を見出しているようにわたしには思える。それは労働力の商品化という事象が、自分の存在過程のなかにどれほどの矛盾をつくりだしているのか、ということである。そこでは、経済学的な矛盾というより、むしろ存在論的な矛盾が問題になる。つまり、〈私〉の存在のなかの矛盾を明らかにしてくれ、ということである。そして、そのことが解明されないかぎり、労働者は自分の主体を明らかにすることはできないのである。だからここでは、労働者の存在論的分析として、資本制社会の本質を解きあかすことが必要になるのであり、それは、資本主義的生産過程の内部の労働存在の分析へと向かわざるをえないのである。

すなわち、わたしの二つの解答は、いずれもが資本の生産過程内部の労働存在の分析へと向かうものである。今日の資本制社会を解明するには、どうしても労働者という主体を軸にした存在論的分析をとおさなければならないのではないか、というのがわたしの結論であった。

それは、労働過程の研究ということを、必然化させるのである。とりわけ、資本家と労働者の対決した状態を、一般的な階級状態とする資本主義形成期と異なって、〈資本〉と〈労働〉という、ある意味では抽象的な姿をもって階級状態をつくりだす今日においては、そうであればあるほど、労働者の存在論的分析によらずには、労働者の矛盾は解明不可能になってきているように思えるのである。

わたしは、そういう経路をたどって、第一に労働過程の研究へと向かった。それは、経済学が、労働者というものを、依然として労働力なる概念に置き換えて研究する、労働者を経済的カテゴリーに転化してしまうことのもつ否定的意味を示すものでもある。確かに経済学は、労働者を一概念化させることによって科学への基盤をもった。そうしなければ、経済学は資本主義内部の法則を提起することはできなかっただろう。しかしそのことによって、今度は、労働者が自分の存在のなかに内包している矛盾を実体的に解明する術を喪失させた、ともいえるのである。

労働力商品を売る以外にすべての方途をもたない人間、という規定だけによって、はたしてわたしたちは、今日の資本制社会の労働者の矛盾をとらえることができるだろうか。労働者とは労働力商品を売る人間、という規定だけで正しいだろうか。労働力商品を売ったあとの労働者の存在は、ただ資本の価値規定においてのみとらえられるものだろうか。

のちに詳しく述べるが、わたしは〈労働者〉というものを、資本主義的生産過程に規定されながら自分の労働を行使する人間、としてみている。すなわち、存在論的に労働者を規定しようと考えているのである。

経済学は、一つの壁につきあたっているように思う。それを破るのは、存在論的な資本主義の分析ではないのか、ということが、わたしの結論であった。そういう研究を、労働過程論として設定するのである。

三　いわゆる労働の疎外について

労働過程論へ向かう第一の経路は、資本制社会を分析する基礎に、いわゆる経済学を設定することへの疑問であった。そして第二の経路は、前述したように、〝資本制社会における人間をマルクス主義哲学はどうとらえるべきか〟という問題意識から生じたものである。このような提起のしかた自体は、戦後の哲学における主体性論争にもとづくものである。

ここではまずはじめに、戦後主体性論争について簡単に紹介しておこう。主体性論争の目的とは、論争提起者の言葉を借りれば次のようなものである。

「従来のマルクス主義哲学は、人間主体の領域において理論的に一つの空隙をのこしている。この『空隙』をマルクス主義がそれ自身の立場で埋めないかぎり、それを埋めようとする試みはたえず外部からおこってくる。歴史的な事実としても、マルクス主義の哲学はこの領域をたえずそのときどきに流行の観念論哲学の手にゆだねてきた。今世紀初頭の新カント派による修正の試み、また第一次世界大戦後の実存主義的人間存在論的解釈学による修正の試み、すべてそうである。マルクス主義が自分の手でこの『空隙』を埋めないかぎり、どんなにそれを『修正主義』として攻撃してみても哲学における『修正主義』発生の根を断つことはできない。——これが一九四七年代における『主体性論』の出発点である」*

この梅本克己の問題提起について述べた文章は、マルクスの『フォイエルバッハへのテーゼ』の、次の文脈に対応したものであろう。

「いままでのすべての唯物論（フォイエルバッハをもふくめて）のおもな欠陥は、対象、現実、感性がただ客体または直観の形式のもとにのみとらえられて、感性的な人間的活動、実践としてとらえられず、主体的にとらえられないことである。したがって活動的な測面は、唯物論とは反対に抽象的に観念論……によって展開された*」

ここでいう「従来のマルクス主義」（梅本）とは、当時の正統派マルクス主義哲学であるスターリン流の哲学を指していることは、いうまでもないだろう。つまりマルクスが、当時の主要な唯物論哲学であったフォイエルバッハ哲学の克服をめざしたように、主体性論争では、戦後の主要な哲学であったスターリン主義哲学の止揚を目的としていた。もちろんこの提起には、梅本自身が、田辺哲学からの「転向者」であったという偶然的要素が加味されたのだが、しかし、問題とされた内容自体は、普遍性をもつものである。

「従来の唯物論」においては、マルクス主義哲学とは、弁証法的唯物論、自然弁証法、史的唯物論という三つの柱をもつものとされていた。弁証法的唯物論とは、すべてのものは弁証法的発展をとげる、ということにすぎず（その場合、弁証法とは、否定の否定というような単純な形式論理におかれた）、自然弁証法とは、人間に対する自然の先行性と、自然史と社会史の一体化の確認であり、また史的唯物論とは、歴史は人間の恣意では変えることのできない法則によってつくられるもの、とされたのである。唯物論とは、人間の意識関与とは無関係につくられる歴史、世界を認識する理論であり、そこに人間の意志が入らないというところに観念論との差異が生ずる、と説明された。

だから「従来の唯物論」に対しては、次のような疑問が生じることになる。「たとえば『人間は社会関係の総体である』といわれる。しかしこの『総体』が実践主体としての個人の中に、まさに自覚されるところにひらかれる論理は、たんに総体といってすますところではこぼれ落ちてしまう。……主体性の問題はそこに『人間の論理学』を要求したのである」*

それは次の二つのことに集約された。一つは、唯物論は、人間が生存していることから生ずる人間の実存的領域をどのようにとらえ、また哲学体系のなかにいかに包摂するのか、ということであり、もう一つは、歴史と人間の主体性はどのような関係をもつのか、ということであった。後者についていえば、それは「階級的個人と歴史との内面的つながり」**の問題であった。

では、このような設定に対して、提起者はどのような解答を用意したであろうか。第一のことについて述べれば、それは田中吉六を媒介として、人間疎外論に収約されたといってよいだろう。***すなわち、資本制社会における人間の実存的領域の分析は、資本制社会での労働疎外の問題として抽出されたのである。疎外された労働の認識として、マルクス主義哲学は、人間の実存的領域を包摂できると考えた。そしてそこから、資本制社会の否定の論理、つまり、第二の課題への解答をも導き出したのである。

資本主義的生産様式のもとでは、人間は労働力商品となることによって存在意義をもつ。しかし労働力商品といっても、それは労働者の人格と不可分の関係にある。であるから、労働力商品として資本が労働者を生産過程の内部に引き入れるとき、同時に主体をもった人間としての労働者をも引き入れていることになる。もし労働者が完全に労働力商品になり切れるなら、資本主義は永遠の発展をとげることができるだろう。しかし資本は、主体をもった労働者をも生産過程のなかに引き込んでしまう。そうすると生産過程のなかで労働者は、自分が疎外されていることに気がつく。自分の実存にとって、資本主義は否定されるべきものであることに気づくのである。だからそこには、労働者の階級化ということが発生する。

このような論理をたどって、論争提起者は、人間と歴史の関係、歴史の変革に対する人間の関係のもちかたを検討し、「従来のマルクス主義」の、史的唯物論の法則至上主義をも克服していったのである。

戦後の主体性論争は、スターリン主義哲学への最初の批判として、今日でもその意義を保有している。しかし論争提起者たちは、はたして自分の問いに対して満足のいく解答をすることができただろうか、ということになると話は変わってくる。人間の主体的な領域の問題は、以上のような結論によって解明されつくしただろうか。

不幸なことに、この論争は、〃そもそも人間の主体性を問題にすることは、マルクス主義の逸脱であるのか否か〃というようなかたちですすめられた。論争の反対側に位置した人びとは、松村一人に代表されたように、主体性を問題にすること自体を修正主義として批判した。人間の主体的領域の問題をマルクス主義哲学は包摂しなければならない、ということを共通確認点として、論争はすすめられたわけではなかった。*それゆえに〈主体性〉の中身は、提起者の一方的な研究とならざるをえなかった。そのため〈主体性〉の内容については、依然として未完成のままの状態である、というのが、わたしの主体性論争についての認識である。

主体性論争は、労働における疎外の問題を、人間の実存と資本制社会をつなぐきずなとして提起した。その結果、資本制社会を経済主義的側面から批判するのではなく、人間主義的側面から否定するという、新しい方法を確立したのである。それはマルクス主義におけるヒューマニズムの復権でもあった。

が、ここで問題となる人間の〈主体性〉とは何であろうか。何をもって〈主体性〉という言葉の定義をおこなっているのであろうか。それは提起者の著書からみるかぎり、人間の実存的領域、あるいは人間が人間ゆえに所有する領域、というような意味にしかわからない。すなわち、人間の主体的領域の中身は、抽象的なかたちでしか提起されていないのである。

たとえば梅本が、総体を問題にする哲学からは落ちこぼれていく個人の論理をひろいあげようとしたことは、前記引用したとおりである。しかし個人の問題を、文学あるいは芸術の分野で抽出するのではなく、一般性を問題にしなければならない社会科学の領域で問題にするとは、どういうことでなければならないのだろうか。個人のことを考えるだけでは、およそ社会科学にはならないのである。

その二律背反的にみえる困難性の前で、論争提起者は、〈すべての個人がもっているはずの実存〉に、〈個人の実存〉を置き換えたようにみえる。でなければ、提起された労働疎外論が〈資本制社会のもとで生きている労働者ならだれでも感じるであるはずの労働疎外〉の研究になるはずはなかったのである。

ここにおいて疎外論は、初期マルクスの目的であった個人の問題を切り捨てることになった。〈労働者なら感じるはずの労働疎外論〉は、必然的に、〈労働者という一般概念のもつ疎外論〉へ移行してしまう。理論のなかで考察される労働者なるものの疎外論になってしまうのであり、〈私〉の疎外論にはならなくなるのである。*

それは、労働者という概念規定をあいまいにする。どこにでもいるような〈私〉としての具体的労働者ではなく、哲学者が思惟の内で描き出した労働者像があらわれ、その労働者像の実存の疎外が考察されてしまうという転倒を生むことになっていく。

梅本の労働疎外論は、本人の抵抗にもかかわらず、そういう労働者の抽象化を生み、また疎外論の抽象化を必然化させてしまったのである。本来の目的であった具体的な人間の論理は捨象されたのである。そのことは、梅本が具体的な政治問題、労働者問題について語るとき、現実の状態との分裂をつくりだしてしまうことになった。** 現実の、具体的な人間の論理にはアプローチできない閉鎖性を、哲学のなかにつくりだしてしまったのである。

わたしは、この主体性論争とそれ以降の哲学をとおして、以上のような感想をもっている。しかし、この論争のはじめに提起された、人間の実存的領域の問題を哲学はとらえなければならないという主題自身は、けっして誤っていたのではない。そうではなく、そのとらえ方を誤った。そのため、「主体的な哲学」は、袋小路におちいってしまった。具体的に生きている人間、具体的に生きている労働者の問題を、哲学の視角に入れることができなくなってしまった。それなら、その労働者の実存を解明できる哲学をつくるにはどうすればよいのか。

そのことが哲学におけるわたしの最初の目的であった。それは、労働者を抽象化して、あるいはイデオロギー化してとらえるのではなく、個別的にとらえる視点をどのように定めるのか、ということである。

それは、再生産過程における労働者、あるいは労働者の再生産過程をみることによって可能となることがらである。つまり、再生産されていく具体的な労働者をとらえることによって、同時に労働者の主体の再生産過程をも把握しようとすることである。

しかし、では労働者の再生産過程とは何であろうか。いわゆる経済学では、それは労働力という商品を再生産することであるから、生活過程としてとらえられている。しかし、わたしのいう再生産過程とは、労働者の実存の再生産過程のことである。ゆえにそれは、労働者という実存の消費過程がどこにあるのかをみることである。消費と生産が弁証法的関係にあることは、マルクスの指摘したとおりである。*

そういうわたしの考え方は、資本主義のもとでの生産過程を、労働者の実存の消費－再生産過程として認識することを要求した。つまり、労働過程論の解明を必要としたのである。そのことによって、主体性論争の克服は可能となる、というのが結論であった。

が、そのようなとらえ方は、のちに詳しく述べるが、資本主義における労働の問題を労働疎外論として分析することを放棄させたのである。もちろん、資本主義のもとでの労働は、一般的な意味では疎外労働である。しかし、労働者の実存的問題を、科学的に解明しようとするなら、労働の疎外の問題は、その一部ではあっても全体ではない。すなわち、労働者が資本主義的な諸規定のもとで、自己の主体をどのように展開させてゆくのかということが問題となるのである。

わたしにおける労働過程論とは、このような経路をたどってつくられてきた。資本制社会における具体的な人間の問題を解明するには、どうすればよいのか、という質問が、労働過程における人間の主体の展開過程を、科学として分析することを要求したのである。そのことを抜きにしては、実存的な労働者の問題、具体的な人間の問題を哲学のなかに包摂することはできないのである。

四　労働者の主体的な存在領域はどこにあるか？

このような二つの労働過程論への接近のしかたは、以上のように、いずれも労働の実態の分析の必要性を媒介としている。それは第三の経路――労働者の主体的な世界の認識と把握――についても同じであり、わたしにとって、労働過程論の創造という目的意識をつくりだした最大の柱は、この三つ目の問題である。

これまでのマルクス主義哲学は、労働者の存在の過程、存在の再生産過程を、科学の視点に入れてこなかった。そのことは、哲学にとっても経済学にとっても、マイナスの作用を働かせた。が、そこから生まれてきた諸問題は、学問的な諸問題である以上に、現実の労働者のなかに混乱をもち込むことになったのである。

労働者は、自分の存在領域を科学的に解明し、自分の主体をその領域のなかに位置づけることができるなら、目的をもった行動をつくりだすことができるだろう。それをわたしは、理論と実践の結合だと考えている。しかし労働者は、そのような理論をもっていない。自己の主体を貫徹しうる理論体系は存在しなかったのである。労働者は、自分の行為のうしろだてとなるような理論をもたずに、現実の世界を生きてきた。

自分自身の世界がとらえられないままに、しかし自分自身の世界をつくりだしてきたのである。たとえわからないことがあっても、労働者は、日々自分の存在の領域を、再生産していかざるをえないのである。わからなければたちどまっているということはできない。労働者は、労働をしつづけることによってしか生きる基盤をもたないのだから。

そういう事実は、たとえば実際の労働運動のなかにも多くの混乱を生みだした。たとえ賃金理論がなくても、労働者は賃金問題に対応しないわけにはいかない。技術革新についてのマルクス主義的認識のしかたがわからなくても、実際の生産過程はどんどん技術体系が変更されてしまう。実際の生産と労働の場所では、たとえ誤った方法であれ、労働者は自分の存在の領域に対応しつづけなければならないのである。その結果、労働者は、自分の主体の外にある多くの学問のなかから、そのつどいくつかを選びだし、それらを自分の主体の領域と適当につなげるという努力を繰り返してこざるをえなかった。

そうすることによって生まれる問題点は、また労働者に犠牲をしいるかたちで解消されることになる。たとえば日本の労働者は、労働者自身の問題の解明をとおして、労働者としての階級の形成をとげることはできなかった。そればかりでなく、〈資本〉の新しい要求の前には、つねに屈服してこざるをえなかった。たとえば戦後の高度成長の柱となった技術革新‐合理化の動きに対しても、労働者は、それらすべてを結局受け入れるほかなかった。技術革新‐合理化という労働者の労働存在にかかわる課題においても、それを自分の領域の問題として解明するすべをもっていなかったのである。

結局、労働者は資本の要求どおり生きてきた。が、そのことは、労働者の無能さを示すことではまったくない。反対にそのことは、マルクス主義の側の不毛さを示すのである。それは、マルクス主義理論が労働者の外の一般理論でしかなく、労働者の存在論的領域、内的領域を切り捨ててきた結果生まれた現象である。

そういう状況を止揚するためには、第一に、マルクス主義理論の側の変革がとげられなければならない。マルクス主義理論の外在性が克服されねばならない。資本制社会のもとにおける労働者の主体的な領域を解明できる理論へと、哲学自身が改革されねばならないのである。

そのような問題意識を媒介として研究をすすめていこうとするとき、はじめにぶつかるのは、では、労働者の主体的な存在領域とは何であろうか、という疑問である。その場合、前提となるのは、次のようなことがらである。

第一は、主体的な存在領域といっても、存在一般を対象をするのではなく、労働者の存在論的世界を形成する基礎を分析するのだということである。個々の人間の内面的世界を扱うのは、むしろ非社会科学の役割である。だからここでは、資本制社会における労働者の存在の再生産過程の基盤が、分析の対象にならなければならない。しかし第二に、主体性論争についての項で述べたように、その研究は、抽象的な労働の概念のなかの、労働者の実存の分析へと後退してもならないのである。労働者諸個人のもつ、具体的な存在の再生産過程を、分析の出発点としなければならない。

経済学は、資本制社会を形成する基本的な要素を、経済過程の動きのなかにもとめていった。そのことはもとより誤りではない。しかし経済過程を、商品を生産する経済過程として分析するとき、一つの問題点が生まれるのである。なぜなら、前述したように、商品の生産過程においては、労働者は労働力商品という特殊な使用価値をもった商品として扱われる。いいかえれば、経済学は、労働者を労働力商品として純化した概念にすることによって生産過程の法則を導きだした。したがって、ここでは、労働者という主体の存在は成り立たなくなるのである。

この方法を延長するかぎり、労働者がつくりだす生産過程の世界は、不可視なものになってしまう。生産過程は、ただの資本の価値増殖過程となってしまい、そこと労働者の主体との関係は、ただ賃金問題へと解消されてしまう。労働者は、ただ賃金を媒介としてのみ生産過程とのかかわりをもつことになりかねない。

資本主義的な生産過程をこのようにとらえることからは、労働者の存在の再生産過程は認識できなかったのである。である以上、実際の労働者は、自分の生産と労働の場所で、自己の主体を貫徹することができないのは、当然のことであった。つまり、商品の生産過程の把握のしかたに問題があったのである。

資本の生産過程というものを、労働力商品の概念を媒体とした過程として描くのではなく、労働者の存在論的、また実践論的観点から再把握することが、必要になるのである。そうしなければ、労働者の主体的な存在の領域とは、この経済過程の外に置かれることになる。* それでは、労働者の存在様式を規定する資本主義の生産過程の問題は、とらえられなくなってしまう。

資本の生産過程は、労働者の労働存在の世界として描きなおされなければならない。そのことによって、労働者の主体的な存在領域の分析は可能であり、また労働者が生産過程のなかでどのような存在構造を形成しなければならないのかも明らかになるのである。

労働者の存在論的世界の分析とは、労働存在の分析にその基盤をもつ。マルクス主義哲学における資本制社会の解明は、そのように展開されることによって、労働主体を媒介とした理論体系への転化をとげることができるのではないのか。労働者の主体が貫徹できる理論とは、労働主体の自己展開過程を中心に資本制社会の本質を描くことのできる理論体系のことをさすのではないのか。

現実の労働運動のつきあたった壁を、どのようにのりこえたらよいのか、というわたしの問題意識は、以上のような経路をたどって、再び労働過程論の構想へと向かったのである。

この序章の目的は、わたしがなぜ労働過程論を問題にするのか、ということを説明することにあった。そして、この説明の過程において、わたしが労働過程論にどのような範疇を設定しているのかについて、少しずつ明らかにしてきた。わたしは、労働過程論を、労働存在－労働実践を、労働存在論－労働実践論として描き、そのことによって資本主義的生産様式を労働主体の立場から解明するものとして設定したのである。そしてその解明は、資本制社会総体を労働主体の立場から分析する原理である。

資本制社会を、人間の外化した諸要素の分析をとおしてとらえるのではなく、資本主義的な人間の社会として把握することにある。しかし、それを人間一般の社会に解消してしまうのではなく、資本制社会形成の基礎をつくりだしている生産と労働の場所を、プロレタリアートの労働存在を媒介として考察することにより、資本制社会という階級社会の存在論的本質を解き明かそうというのである。そういう理論体系をつくりだすことによって、労働者にとって主体的な哲学を創造することにある。

哲学の主体として労働主体を設定し、労働主体を基盤とした資本制社会解明の哲学体系をつくりあげる、その努力を抜きにしては、労働者を主体にした社会の変革は不可能なものになってしまう。現にこれまで、マルクス主義は多くの蓄積を重ねてきたが、しかし労働者の手による革命をとげることはできなかったのである。そればかりか、〈資本〉と〈労働〉の関係を変える手だてをもたなかった。労働者が〈資本〉と対決していく方法を、労働者らしい方法で提起することもできなかった。

そして現実には、むしろ逆の方法のほうが主流であった。マルクス主義は、人間の主体的な存在領域を視点に入れず、労働者から独立した外在性に科学としての真理を求めた。マルクス主義は客観的な科学であるということが、科学的分析過程からイデオロギーを排除するという正しい意味においてではなく、むしろ科学から主体を捨象するという誤った意味においてとらえられた。主体からの独立性を保証するということに、マルクス主義理論の客観性を求めてしまったのである。そして人間に対しては、〝マルクス主義的な人間のあり方〟を逆に強制したのである。マルクスの時代には、〝共産主義者はかくあるべき者〟というかたちで、レーニンにおいては〝本来こうあるべきはずのプロレタリアート〟が、戦後主体性論争のなかでは、〝主体的人間〟なるものが、また最近でも〝疎外された社会を揚棄していく若きプロレタリアート〟なるものが、そのつど〃本来のマルクス主義者〃として予定されてきたのである。
それらは、理論の内に主体を設定するのではなく、主体の外の理論を労働者に強制するという転倒から生まれた現象である。だから、そのような理論構成は、実際の労働者にとっては、なんらの有効性をもたないことになる。

労働過程の研究は、そういう反省をふまえながら、労働主体の存在論的立場から、資本制社会分析の方法を確立しようとするところにある。だからそれは、単なる労働の研究ではない。単なる労働の研究であれば、それは理論体系のなかの一構成要素にすぎない。つまり、〈私〉の労働が一日八時間の労働とすれば、その八時間のなかでの問題点を解明する、ということにすぎない。〈労働〉と名のつくものの研究は、大半がそのようなものである。分業化された労働が、その八時間をいかに非人間的なものにし、オートメ化された労働がどれほど労働者に八時間の苦痛を与えるのか、等々の問題設定がおこなわれている。もちろんそれも、それ自体として重要な研究である。しかし、人間労働に関する問題は、それだけではないことが検討されなければならないのである。

たとえば、ベルトコンベアシステムのもとでの労働は非人間的だと指摘される。しかしそれは、ベルトコンベアの構造から生まれる諸結果が非人間的である、という以前に、ベルトコンベアシステムを必然化した、資本主義の生産と労働の本質が存在するのである。人間の労働存在が、資本主義のもとではどのように変更されたのか、という原理的な問題が解かれなければならない。

そうするとき、労働過程の研究は、ベルトコンベアシステムを非難することで終えることはできなかったし、また八時間の労働を批判する作業でもない。八時間の研究としての労働の研究に対し、ここでは、その八時間の労働存在を媒介として、人間存在の総体、資本制社会の総体を解明していく研究になるのである。

労働過程の研究を、労働の存在を中心において資本制社会総体を批判する思想体系、としてわたしは位置づけている。だからそれは、冒頭に述べたように、マルクス主義哲学の空白領域を埋める作業ではなく、空白を止揚する研究なのである。

第一章　労働者の労働の世界

一　マルクスの労働過程概念について

序章で述べたように、哲学のなかに労働という主体を設定するという作業から、労働過程の記述ははじまる。労働過程、それは資本の生産過程に対応する、労働者の労働主体の自己展開過程である。資本制社会を、労働過程を媒介として解き明かすという本書の目的を遂行するために、この章ではまず、労働過程の概念規定について述べていくことにしよう。

はじめにふれておけば、労働過程とは、生産過程と異なる概念をもっている。生産過程とは、物質の生産過程であり、すなわち、大木を材木に変化させる、そのような物質の形態変換の過程であるのに対して、労働過程とは、物質の生産過程内部における労働の行為の過程である。人間が労働をおこなっていく過程が労働過程であって、物質の生産過程とはおのずから視点を異にする。であるから、労働過程は、労働主体の領域に属する問題になるのである。

そのことを前提として、ここではまず、マルクスの労働過程のとらえ方についてみていくことにしよう。

もとより労働過程という概念を、哲学上の、また経済学上の用語として確立したのは、マルクスの『資本論』、とりわけ第一巻第三編・第五章にある。そしてそこでの労働過程の概念規定が今日でも踏襲されている。が、『資本論』における労働過程が、それほど厳密な概念規定を保持して使われていたのかどうかは、かならずしも明確ではない。したがって、ここではマルクスの労働過程の規定を紹介することより、それを批判的に検討することのほうが重要である。

マルクスは、労働過程を、資本の価値増殖過程に対する、素朴な労働の行為、素朴な生産の過程としてとらえている。価値増殖過程が、資本主義段階という歴史的規定をおびた産物であるのに対し、労働過程とは、歴史的規定性のとり払われた、素朴な生産の過程であるとされている。

前述したように、マルクス経済学は、資本の生産過程の分析であり、そこにおいて労働者は、資本にとって特殊な使用価値をもつ労働力商品として扱われている。労働にもとづく世界は捨象され、人間労働を労働力に純化してとらえることにより、生産過程の科学的解明を可能にしたのである。マルクス経済学を確立するためには、人間の労働の行為過程である労働過程に対しては、むしろ無関心であることが必要であった。労働主体の展開過程である労働過程をとりあげようとすれば、人間労働を労働力に純化して把握することは不可能になってしまう。そのようなマルクスの方法は、労働過程に対して、きわめて簡単な範疇しか与えていないことになる。

『資本論』では、次のように述べられている。

「労働力の使用は労働そのものであ」り、労働者はつねに「ある特殊な使用価値、ある一定の品物」をつくるのであるから、「労働過程はまず第一にどんな特定の社会形態にもかかわらず考察されなければならない」。*

「労働は、まず第一に人間と自然とのあいだの一過程である。この過程で人間は自分と自然との物質代謝を自分自身の行為によって媒介し、規制し、制御するのである」**

マルクスは、労働過程を、古代から、そしてこれからも永久に続くであろう人間と自然との関係、人間が自然を加工し生産物を創造する行為として、はじめに規定した。

が、労働過程は、人間だけが所有するものであって、他の動物にはない。それが二番目の規定となる。

人間は「彼の目的」、「自分の意志」、「法則」に従って労働をするが、動物は、ただ本能に従って行為するだけである。「合目的的な意志が、労働の継続期間全体にわたって必要である」。そのために労働過程には、「労働そのものとその対象とその手段」という「諸契機」が必要となる。***

「労働手段の使用や創造は、萌芽としてはすでにある種の動物もおこなうことだとはいえ、それは人間特有の労働過程を特徴づけるものである」。**** ゆえに「労働過程は使用価値をつくるための合目的的活動であり、人間の欲望を満足させるための自然的なものの取得であり、人間と自然とのあいだの物質代謝の一般的な条件であり、人間生活の永久的な自然条件であり、したがって、この生活のどの形態にもかかわりなく、むしろ人間生活のあらゆる社会形態に等しく共通のものである」と規定されている。[*]

マルクスは、労働過程を「活動」としてとらえた。しかしその「活動」は、あらゆる歴史的生産の基礎条件である、という説明に終わるのである。だからここでは、「自然条件」である素朴な労働過程がとりあげられている。その素朴な労働過程を、使用価値をつくりだす素朴な生産の過程である、といい換えても、それほどの差は生まれない。

人間と自然の物質代謝としてのみ生産が遂行されるあいだは、生産とは、特定の使用価値を・つくりだすことである。それはたとえば鉱石を砕いて砂金を取り出すというような、自然の加工に属することであって、そこには人為的な規定関係は入り込まない。他方、労働過程はまた、特定の、たとえば砂金という使用価値をつくりだす活動の過程なのだから、ここでは生産過程と労働過程は統一した姿をみせることになる。ゆえに太古からの生産を、労働過程として規定するか、生産過程として規定するかには大きな差はない。活動しつつある労働に焦点を合わせるとき、それは労働過程であり、物質が形態変換をとげていく過程に視点を合わせると生産過程である、というほどのことである。

なぜ素朴な生産のなかでは、生産過程と労働過程が統一しているのか。それは、生産が、特定の使用価値を生みだす行為だからである。だからもし生産が、特定の使用価値を生みだす行為ではなくなるとき、生産過程と労働過程は分離しはじめることになる。

マルクスの労働過程の規定は、その前の、つまり、全歴史的な素朴な労働、素朴な生産の活動というところで終了する。そして、生産が特定の使用価値を生産することのみではなくなった生産様式、すなわち資本主義的生産様式のもとでは、労働過程は、労働力の活動という、抽象的な規定以上のものではなくなるのである。

「ところで〔資本主義的生産様式のもとでは——引用者〕労働過程は、資本家による労働力の消費過程として行なわれる」*

　では、資本主義的生産様式のもとでは、労働過程とはどうなるのだろうか。

「われわれ資本家は、自分の買った商品、労働力を消費することにとりかかる」**

「彼〔労働者——引用者〕が資本家の作業場に入った瞬間から、彼の労働力の使用価値、つまりその使用、労働は、資本家のものとなったのである」***

　マルクスは、労働過程を素朴な労働として規定しているにすぎない。そして資本主義的生産様式のもとでは、労働力を使用するのは資本家なのだから、労働過程は、資本家のもとでの活動ということになる。それを資本家のもとでの生産の行為といいなおしても問題はない。生産過程と労働過程は、ここでも明確な区別は与えられていないのである。そうすると、生産過程は、資本の生産過程であり、労働過程は、資本のもとでの労働なのだから、どちらにしても、労働者の労働の主体は、そこには入り込まないことになる。資本主義的生産様式における活動は、ただ資本の手による一方的な労働力の消費過程になる。労働者は、生産と労働の場所では、自分の世界をもっていないことになる。

だからマルクスは、労働者が自分の世界をもつことができるのは、労働力を資本家に売るまでの、つまり、生産過程に入る前のところまでだ、と述べることになった。

「労働力の売買が、その限界のなかで行なわれる流通または商品交換の部面は、じっさい、天賦の人権のほんとうの楽園だった。ここで支配しているのは、ただ、自由、平等、所有、そしてベンサムである。自由！　なぜならば、ある一つの商品たとえば労働力の買い手も売り手も、ただ彼らの自由な意志によって規定されているだけだから。……平等！　なぜならば、彼らは、ただ商品所持者として互いに関係し合い、等価物と等価物とを交換するのだから。所有！　なぜならば、どちらもただ自分のものを処分するだけだから。ベンサム！　なぜならば、両者のどちらにとっても、かかわるところはただ自分のことだけだから*」

つまり、労働力という商品の所有者としてのみ労働者は、自分の世界をもつことができるとされるのである。だから、ひとたび労働力の売買が成立し、生産過程のなかに入ったとき、労働者には、自分のつくりだす世界はなくなってしまう。

「われわれ労働者は生産過程にはいったときとは違った様子で出てくるということを認めざるをえないであろう。市場では彼は、労働力という商品の所持者として他の商品所持者たちに相対していた。つまり、商品所持者にたいする商品所持者としてである。彼が自分の労働力を資本家に売ったときの契約は、彼が自由に自分自身を処分できるということを、いわば白紙の上に墨くろぐろと証明した。取引きがすんだあとで発見されるのは、彼が少しも『自由な当事者』ではなかったということであり、自分の労働力を売ることを強制されている時間だということであり、じっさい彼の吸血鬼は『まだ搾取される一片の肉、一筋の腱、一滴の血でもあるあいだは』手放さないということである」*

資本の支配下にある生産過程のもとで、労働力を資本家によって使われること、それがマルクスにとっては、資本主義的生産様式のもとでの労働過程であった。とすれば、そこでは次のようなことが生じる。

「労働者が生産手段を使うのではなく、生産手段が労働者を使うのである。生産手段は、労働者によって彼の生産的活動の素材的要素として消費されるのではなく、労働者を生産手段自身の生活過程の酵素として消費するのであり、そして、資本の生活過程とは、自分自身を増殖する価値としての資本の運動にほかならないのである」**

マルクスの労働過程の考察は、このようなものである。はじめに労働過程は、歴史的産物である資本主義的な価値増殖過程に対して、全歴史的な使用価値をつくりだす活動としてとらえられた。そしてその活動は、資本主義段階においては、資本家による労働力の使用過程とされた。だから、資本主義における労働過程では、労働力は、機械や油と同じように、「資本の運動」のなかで消費されていくものとなる。この方法を基礎に置くなら、資本主義のもとでは資本の運動だけが、その全過程を支配する要素として浮かびあがる。ここから、その「資本の運動」の法則を解き明かすことがマルクスの必要事項となることは当然であろう。ここに、マルクス経済学は成立基盤をもつのである。

ここでもう一度、問題をとらえなおしてみよう。マルクスにとって労働過程とは、労働力が資本家に使用されていく過程になる。労働力とは、資本家によって使用価値をみつけられた価値である。つまり、労働力を労働力として認知する主体は労働者にはなく、資本家の手にある。労働力は労働者が所有しているものだが、しかし労働力の主体は労働者ではなかったのである。そうである以上、労働力を使用する過程としての労働過程には、労働者の主体は関与しないことになる。商品として資本家に認められた労働力だけがここでは問題となり、その労働力は、資本家にとっては一生産手段である。

マルクスは、労働過程を、全歴史的な使用価値を生みだす活動としてしか規定しなかった。しかし、労働過程を、労働としての活動としてとらえるなら、当然、ここでは、活動をする人間の問題、労働者の問題が視点に入ってこなければならなかったはずである。が、ここでもし労働の行為についての考察を挿入してしまうと、「資本の運動」として資本主義的生産様式を分析しようとしたマルクスの経済学は、自己矛盾におちいってしまう。経済学においては、労働を、労働力として考察することが必要だったのである。

そういう事情が、労働過程に対する一定の無関心をマルクスに強制したのではないかと思われる。が、労働過程を単なる労働力の運動過程に純化してしまうと、序章で述べたように、労働者の存在領域の問題は解明不可能になってしまうのである。資本主義的生産様式のもとでの、労働者の労働構造の分析は無視され、そのことは労働者に対する経済学の客観性を生みだしてしまう。それでは、わたしたちは、どうすればよいのか。その解答は、労働過程を労働の活動の過程としてとらえたマルクスの提起を出発点としながらも、ここからはマルクスから離れて、労働者の主体の問題として掘り下げていく作業のなかに見出されなければならない。

二　労働の本質——認識と実践の契機として

労働とは、労働をする者にとって何であろうか。その解答が、労働過程の本質を解く最初の鍵である。

物がつくられていく過程としての生産過程と、物をつくりだす労働の過程である労働過程の質的相異をみていくことが、ここでは第一の課題となる。前述したように、マルクスはこの相異を明確には分けていない。むしろ分析の方法を、前者に一元化していく。しかしマルクスにおいても、「労働過程」は活動の過程として把握されていた。労働過程の本質を解く出発点は、その活動の内容を解明するところに存在している。したがってここでは、労働の活動の過程として労働過程を把握する営為をとおして、生産過程と労働過程の質的な相異について述べていくことにしよう。

マルクスは、人間の労働過程を特徴づける要素として、労働のなかでの目的意識性というものをとりあげた。つまり、人間は自分の目的に従って労働をおこなっていく。

「蜘蛛は、織匠の作業にも似た作業をするし、蜜蜂はその蝋房の構造によって多くの人間の建築師を赤面させる。しかし、もともと、最悪の建築師でさえ最良の蜜蜂にまさっているというのは、建築師は蜜房を蝋で築く前にすでに頭の中で築いているからである。労働過程の終りには、その始めにすでに労働者の心像のなかには存在していた、つまり観念的にはすでに存在していた結果が出てくるのである。労働者は、自然的なものの形態変化をひき起こすだけではない。彼は自然的なもののうちに、同時に彼の目的を実現するのである」*

この一節は、後述するように、のちには技術論の分野で重要視されることになるのだが、ここではそのことにはふれずに、労働と目的意識の関係にかぎって話をすすめることにしよう。蜘蛛は自分の活動を本能に従っておこなう。しかし人間は、自分の目的意識に従って、つまり、自分の目的を現実化させる活動として労働をおこなう。労働のなかの目的意識の存在こそが、ここでのマルクスの着目した点であった。マルクスの労働の活動についての記述はここで終了する。だから、労働の目的が資本家によって握られてしまう資本制社会においては、すでに述べたように、労働過程は労働力を資本家が使用する過程として把握されるのである。

が、われわれは、ここから一歩すすんで、では、目的意識を実現する活動としての労働の過程とはいかなるものなのか、を検討しなければならない。

マルクスのいうように、人間は自分の目的に従って労働という活動をおこなう。資本主義的な価値関係が、この活動のなかに関与しないあいだは、目的とは、生産目的である。つまり、家をつくるとか、日常使う小道具をつくるとかである。その場合、木を伐り出して家をつくるという活動は、木の材木への転換、材木の家への転換、というように物質の転換の過程であろう。それは、わたしの言葉で述べれば生産の過程であり、生産過程である。生産過程とは、生産目的に従って物質が加工されていく過程である。したがって労働の目的意識性の存在ということは、目的意識が生産の目的であるあいだは、人間特有の生産過程を規定する要素にはなりえても、人間の労働過程を特徴づける要素にはならない。

労働の過程が対象化された結果出てくるもの、それが生産物である。だから生産物は、労働のあとで出てくる。これに対して、わたしたちがみていかねばならない労働過程とは、その行為そのものである。労働の行為と人間の関係である。

そのことを検討するために、次のような問いを設けてみることにしよう。前記引用にしたがえば、蜘蛛は人間の作業より正確な巣を張りめぐらすことができる。ではその行為によって、蜘蛛と人間とはどのような報酬を受けることができるだろうか。

蜘蛛は彼の種族から教わった方法に従って美しい幾何学模様を張りめぐらす。しかし彼の作業はここで終了する。蜘蛛は種の教えにもとづいて糸を張り、虫がかかるのを待つという行為を永遠に繰り返す。もしその方法によって捕虫することが困難となれば、そのことは蜘蛛の種族としての終了を意味している。すなわち、蜘蛛は彼の活動によってエサという当然の結果を受けとるだけであり、それ以外の何ものをも獲得してはいないのである。

他方人間は、一つの労働を永遠の繰り返しとしておこなうことはない。生産過程においては、自然木を伐り出した報酬として、人間は材木を受け取る。しかし木を伐り出す労働の過程において、人間は、自然木の性状をも認識する。木の硬さ、いかなる方法において伐り出すことが容易であるのか、あるいは木の成長と地質の関係など、人間は労働の結果、生産目的外の報酬を得ていた。それは人間の自然科学へのアプローチを示すものである。労働の報酬は第一に生産物であるが、同時に、このような労働対象への接近であった。労働対象、労働手段を、科学的につかみとっていく営為がここで成立する。だから労働は、自然科学の取得、さらには自然哲学への接近を人間にもたらした。

それは蜘蛛の行為にはない側面である。蜘蛛はただ自然の総体の一員として、永遠の繰り返しをおこなう。しかし人間は、労働をとおして自然と自分との関係の対象化をはじめたのである。蜘蛛にとって木は昔からそこにある木にすぎない。しかし人間は、木とは何であるのかをそこで知りはじめるのである。つまり、木は人間にとって、自分の外にある生成物であることを知ったのである。それは、人間と自然の自己疎外関係の認識といってもよいであろう。木が人間の外にある産物だからこそ、人間はそれを意識的に利用することが可能となった。木は木であることを認めたのである。

ここから、人間が労働をおこなうときの目的意識性には、二つの面が存在することが確認されてくる。第一の目的意識は、いうまでもなく生産目的である。そして第二に、人間は、たとえば自然木という労働対象を定め、それを加工する労働手段を使用して、労働の過程を目的意識的に遂行する、という側面が生まれるのである。そのことについては、次項で技術論として扱うことになるが、ここでは、人間は労働のなかで生産目標を定めるだけでなく、労働のしかたという目的をつくりだすのだ、ということを確認しておかなければならない。

労働過程には、労働対象、労働手段の認識過程という側面が生まれる。それは、労働に関する、意識の生産過程である。意識を生産するからこそ人間は、次にその労働を、意識的におこなうようになる。それは蜘蛛にはない人間特有の労働を特徴づけるものである。だからこそ人間は、労働を経ると、意識をもった人間として生まれてくる。自然の総体性の一員であることを永久に繰り返す蜘蛛に対して、人間は、自然を構成する一分子でありながら、自然に対して自立化するのである。

人間の自然に対する自立化の第一歩は、自然を対象化すること、自然をおのれの外のものとして認識することである。そのことは、第一に、自然に対する科学的認識の開始を可能にし、第二に、自分の労働過程を対象化することを可能にする。労働とは、自然法則に従って対象を加工することに出発点をもつ。たとえば木を伐り出すとき、幹に傷をつけ楔を打ち込んで倒す、という一連の行為は、いくつかの自然法則の（たとえば重力の、たとえば物質の硬度に関する）連続的適用にほかならないのである。だからここでは、自然を一般的に対象化することから一歩すすんで、自然法則を対象化し、相対化してとらえるという営みが生まれてくる。その結果、人間は、たとえば木を伐り出すという一つの目的のためにも、幾通りもの方法をあみだすことができる。それは人間が労働に対する客観性を守っているからでもあり、またいくつもの自然法則を相対化してとらえているからでもある。そしてこの客観性が、労働過程の内容を目的意識的に決定するという、人間の特徴をつくりだしてきたのである。

人間の労働過程を特徴づけるもの、それは第一に、労働目的（生産目的）の存在であり、第二に、労働過程自身の目的意識的な方法の確立であった。しかしそれだけであるのかといえば、けっしてそうではない。労働過程が目的意識的な労働過程になったときから、第三の展開がはじまるのである。それは、現在の〈私〉の労働は、過去の〈私〉の労働の止揚された形態だということである。

人間は、自分の労働を客観化させた結果、いくつもの労働対象、労働手段をつくりだす。たとえば狩猟と採取で生活をしているあいだは、人間は、土地、大地という労働対象（それは労働手段でもある）に気づかない。畑作がはじまってはじめて、大地が労働の対象として広がっていることを知る。そのことは、大地を労働対象の一つに加えたという以上に大きな意味を生みだす結果になった。

以前は、人間は土地に対して、蜘蛛と同じように、ただそこに大地があるものとしてしか認識をもってはいなかった。すなわち、大地は〈彼〉の生存の空間に関与していなかった。大地との関係で意識をつくり、生活をつくりだすことはなかった。しかしいまでは、〈彼〉は自分の有機的な空間のなかに土地を位置づけている。土地との関係で、自分の意識的な存在領域を形成しはじめた。すなわち、〈彼〉の存在空間が以前より揚棄されたのである。労働空間の拡大は、過去の自分の労働を清算させ、止揚させた。

それは、土地の発見というような大きな変化をともなうときにだけ生まれることではない。現象的には進歩をみつけることのできないような同じ労働の繰り返しのなかでも、人間はやはり過去の労働過程を清算し、止揚しつづける。だから労働過程とは、第一に、過去の労働過程の蓄積の上につくられ、第二に、無限の労働過程の止揚の過程としてつくられる、という性格をもつのである。

では、労働過程のそのような性格は、なぜつくられたのであろうか。このことの解明が、労働過程論をつくりだしていくうえでの、最初の重要な事柄なのである。

わたしは、人間の労働は、自然対象を自然法則にもとづいて加工するというところからはじまる、と述べた。そうである以上、労働とは、肉体的な行為であるとともに、精神的な行為でもある。より厳密に述べれば、第一に労働は、〈私〉の肉体的な力を消費していくことに基礎をもつ。が、その消費は、過去の〈私〉の労働によって蓄積された意識にもとづく、肉体の消費である。とすれば、当然のこととして、ここで〈私〉は自分の意識をも消費し、同時に生産することになる。人間は労働との関係において自分の意識を生産する。それは労働対象、労働手段、労働方法の対象化をとおしてつくりだされるものである。が同時に、人間はそこで、過去に蓄積された意識を消費するという営為をもおこなっていくことになるのである。

労働――それは労働能力を消費していく過程である。その場合、労働能力とは、第一に、生産のために直接必要な能力（たとえば肉体的な力、一定の技術というような）であるが、第二に、労働をかたちづくる人間の存在空間によって規定された〈彼〉の総合的な能力である。

「飢渇はただ人間の物理的な力を破壊するだけではなくて、また人間の精神的および道徳的力をも破壊する。すなわち飢渇は人間から人間性と悟性と意識とをうばうのである」*といったのはフォイエルバッハであるが、ここで飢えが、じつは肉体的な消耗をもたらすだけでなく、人間の存在空間全体の枯渇を生みだすと述べられているように、労働で消費される労働能力にも同じことがいえるのである。

たとえば〈彼〉が畑作をはじめようと考えたとき、〈彼〉の頭のなかには、第一に収穫物が、第二にこれからの労働の方法が浮かぶだろう。とともに第三に、〈彼〉が畑作を開始しなければならなくなった存在全体の重み、たとえば〈彼〉の家族関係、〈彼〉の行動様式、〈彼〉の生活に対する意識等々が、〈彼〉の労働意識のなかに凝縮されて内在化されているのである。

そのような意識全体に支えられて、人間の労働意識は形成され、同時に労働意識は労働能力を構成する。労働能力の消費とは、このような労働意識の消費を含む以上、労働のなかでは、〈彼〉の存在全体によってつくられた意識の消費をともなうことになる。それをここでは精神的労働と呼ぶことにしよう。精神的労働は、肉体的労働と不可分の関係にたつ。ただ肉体的労働では、消費された肉体的能力は、労働のなかでは再生産されない（それは休息‐生活によって再生産される）が、精神的労働能力は、労働自身によって再び再生産されるのである。*

このようにみていくなら、労働過程とは、労働能力の消費過程でありながら、肉体的労働能力の消費と、精神的労働能力の消費‐再生産という過程を成立させるのである。この両面をふまえて、わたしは、労働を、労働能力の消費‐再生産過程として規定することにする。精神的労働能力は、過去の労働の蓄積の上につくられるものであるから（第一に〈私〉の過去の、第二に〈私〉の存在は昔の人間の存在の蓄積の上に成り立つのだから、人類史的な意味で過去の）、その消費‐再生産は、過去の自分のすべての関係の止揚過程という本質をもつものである。労働とは、人間の主体的な存在領域の基本軸であって、単なる労働時間内的行為にとどまるものではない。労働存在とは、人間存在全体を凝縮してあらわすのである。

使用価値を生産するための素朴な労働と生産という、マルクスの労働過程の規定を一歩進めて労働過程を考察していくとき、わたしは、この労働能力の消費‐再生産過程としての労働過程にたどりつく。労働過程とは、労働能力の自己運動過程であり、労働能力が人間の存在的領域全体との関係でつくられる以上、労働過程は、人間の労働主体‐人間主体の自己運動、人間の存在が揚棄されていく過程をつくりだす。人間は労働をとおして、それまでの労働の蓄積によってつくられた自分の意識、生活感覚、行動様式等々を、消費過程のなかに沈め、そしてそこで再生産する。労働過程が人間の主体的な存在領域の消費－再生産過程であること、そのことをふまえることなしには、次の、資本主義的生産様式のもとでの労働は、理解不可能なものになってしまうだろう。

ただし、ここまでの過程では、わたしは、資本主義的諸関係が入り込まない労働の世界を描いてきた。人間と労働が、ただ自然に結合している世界では労働過程とは何であったのか、について述べてきたのである。労働の内部に人為的な諸関係が介入しない労働過程、そのような労働過程を、わたしは自然的労働過程という言葉で呼んでいる。その自然的労働過程が、資本制社会のもとではどのような変化を受けるのか、それがこの後のわたしの追求テーマとなっていく。

三　技術論への視点

前項においてわたしは、人間の労働過程の特徴として、㈠労働目的（生産目的）の存在、㈡労働過程の方法における目的意識性の成立、をとりあげ、その結果、労働過程は人間の主体的存在領域の消費－再生産過程という広範な性格をもつようになる、ということを説明した。なぜそうであるのか。それは人間が、目的意識をもって労働に対応しているからである。人間は、目的意識的に労働過程をつくりだす。その結果、人間は労働をも一つの対象として意識のうちでみているのである。したがって、ここでは労働の本質を追求するために、労働過程の目的意識的創造ということについて、より詳しい検討をおこなっていくことにする。

前項での引用において、マルクスは、蜘蛛と人間の労働のちがいについてふれ、蜘蛛はただ本能に従って作業をすすめるが、人間は目的をもって労働をすると述べていることを示した。そして、人間の、物を生みだすための目的意識は、今度は、労働、生産の過程自身に目的意識を創造させることになる。労働過程自身が意識的な労働の過程となるのである。そのような意識的な労働の性格は、労働過程に機械が導入され、広範な自然法則の応用が可能になるにつれてますます高められる、というのがマルクスの結論である。

「機械としては労働手段は、人力のかわりに自然力を利用し経験的熟練のかわりに自然科学の意識的応用に頼ることを必然的にするような物質的存在様式を受け取る。……機械は……直接に社会化された労働、すなわち共同的な労働によってのみ機能する。だから、労働過程の協業的性格は、今では、労働手段そのものの性質によって命ぜられた技術的必然となるのである」*

目的意識にもとづく労働は、より容易に生産物をつくりだす方法を導きだす。自然の諸力をより有効に利用することが、ここでは必要となる。はじめは経験的に自然が利用され、しだいに自然のもつ法則性を、意識的に労働過程のなかに適用するようになる。それは自然科学の意識的応用の過程であり、そのことをマルクスは、技術的過程という言葉で呼んでいる。そしてその技術的過程は、労働過程のなかに機械が導入され、協業労働が必然化するに至って、より有機的に発達することになる、と彼は考えていた。

そのことの当否はのちに述べるとして、確かに技術とは、自然法則の連続的駆使としてつくられるものであろう。たとえば船舶は浮力という自然法則を利用することなしにはつくりえなかったし、原子力発電は同位元素間の変化に関する法則を利用する。巨大な生産システムも、もとをただせば一つ一つの自然法則の利用の積みかさねによるものである。人間は、自然法則をはじめは経験的に、つぎに意識的に探求し、生産の場所にそれらを適用させながら技術の発達をはかってきた。技術の問題は、労働の目的意識性の問題と不可分であったのである。

したがって、技術の検討は、人間の目的意識的行為との関係で論じられる必要がある。そのことを明白に提起したのは、武谷三男である。武谷は、戦後直ちに発表された技術論において次のように述べている。

「技術とは人間実践（生産的実践）に於ける客観的法則性の意識的適用である＊」

この武谷の技術規定は、戦前の唯研の技術＝労働手段体系説の誤りを克服するものであった。その後の戦後の技術論が、大方において武谷技術論を基礎にしたものであったことは、すでにわれわれのよく知っていることである＊＊。

労働のなかの目的意識性の研究は、技術論の分野でおこなわれることになった。技術論は、労働過程論の重要な部分を構成することになる。なぜなら、労働過程に技術的性格が付与されるから、人間は労働を客観的に把握することが可能となったのであり、労働が労働能力の消費－再生産過程となりえたのである。

日本において、労働過程と技術の関係を正面からとりあげたのは、「武谷技術論の継承」を目的とした星野芳郎であった。星野技術論に対して、わたしはいくつかの批判をもつのだが、ここではまず、星野が技術と労働過程についてどのような検討をおこなっているのか、紹介しておこう。

星野はマルクスと同じように、労働過程をあらゆる人間社会に共通する労働としてとらえ、その内容を二つの側面に分類した。労働過程の第一の側面を他の動物と異なることのない自然のなかでの無意識的な生産活動であると把握し、それに「自然的労働過程」という名称を与えた。* 第二の側面として、目的意識的な労働を「技術的過程」としてとりあげ、そこに人間社会が形成される基礎を星野は見出している。

「それゆえに労働過程は、それ自体、自然的過程であると同時に、技術的過程でもあって、直接に自然力のはたらきとして、自然の法則につらぬかれながらも、それにとどまらず、どこまでも、目的的・意識的過程であり、自然の法則を駆使しているという点で、すなわち自然の自己疎外がおこなわれているという点で、いわゆる自然過程とは、するどく区別されて、まったく人間的な、したがって社会的な過程でもあり、あらゆる社会的過程のもっとも基礎をなす過程だということができる」**

星野は労働過程を、㈠動物と同じ自然的な労働過程、㈡目的意識的な労働としての技術的過程、の二重化したものだと考えた。技術的過程は、単に自然科学を駆使するだけにとどまらず、労働に有機的、人間的な性格をもたらす。それは、人間間の労働の結合を可能にし、労働に社会的労働という性格を与える。そして人間社会は、この社会的労働を基礎として形成されるのだから、人間社会が創造された根拠は、さかのぼれば労働過程の技術的性格にある。星野は、このような結論をつくりだしているのである。

確かに、人間の労働過程を特徴づけたものは、第一に労働目標（生産目標）の存在であり、第二に労働過程の方法の目的意識性である。第二の問題は技術の問題であるのだから、そのかぎりでは、人間社会は労働の技術的性格を基盤としてつくられたのである。そのことを無限に引き伸ばしていくと、技術過程の発達は、第一に、協業労働を必然化させ、第二に、生産過程のなかに機械が導入されることを必然化させる。すなわち、前記マルクスの、労働過程が協業化し機械化することに技術過程の成長をみていった、あの結論に達するのである。

が、ここでわたしたちは素朴な疑問をもつことになる。確かに自然科学の駆使をとおしてつくられる技術の発達は、生産過程への機械の導入と労働の協業化を必然化するだろう。しかしそのことは、いまわたしたちが直面しているような、機械体系、分業としての協業体系と同じなのだろうか。はたして資本主義的生産様式のもとでの、機械体系、分業としての協業体系は、労働者の労働過程の目的意識的遂行の結果生まれてきたのだろうか。

わたしは、最近の一部の技術論研究者のいうように、機械を排斥しようというのではない。しかし、資本主義のものでの機械－分業体系が、労働者の目的意識的労働の結果だとは思えない、といっているのである。労働の目的意識性によってつくられる協業と機械は、労働過程の技術的性格から生まれるものであろう。しかし、資本主義的生産過程において、資本の自己増殖の論理にもとづいてつくりだされた分業と機械体系には、労働者の目的意識など存在しない。

協業と分業のちがいについてはのちに述べるが、ここで確認すべきことは、機械一般が労働過程の技術的性格からつくりだされるのではない、ということである。である以上、社会の形成は、労働の目的意識性を出発点とするにしても、それだけでは条件を十分に満足させてはいない。つまり、人間と労働存在との関係という媒介をもたなくては、労働過程と人間社会とは結合しえないのである。

労働における目的意識性＝技術的性格は、前項で述べたように、労働能力の消費－再生産過程、すなわち、労働主体の再生産過程をつくりだす。この再生産過程を現出させるがゆえに、労働過程は人間を創造した。労働過程の変革は、技術の自己展開によってもたらされるのではなく、技術が労働主体の自己展開過程と結合してこそ可能となったのである。

たとえばホッジスは、紀元前のギリシャの技術水準についてふれ、「ヘロンは、原始的な蒸気タービンを発明した……しかもかれらは、〔技術水準において――引用者〕産業革命の一歩手前まできていたのである」。しかし、「これらの発明の才ある人たちの心には、自分たちの発明は新しい動力源の供給に利用できることや、産業をさらに能率的にすることは浮かばなかったらしい*」と述べている。技術が、技術の開発だけを自己目的化してつくられたとき、それは労働、生産技術と結合しなかったのである。

労働主体の再生産過程、人間と労働の結合された世界と技術が結びつかないかぎり、技術的発明は、労働過程の変革とはつながらないのである。技術論は、労働主体の再生産過程という労働過程の性格との関係でとらえられないと誤ったものになってしまう。

星野技術論に抜け落ちている最大の難点はこのことである。この点を欠落させると、資本主義的生産様式のもとでの技術の誤りは、不明瞭になってしまう。そこでの技術までが、労働過程の目的意識性から生まれるような錯覚におちいってしまう。

労働過程の技術的な変革が、労働主体の自己展開過程と結合して生まれるあいだは、その結果として協業様式がつくられようと、また機械が労働過程のなかに導入されようとも、それは労働過程の必然である。そこでの技術は、労働主体、労働能力との関係においてつくられたものであって、すなわち、労働外的要請によって生まれるものではない。そのような技術を、労働技術としてわたしは規定しておく。労働過程の目的意識性は技術体系としては、労働技術体系をつくりだすのである。

しかし、資本主義的生産様式のもとでは、技術体系はそれだけではおさまらない。もちろん、資本主義における技術も、自然科学の駆使としてつくられることにはかわりはない。しかし、資本主義において必要とされる技術は、労働主体側の必要性から生まれるというより、資本の生産過程の必要性からつくりだされるのである。そこには技術と労働主体の結合はなく、反対に、資本と技術の結合がすすむことになる。つまり、技術は労働過程の必然ではなくなるのである。生産過程に導入される技術は、資本の目的を実現するためのものである。それは合理化のための技術開発であったり、たとえ生産物の安全性を高めるための機械でも、安全性の向上をはかる目的は、労働主体の必然ではなく、商品価値を上昇させるうえでの必然である。

労働主体の再生産過程と結合してこそ、技術は労働過程のなかでの技術となる、とわたしは述べた。技術とは、つねに主体との結合が必要なのである。が、資本制社会のもとでは、その主体が資本の生産過程に移る。労働主体は技術から遠ざけられる。そういうことが、結局、資本主義のもとでの機械体系、その結果でもある分業体系を、労働者の疎外物に転化させることになるのである。労働技術に対してそのような技術を、わたしは生産技術と呼んでいる。

次章において資本主義的生産様式における労働過程を検討していくうえで、このことは重要な意味をもつことになる。労働能力の消費－再生産過程としての労働過程の、資本主義的変質形態は、生産技術体系に一つの現象を示すからである。

武谷技術論の提起した、生産的実践への自然科学の駆使という技術論を、わたしは技術と労働過程の法則である労働主体の再生産過程と結合させてとらえることにより、労働技術と生産技術のちがいをみていこうとした。本来なら労働技術と生産技術は同一でなければならない。しかし、それを分化させてしまうところに資本主義の特徴が存在する。だからここでは、生産技術は階級的な性格をもつことになる。なぜなら、生産技術は、資本という主体と結合してつくりだされるのであるから。たとえばライン生産システムのような生産技術体系は、労働主体と労働の関係を排除した上につくられるのであり、このような技術体系自身が階級的なものとなってしまうのである。このことについては、のちに生産技術体系と労務管理政策との関係の分析として、より詳しく説明する予定である。

前記引用において、星野は、労働過程を、動物的な自然的なものと技術的過程という二つの側面から説明していた。しかし、人間の労働過程には、動物と同じような労働などはじめから存在しなかったのである。人間の労働過程は、㈠労働目標（生産目標）の存在、㈡労働過程の目的意識性＝技術的性格という二つの側面が、労働主体の再生産過程、労働能力の消費－再生産過程と結合してつくりだされるのである。したがって、技術的過程をそれだけで独立化してとらえることもまた誤りである。人間においては、生産方法だけが独立して存在することはない。労働主体の所有する存在の世界との関係でしか技術はつくられないのである。その意味では、技術とは客観的なものではなく主体的なものである。技術が主体的な実践であるからまた、資本主義的生産様式のもとでの技術体系の問題点もつくりだされることになる。

この項において、わたしは、労働過程の技術的性格が、労働能力の消費－再生産過程という労働過程の本質をつくりだし、そしてそのことがまた技術と結合するということを述べてきた。労働過程が、人間と労働の主体的な展開過程であることを、労働過程の目的意識性ということをとおして検討してきたのである。

四　労働力商品と労働者存在

労働過程論をつくりだす最初の作業は、以上のように、労働過程を労働主体の再生産過程との関係で分析することである。でなければ、労働過程論は、人間の主体的な存在領域を認明する科学にはならない。労働過程の研究は、労働時間内の労働の研究には終わらないのであり、まして労働の〈疎外〉や〈生きがい〉を発見する理論体系ではない。労働過程とは、労働時間内の行為として自立化することはできないという性格を、すなわち、労働は人間の存在全体との関係での行為という性格を、もっている。それは技術が、主体との関係においてしか計測できないのと同じである。

前項でわたしは、労働過程の目的意識性＝技術的性格と主体との関係を問い返した。技術とは単なる自然科学の駆使ではない。主体との結合という、主体的性格を保持してこそ人間の技術はつくられる。その結果、資本制社会では、労働技術と生産技術という二つの概念がつくられることをみてきた。だから、労働過程（生産過程）への機械の導入を考えるときでも、ただ機械化だけを自立化してとらえ、ことの良し悪しを判断することはできないのである。労働者の労働主体と機械の関係が、つねに問われなければならない。

同様に、労働の協業性についての検討も、ただ形態だけをみて論じることは誤りであろう。労働過程の発達は、必然的に協業労働を生みだす。しかし協業労働には、労働主体の共同意志にもとづいてつくられるときと、労働外的強制によってつくられる場合とがある。資本主義的生産様式における「協業」とは、後者の場合である。それは、資本の強制としての「協業」であり、それをわたしは分業という言葉で呼ぶ。協業労働は、多くの個別的な労働の統一されたものであり、これに対して分業労働は、一本の労働を労働外的強制によって分化させられたものである。協業と分業については、のちに第三章で詳しく扱うことになるが、ここでは、人間労働について論じる場合、つねに、労働過程は労働能力の消費－再生産過程であるという事実との関係でみていかなければならない、ということを確認しておく必要がある。

労働過程の研究は、人間労働とは何であろうかという設問を基礎にして、資本制社会における労働とは何かに答えることにある。資本制社会における労働主体の再生産過程として労働過程を解明することである。それは、人間の存在論的領域から資本制社会の本質を解き明かす、という序章において述べた目的を実現する作業である。

これまでのところで、わたしは、労働能力の消費－再生産過程として労働過程をみてきたが、それは、労働外的強制の要素が入り込まない労働過程での分析であった。つまり、自然的労働過程の解明である。それゆえに、次章では、そのような労働過程が資本主義的生産様式のもとではどのように変質するのか、がみていかれなければならない。ここでは、なぜ労働過程を媒介にしてしか資本制社会は主体的に把握しえないのか、そのことについて述べておきたい。

もとより、人間の解放としての共産主義社会の実現は、根源的には、労働力商品を廃棄するところにある。資本制社会は、人間の労働という、本来人間にとって主体的な行為を、労働力として、人間存在から自立化させたことに出発点をもっていた。労働力商品を基礎としてつくりだされた生産様式が、資本主義的生産様式であり、またその社会が資本制社会である。

ここから、資本制社会における労働力の二面性がつくりだされてくる。第一の面として、労働力とは資本が頭に描いた使用価値をもつ一エネルギーである。それは、労働力商品として、すでに一個のかたちを保有しており、その意味においては、特殊な使用価値をもっているということ以外には、他の商品と異なるわけではない。労働力商品としてのかたちは、そこでは労働力の価格として表現されるのである。しかし他方の面として、労働力は、現実的な労働として労働過程のなかで使用されてはじめて実際の労働力になる。前者は、売買される過程での一商品としてすでに労働力であるが、後者は、労働として機能してはじめて労働力である。〈資本〉は、商品としての価格をもったものとして労働力を買うが、しかし、その労働力を実際の生産過程のなかで使用してはじめて労働力の価値を受けとるのである。前者は空間的だが後者は時間的である。そして、この空間的な存在の時間的行為への転化は、単なる労働力の現実化というものではなく、空間的な労働力の止揚としてあらわれるのである。

人間の労働に関する能力が、資本によって使用価値を定められた労働力であるあいだは、〈私〉の労働力は〈彼〉の労働力となんら異なるものではない。一時間に一〇〇個のネジを締める能力であり、八時間で一〇枚の書類を作製する能力である。それは〈私〉の労働力であっても〈彼〉の労働力であっても、なんの相異も生まれない。さらに、それらは機械による製作であっても問題は生じない。

　労働力は、〈私〉に固有の労働力ではなかった。〈私〉の労働力は他の一億の人びとがもっている生産能力と同じものでしかない。それは、労働力としての生産能力を規定しているのは〈資本〉であって〈私〉ではないという性格から生まれた結果である。ゆえに、労働力自身は抽象的なものであって、〈私〉に固有の、すなわち、個別的なものではない。労働力としての生産能力を測る基準は、〈私〉が一時間に一〇〇個のネジを締めることであり、〈私〉が一時間にどれほどの価値を創造できるかということである。その能力は、資本が必要とする生産能力であるから、資本はその必要度に応じて、生産能力を価格として表現することができる。いいかえれば、価格表現をもつことによって、同じ価格の労働力はすべて同等の質のものとして認知されている。そのように〈私〉の労働力は一般的・抽象的なものなのである。

　資本の生産過程において要求される、このような労働力としての能力を、ここでは生産能力という言葉で呼んでおく。〈資本〉はこの生産能力を労働者から買い求めた。が、この生産能力は、実際の労働のなかで使用されて、本当の能力を発揮する。

　機械のもつ生産能力は、生産過程で要求された作業をすることにとどまる。しかし、人間の生産能力は、人間という主体との結合をもっている。人間は生産能力だけを分離させ、自立化させることはできない。

人間は生産能力を〈私〉の労働のなかで現実化させなければならない。そしてすでに述べたように、労働には、〈私〉の労働能力の消費－再生産過程という主体的要素が付き添っているのである。生産能力は抽象的なものであるが、労働能力は〈私〉に固有のものである。生産能力にもとづく作業としての生産行為は、抽象的行為であるが、労働能力にもとづく労働行為は、〈私〉の主体が介在した労働である。後者は明らかに、〈私〉の独自の運動過程という性格をもっている。

生産能力は、生産過程の総体性に、すなわち、〈資本〉と相対した関係にあるが、労働能力は、具体的な生産過程に対して対峙している。具体的な生産過程のなかで、生産能力とともに労働能力をも使用－消費させるとき、〈私〉の労働過程は生みだされる。一時間に一〇〇個のネジを締める生産行為は、その行為が〈私〉の労働として実現するとき、そこに資本の価値規定にはまりきらない〈私〉の労働過程を成立させるのである。そして、労働過程は〈私〉の総合的な能力の消費－再生産過程であり、また〈私〉の存在の自己止揚過程である。

資本主義的生産様式は労働力にもとづいてつくりだされた、とわたしは述べた。その労働力というものの中身を詳しく検討していけば、このようなものである。人間の労働能力の一部を生産能力として分離し、抽象化させ、それに価格表現をもたせて労働力として規定し、それをもとにしてつくりだした生産様式が、資本主義的生産様式であった。しかし、しょせん生産能力は、労働能力の一部にすぎない。だから、人間を労働力として純化させることには無理が生ずる。そのことは、のちにみるように、資本制社会の自己矛盾をつくりだしていくことになるのである。資本主義は、以上のような、労働の無理に出発点を置いている。労働者とは、その無理のなかで労働をする人間である。それゆえに、さきにわたしは、労働者を、労働力を商品として売る人間として規定するより、資本主義的生産過程のなかで労働を行使する人間として規定することのほうが重要である、と述べたのである。

資本制社会についてのわたしの認識方法の第一歩は、資本主義的生産様式にはこのような無理があるにもかかわらず、なぜ無理のない社会形態のようになってしまうのか、ということをさぐることにある。そこに資本制社会と労働過程の関係の分析、という目的意識が生じてくる。同時に、労働過程は、主体の再生産過程という具体性を保有する以上、労働過程の研究は、〈私〉の資本主義のもとでの世界をとらえることを可能にするのである。

ここでいう無理とは、資本の生産過程においては、労働能力を個々の労働者に特有な具体的なものとしてではなく、抽象的な労働力、生産能力として扱わなければならないが、労働力は、それが行為に転化されたとき、具体的な労働能力の再生産過程をともなってしまうということである。つまり、労働力は、商品としての抽象物に純化しえないにもかかわらず、そのように純化されたものとして、生産過程は労働力をみなければならないのである。

ここに生じる矛盾は、生産構造と労働存在との間の矛盾である。そしてこの矛盾が、のちに検討するように、労働者の資本制社会における矛盾の根本をつくりだしていくことになる。

人間の存在にかかわる問題から、今日の社会を分析しなければならない。それなくしては労働者の主体的な理論体系はつくりだせない、と序章において述べた。個別的な労働者の存在からはじめられない理論は、労働者を理論のなかに従属させてしまうという転倒を生みだす。たとえば経済学は、経済法則という抽象性をとおしてしか労働者をみないという誤りから、大方において抜け出ていない。社会科学の出発点は、具体的な人間の存在論的領域に求められる必要があるのではないのか。そうでないと、資本制社会のしくみを、労働者が、自分の行為の世界と結合した具体的な姿で認識することは不可能になってしまう。

労働力商品の無理を、生産能力と労働の不可分性に求めていこうという方法は、資本制社会を、労働者の行為の次元で、生存の次元で、すなわち〈私〉の主体的世界の次元で、とらえていこうとするためのものである。

そのことは、資本制社会における労働過程の研究を媒介としてすすめられなければならない。労働者の労働の世界を、分析の対象として設定するのである。

それでは、資本主義的生産様式のもとでの労働とは、どのようなものであろうか。

第二章　経済学批判の方法

一　労働と生産の分離―二重化

資本制社会の構造をとらえるには、まず資本主義的生産様式の構造が解明されなければならない。資本主義的生産様式を、経済法則の自己運動過程としてではなく、労働存在の歴史的一形式として分析していくことが、ここでのわたしの方法である。それは、自分の存在、自分の実践の展開していく世界として、資本制社会をみようとする試みである。労働者の日常的な行為の総体化された社会として、資本制社会を分析する。

この章の第一の目的は、資本主義的生産様式を、労働存在の展開過程＝労働過程として把握していくことである、つまり、第一章において説明したように、労働過程と資本主義的生産過程との結合された生産様式として、資本主義的生産様式を分析することが必要である。商品の生産過程にすぎない資本主義的生産過程と、労働能力の消費―再生産過程としての労働過程が、資本主義的生産様式のもとでは、どのように結合―二重化しているのか。またそのことによって、資本主義はどのような運動機能を所有していくのか。そのことを、この章では検討していくことになる。

前述したように、労働主体の運動過程である労働過程に対して、生産過程は物質の転換の過程としてあらわれる。もちろん、生産過程は、労働過程を基盤とすることによってしか成立しない。その意味では、生産過程と労働過程は不可分である。が、この生産過程は、歴史段階によって、二つの姿をあらわす。

第一のそれは、生産過程の構造に、労働外的強制が加わらない段階のものである。ここにおいては、生産過程は、労働の結果としての物質の転換を示すだけにとどまる。労働過程と生産過程は、統一的な、有機的な諸関係をとり結ぶ。この段階の生産過程では、生産目的が労働目的として、生産対象が労働対象として設定される。ここでは、生産対象を労働によって加工する（新しい使用価値を付加する）ことによって生産物があらわれるという関係による運動がおこなわれる。生産過程は、一つの生産素材が労働によって消滅し、新しい素材が生まれる、という無限の質的転換の過程としてあらわれる。

たとえばかつて鉄の生産過程においては、最初に鉄鉱石が掘り出され、水路を流して砂鉄が選び出されるという経過があった。この過程で、鉄鉱石という素材は、労働をとおして消滅し、新しく砂鉄として生まれ変わった。つぎに砂鉄は、炉のなかで木炭の火に焼かれ鋼塊となる。再び砂鉄は消滅し、鋼が生まれたのである。このような労働外的強制のない生産過程においては、生産過程は、労働による古い労働対象の消滅と新しい対象の生産という、対象の転換の過程であった。だからここでは、労働過程と生産過程は、概念の相異以上の重要な意味をなさない。

ところが、資本主義における生産過程では、生産対象、生産手段は、あらかじめ商品として設定されている。鉄鉱石を炉のなかで燃焼させ粗鋼をとりだす過程では、鉱鉱石、炉、燃料、労働力、それらすべてが商品として買い求められており、それらすべてを結合させて商品としての粗鋼をとり出す。商品と商品をかけ合わせて第三の商品を生みださせる。ゆえに資本主義の生産過程では、〈商品A＋商品B＝商品C〉という簡単な等式がみつけられるようになる。

最初の生産過程では、人間労働という不可視的な力をもちいて、新しい対象を生みだしていた。しかしここでは、商品という価格の規準ではかれる労働力を使用して、新しい商品をつくりだす。前者では、労働を行使する過程が視点に入り、後者では、商品と商品をかけ合わせることが問題になる。ゆえに、一〇〇〇円で買った生産対象、生産手段に、五〇〇円で買った労働力を結合すれば（労働力は五〇〇円で買ったが本当は一〇〇〇円分の価値をつくりだしたとすれば）、二〇〇〇円の商品をつくれるというような、数式化された生産過程が生みだされてくるのである。

この生産過程においては、労働は、商品としての労働力、すなわち、商品という形態以外のものではない。それは、他の商品と異なるわけではない。ゆえに、〈原材料A＋労働力B＝商品C〉という図式は、〈原材料A＋労働力$\frac{B}{2}$＋加工用の機械D＝商品C〉という等式に変化することが可能となっているのである。仮に労働力の半分を機械に代替させても、商品上の価格に変動がないとすれば労働力は容易に機械による生産に代えることができる。〈労働力B＋労働力$\frac{B}{2}$＋機械D〉となるのであり、〈労働力B〉は、〈機械2D〉と等価の関係をもつことになる。労働力は、ここでは、機械の商品価値によって自己を表現できるような形態をもったものに変化しているのである。

本来不可視的な力であったはずの労働は、この世界では、商品として、自己を他の物質に代替しうるものとして、すなわち、可視的なものへと変わってきている。であるからこそ労働力は商品であり、一時間分の労働力が生みだす価値一〇〇〇円、その結果、半分の五〇〇円が労働力の価格として支払われる、というような、貨幣上の表現をもつことになったのである。

労働力は、貨幣表現をもつからこそ売買可能な商品である。しかし、労働力に貨幣表現能力を与えたものは、流通過程ではなく、生産過程のほうにあった。生産過程が、労働の結果としての素材の転換を表現するものではなく、商品と商品をかけ合わせて生産過程の内部で流通させる、単なる商品の移動の過程に変化したからこそ、そこでの労働は、労働力としての商品になったのである。

資本制社会は、特殊な生産過程の成立の上にできあがった社会である。そして、この資本主義的生産過程の成立は、それまでの労働過程にも変化を与えていくことになる。それゆえに、生産過程と労働過程の、資本主義的特質を発見していくことが、これからの重要な課題となるのである。

自然的労働過程においては、生産過程と労働過程は統一的結合をとげていた。しかし、資本主義的生産様式のもとでは、以上のように、生産過程は商品の結合過程にすぎなくなる。商品を結合させる主体は資本である。つまり、ここには労働者の労働主体は関与しないことになった。しかし、生産過程は、労働力を使用することによってしか成立しない。そして労働力の使用は、いつも現実的な労働をもたらすのであり、労働は労働主体による労働能力の行使として実現する。つまり、労働過程の成立をもたらすことなしには、資本の生産過程は成立しない。

このかぎりでは、やはり資本主義的生産様式のもとでも、労働過程と生産過程は結合しているのである。しかしにもかかわらず他方で、生産過程は、労働を商品としての労働力に純化させることによって成立する。資本の生産過程は、商品の特殊な流通過程になってしまっている。ここには労働の要素は介入しない。そして他方で、労働過程は生産過程に従属しながら、つまり、労働力の現実化という一点をとおして、やはり労働主体の再生産過程として存続することになったのである。

資本主義的生産様式のもとでは、生産過程と労働過程は分離したのである。もっと正確にいえば、生産過程と労働過程は、異なった運動法則をもつようになったのである。

太古の労働においては、生産物はそのまま生産者の所有物であった。〈彼〉は自分の働いた分だけ生産物を受け取ることができた。労働のなかでの、創意、工夫、努力は、自然的条件はあるにしても、そのまま〈彼〉の手に、生産物としてもどってくる。労働方法は、生活方法の基礎である。つまりここでは、生産過程と労働過程は、同一の指向性をもっていたのである。

資本主義的生産様式のもとでは、当然にして、生産物は、労働者の所有物にはならない。資本あるいは資本家という、労働によって価値を付与しない者の所有物となる。ここでは労働者は、労働という〈彼〉の行為をおこなった時点で、すべての運動を終了させてしまう。生産物は、資本の運動過程のなかでしか機能を果たさない。

そうなってしまうのは、資本家が、富の所有者であったからではない。資本家が、資本主義的生産過程という特殊な生産過程の所有者であったからである。

〈資本〉は、商品のかけ合わせ過程という特殊な生産過程を創造し、労働者を、機械とも変わることのない商品として規定した。労働者は人格をもった人間であるが、労働力は、生産のための一手段にすぎなかった。資本家は一生産手段として労働力を買ったのだから、その労働力商品が生産物との関係を主張することなど、ありえてはならないのである。

しかし労働は、労働者の主体的な運動過程に属する。労働者は生産物をも自分の労働をとおしてながめる。だから、生産物は労働の帰結にほかならない。労働者は、労働力なる商品を資本家に売ったのではなく、自分の労働能力を、資本家の前で行使するために、資本家と契約をとり結んだのである。資本家は商品として労働力を買うが、労働者は、自分の労働能力の使用分の代償として賃金を要求するのである。

労働力を純粋な商品として考察していこうとする方向性を生産過程はもち、労働過程は、労働力ではなく労働主体の再生産過程としての労働を追求しようとする。〈資本〉としての主体と、労働としての主体は、運動法則が異なるのである。資本主義段階においては、生産過程と労働過程が分離‐二重化するという、新しい生産と労働の論理が創成されたのである。

もちろん、生産過程と労働過程は、このように本質において分離しながらも、現実的には一個の統一された過程としてあらわれてくる。つまり、二重化するのである。その全体をあらわす言葉として、わたしはこれから、生産‐労働過程という言葉を使用することにする。これからは、生産‐労働過程が資本主義的生産様式のもとではどのようにつくられているのか、を分析することに、主眼点が移っていくのである。*

このように、生産過程と労働過程が分離‐二重化しはじめると、次のような新しい特徴がつくりだされてくる。それは、生産‐労働過程の内部に、階級的関係が内包されてくる、ということである。たとえば封建制社会においては、支配関係は、生産‐労働過程の外で成立する。生産と労働は、農民の主体のなかで完結してしまうのであり、農民を支配する方法は、農業労働の内部にあるのではなく、武力というような、生産‐労働過程の外の力によって維持される。生産‐労働外的強制によって、階級関係がつくられるのである。しかし、資本主義的生産様式のもとでは、生産過程と労働過程の統一性を、資本は打ちこわす。生産過程を資本の生産過程として分離させ、独立化させる。そうすることによって、生産‐労働過程のしくみのなかに、階級関係を成立せしめるのである。資本と労働は、生産‐労働過程という共同の土俵を獲得した。この共同の過程のなかで、〈資本〉は労働者を労働力に純化させて規定する。すなわち、〈労働〉を自己の支配下に置くのである。

このことは、のちに資本制社会における階級関係を論じるうえで、重要な意味をもってくる。そのことはのちの課題として、ここでは資本主義的様式が、労働過程と生産過程の自然的結合を打ち砕き、生産過程を商品の生産過程として独立化させた生産様式である、ということを確認しておく必要がある。特殊な生産様式の成立こそ、資本主義の成立の基礎だったのである。

しかし、それではなぜ、小生産者の分解をとおしてつくりだされた資本主義的生産様式が、このような特殊な生産過程を成立させたのであろうか。そのことは、第三章でマニュファクチュアの分析をとおしておこなうことにするが、結論からいえば、資本主義的生産様式は労働形態の自然成長性の上につくられたのではない、ということである。労働の蓄積が、資本主義的労働形態を生んだのではなく、労働外的諸要素が資本主義的生産過程を創造した。労働外的諸要素とは、第一に、商品、貨幣の発達であり、第二に、中世後期あるいは近世期の国家形態と支配機構の構造である。それらは、労働からみれば一つの偶然にすぎない。しかし、そのような偶然的諸要素によって、人間労働の本質的純粋性は解体させられたのである。

人間労働の歴史をとおしてみるなら、資本主義は一歴史的段階の奇形性にすぎない。労働外的諸要素が労働をも支配した、疎外された体制である。そうである以上、労働者の解放は、資本主義的生産様式の利用の上には成立しないのであり、反対にこの様式を、打ちこわすことだけが重要なのである。

資本主義的生産過程は、特殊な商品の流通過程であった。それは、商品のかけ合わせという、労働外的過程である。ゆえに、そこでの生産物は、労働外的産物として規定される。つまり、労働との関係をもたないがために、生産物は労働から離れて、勝手な自己運動をはかることが可能である。それゆえに、生産過程は剰余価値を生みだすことができるし、資本が商品の集積としてつくりだされることが可能となったのである。

経済学が学問の対象に据えている、資本の運動過程とは、このような基盤の上に成り立っている。生産過程が労働過程と離れたために、生産過程だけの、独自の運動法則をもつようになったのである。だから、資本主義的生産様式の本質は、生産過程の法則にあるのではない。生産過程と労働過程の資本主義的関係にあるのである。

現に、〈資本〉と〈労働〉の対立は、生産過程の運動と〈労働〉との対決というかたちをとって、本質的には、生産過程と労働過程の対立としてあらわれてくる。だから、生産過程と労働過程のこの資本主義的関係が維持できれば、依然として〈資本〉と〈労働〉の関係は安泰なのである。このことが保証されれば、生産過程の法則は、すでに維持できる最大の根拠を与えられている。そのことは、生産過程の運動のゆきづまりとしての経済的危機が、〈資本〉と〈労働〉の対決へと向かわなかった、これまでの歴史が証明していることでもある。経済的ゆきづまりは、生産過程と労働過程の関係を不安定化させる要素は与えるが、しかし、けっしてこの関係のゆきづまりと同一ではない。

生産過程の研究だけでは、労働者の問題を語りつくすことはできない。生産‐労働過程という、資本と労働の存在論的過程に一度たちもどること抜きには、わたしたちは資本主義的生産様式の本質をとらえることもできないし、まして、資本と労働の現実的な諸関係を分析することは不可能だったのである。

二 〈経済学批判〉の批判

資本主義的生産‐労働過程には、二つの主体が存在する。第一のそれは〈労働〉としての主体であり、第二は〈資本〉としての主体である。労働主体は、生産過程を、労働の帰結の過程としてとらえる。しかし〈資本〉は、商品の特殊な流通過程として生産過程を規定する。後者には、労働主体は介入しない。すなわち、純粋化された労働力のみが使用されるのである。

この資本の生産過程の論理が、実際の資本主義的生産過程の構造を規定している。その結果、生産過程は、技術的には生産技術体系への純化をとげようとする指向性をもつのである。すなわち、労働の要素を排除した生産構造をつくりだしていくことになる。

ここでは、人間による生産と機械による生産は、人間による生産だけが新しい価値を生みだすことができる、という点を除いては、大きな相異は生まれない。しかも資本は、労働の価値分をも商品として購入しているのである。前述したように、生産過程においては、〈原材料A＋労働力B＝商品C〉という等式が成り立ち、それは〈原材料A＋労働力$\frac{B}{2}$＋機械D＝商品C〉と簡単に変化することができた。ゆえにここでは〈労働力B＝機械2D〉という関係が生まれる。労働力は、機械と対照できる姿をもつことができた。

が、それなら、〈原材料A＋機械2D＝商品C〉と〈原材料A＋労働力B＝商品C〉は同一のものを実現できるだろうか。ここで原材料費は一〇〇〇円、機械の費用（一回使用分）も一〇〇〇円と仮定すると、〈A＋2D＝C〉の過程では一〇〇〇円＋一〇〇〇円の費用がかかり、つくられた商品Cは二〇〇〇円の価値をもつことになる（ここでは価値と価格は同一だとする）。しかしこれでは、それをつくりだした資本家は、一銭の利益も得られなくなってしまう。そのために彼は、二〇〇〇円でつくったものを二五〇〇円で売ったとしよう。そうすれば確かに彼は五〇〇円の利益を得る。が、この方法は、商人資本家の利潤の生み方となんら異なることはない。二〇〇〇円で買ったものを二五〇〇円で売るのと同じであって、生産過程を所有した結果得た利益ではないのである。

それならば、〈原材料A＋労働力B＝商品C〉の方法ではどうなるだろうか。原材料は一〇〇〇円、労働力が生みだす価値も一〇〇〇円とすると、やはり商品Cは二〇〇〇円である。しかしこの場合、労働力が生みだす価値は一〇〇〇円だが、労働力の価格は、購入価格であって、価値と同じではない。一〇〇〇円としての労働力の価値は、労働者が働いたとき、一〇〇〇円分に相当する価値を生みだす、ということであり、他方、価格は、労働力を買ったときの費用である。当然、この間には差異が生ずる。

賢明なわが資本家は、労働力を五〇〇円で買い入れ、一〇〇〇円分の価値を生みださせることに気がついたのである。〈A＋B＝C〉は、

原材料1000円＋労働力の価格500円＋労働力の価格と価格の差500円＝2000円

の商品となったのであり、彼は、商品Cを価値どおり二〇〇〇円で売りながら、しかし剰余価値五〇〇円を儲けることに成功した。

〈原材料A＋労働力B＝商品C〉と〈原材料A＋機械2D＝商品C〉の間には、このような差が生ずることになる。このかぎりでは、資本家は機械ではなく、労働力を買い入れなければならなかったのである。では、なぜ労働力と機械の間には、このようなちがいが生じるのだろうか。

それは、機械の使用は機械の消耗を生むだけだが、労働力の使用は労働という特殊な行為として実現する、ということから生まれる。つまり、労働力が機械のように特定の使用目的でのみ利用されるものではなく、何でもつくれる特殊な能力であるために、また労働が、その能力の消耗度を時間によってしか計測できない性格をもっているがゆえに、機械のような明確な価値表現を許さないからである。

資本の生産過程は、労働力を、一方で機械と同じような商品として純化させて使用しようとする方向性をもつ。しかし他方で、労働力商品の特殊性に依拠することによって、剰余価値を生産

するのである。剰余価値の生産のためには、第一に、生産過程の労働への依拠が必要であり、しかし第二に、生産過程を商品の特殊な流通過程に純化してしまうことがまた条件であったのである。生産過程は、労働力を貨幣で表現するという合理性を獲得し、しかしまた、人間労働の計測しきれない非合理性を剰余価値の源泉とする。そして最後に、剰余価値の生産過程をも、合理的な数式のなかに吸収したのである。

たとえばある労働者は、一時間の間に、一〇〇〇円で買い求めた鋼片を、二〇〇〇円の貨幣量に等しい価値をもった鎌に変えることができるとする。そうすると、彼は一時間で一〇〇〇円に相当する価値を生みだしたことになる。しかし彼の賃金は、一時間で五〇〇円だったとしよう。そうすると一〇〇〇円引く五〇〇円の五〇〇円に相当する価値量を、彼は剰余価値として資本家のもとに残したことになる。

生産過程のなかでは、労働力の現実化としての労働が、計測不可能な抽象性をもっているということを利用して、資本家は、一〇〇〇円の労働力を五〇〇円で買いたたき、しかし買い求めた商品としての労働力は貨幣量に表現できるかたちをもっている、ということを使って、今度はこのような剰余価値の計算をなしとげることができたのである。

次に、もしこの生産過程に、一時間で一〇本の鎌をつくる機械が導入され、その価格が四〇〇〇円であったとする（ただし、この機械は一回使うと壊れてしまうものと仮定する）。いままでは一時間に一〇本の鎌をつくるためには、一〇人の労働者を雇わなければならなかった。ゆえに一〇本の鎌をつくるためには、鋼片1000円×10＋労賃500円×10＝15000円が資金として必要だった。鎌一〇本を売ったときの貨幣量は、2000円×10＝20000円だから、20000円－15000円＝5000円を剰余価値として資本家は儲けていたのである。

しかしいま、機械を導入した。その機械を動かすには、一人の労働者で充分だったとしよう。そうすると今度は、一〇本の鎌をつくるのに、鋼片1000円×10＋機械4000円＋労賃500円が必要となり、総計すると一万四五〇〇円となる。これまでどおり一本二〇〇〇円で鎌を貨幣と替えれば、今度は五五〇〇円の剰余価値を、鎌一〇本につき資本家は儲ける。

しかしここで気がつくことは、最初の方法では、一本の鎌をつくるのに労働者一人、一時間分の労働力を使用し、いまでは一〇本の鎌が一人一時間分の労働力でつくられているということである。そうすると、第一の方法では、労働者は一時間で一〇〇〇円に相当する価値をつくりだしていたのだが、機械の導入後は、2万円－1万円－4000円の、六〇〇〇円に相当する価値量を創造したことになる。つまり、六倍の価値を生みだしながら、労働者の賃金は依然として五〇〇円であったのである。

剰余価値の生産についての説明は、さしあたってはここまでとしておくが、このあたりまえの図式にもとづいて、じつは生産過程の基本構造が成り立っている、ということを、ここでは確認しておく必要があるだろう。第一に、生産過程は、このように数式化された姿をもっている。それは、労働力は五〇〇円と等価であるという前提にたって成り立つ。が第二に、生産過程は、労働の量が時間によってしか計測できない（もちろん、例外的には出来高払い制が成立するのだが）という面を利用して、つまり、労働の本質に依拠して、剰余価値の生産を実現する。

労働という、神秘的な能力の行使を、生産過程は、一つ一つ可視的なものに変えたのである。そこでは、機械と人間の、同一性と異質性を、数量的に明確化したのである。ゆえに、生産過程は、数学的な法則性をつくりだし、法則として純化させることに成功した。その生産過程の法則を対象として分析したものこそ、ほかならぬ近代の経済学であったのである。

だから経済学とは、近代に成立した、資本主義的生産様式の所産であった。生産過程が労働過程から分離し、独立化して、生産過程自身の自立した運動過程をもつようになった、つまり、生産過程が労働の介入を排除することに成功したからこそ、その分析を科学的におこなうことが可能となったのである。

経済学は、資本の生産過程の運動原理を解明するものであって、それ以上でも以下でもない。それゆえに経済学においては、資本の生産過程のなかで存在基盤を与えられた労働力として、労働者は把握されるのであり、労働者の側から資本の生産過程を認識することは不可能なのである。『資本論』自体、そのような方法の上にできた体系であり、その意味では宇野弘蔵のいうように、経済学は労働者の主体的な問題を扱う次元にはない、のである。

〈経済学批判〉は、経済学と同じ方法の上につくられてはならない。〈経済学批判〉における〈批判〉という意味は、〈資本〉とは別の〈労働〉という主体にもとづいて、資本主義の経済過程が分析されるとき、実現するのである。資本の運動過程をどれほど正確に解明しても、それは経済学批判にならない。労働の自己展開過程のなかに資本主義的生産様式をみること、そのことがわたしたちには必要であったのである。労働の自己展開過程としての労働過程は、生産過程と接触をもちつづける。一つには、生産過程は労働過程を基盤としてしか成り立たないという意味において、二つには、生産過程が剰余価値の生産のためには労働の性格に依拠しつづけなければならない、という点において。

その結果、労働過程の分析は、必然的に生産過程をも労働の行為をとおして解明する、という作業になる。つまり、生産－労働過程の研究へ向かわなければならなくなるのである。

これまでマルクス主義は、労働過程という人間の存在論的行為過程をとらえようとはせず、それを、生産過程の分析に代替させてきた。これまで述べてきたように、生産過程とは、資本の生産過程であり、労働の排除を前提として成り立つ。だから、生産過程の分析は、労働にとっては他者である。労働者にとっては客観的である。一般に労働者とは、労働力商品の所有者として労働者である、といわれてきた。が、それは生産過程の規定した労働者像であろう。そうではなくて、生産過程と労働過程が分離－二重化した、資本主義の生産－労働過程のなかでの一個の実存として、わたしたちは労働者なのである。

〈資本〉は労働者を、労働力という生産のための一手段に純化して規定し、労働者はみずからを、生産－労働過程のなかの一存在として考える。が、もしマルクス主義が、この労働力の分析に終わってしまうならば、労働者が生産‐労働過程のなかでの実存的動物であるがゆえに必然的にかかえてしまう諸問題を、マルクス主義はとらえる術を失ってしまうであろう。マルクス主義は、労働者にとって他者になってしまうであろう。

労働者の主体的実存のレベルにおいて、資本主義的生産様式を解明する、その努力を欠如させると、資本制社会は、ただ経済法則によって運営される社会のように映ってしまう。労働者の存在論的矛盾は、感覚的なものにとどめられてしまい、具体性をもたない抽象的な不満のように描かれてしまう。それでは、生産過程の論理はわかっても、労働者の存在によってつくられた世界は、まったく不鮮明なものになってしまうのである。

労働者にとって外在的な過程の認識は、直接に労働者の主体的世界の改革＝革命とは結びつかない。主体的な改革を実現するためには、主体的な世界の認識が必要なのである。

三　生産過程の論理と労働

資本主義における生産過程と労働過程の間には、前者が〈資本〉の自己運動過程としての商品の生産過程であり、後者が〈労働〉の自己展開過程である、という相異が存在した。資本主義的生産様式においては、生産過程は労働過程から独立化するという特徴が生まれた。しかし、生産過程は、いかに労働を労働力として純化させるといっても、労働力は実際の労働に転化されないかぎり、いかなる価値も生みださない。ゆえに生産のための行為も、労働の行為も、行為の次元でとらえるかぎり、同一の過程のなかの背反として形成されるのである。

たとえば労働者が、鎌をつくる労働に従事しているとする。その場合、鋼片を手元にひきよせて、槌でたたきながらそれを鎌という労働目標に仕上げていく、という意味においては、彼は労働をおこなっている。が、生産過程のなかでは、労働者の槌の一振りは、ただ価値の生産としてのみ実現している。彼の行為は、××円の貨幣量に相当する価値を生みだす一振りとして意義をもつことになる。一〇〇振りで一〇〇〇円分の価値がつくられれば、彼の一振りは一〇円の実現にほかならない。労働者は、労働の世界では、鎌をつくることが目的であったが、生産過程では、一振りからつくられる価値が問題なのである。その結果、つくられたものが鎌であるのか、刃であるのかは、彼の生産過程での行為にとっては関係のないことになる。

資本主義の生産-労働過程では、このような二つの本質が並行して存在している。労働の世界では、労働者は確かにある特定の物をつくろうとし、しかし生産過程では、生産物が何であるのかに関係なく、ただの価値生産者になっている。そのような二つの本質が統一されることなく、一貫して継続していくのである。

労働者は、資本主義的生産様式のもとでは二つの世界のなかで働かねばならない。そのことは、どのような労働状態を、労働者に強制するのだろうか。

行為としての労働は、労働に関する能力の消費-再生産過程として実現する。労働過程は、労働主体における労働目的を実現させるための、労働能力の消費－再生産過程であり、そこでの生産方法は、第一に意識的な労働技術の形成を媒介としてつくられる。つまり、労働対象を労働目的にしたがって加工する過程として、労働手段をもちいながら、労働能力の消費－再生産をおこなっていく過程が労働過程である。労働過程とは、このような労働主体の自己展開過程であるから、人間の純粋労働内的な再生産過程であった。

本来からいえば、この労働過程の帰結としての物質の変換の過程が生産過程である。しかし、資本主義のもとでは、生産過程が自立した運動法則を所有する。その結果、労働能力のなかから、資本の生産過程にとって必要な能力だけを生産能力として分離させ、生産能力の〈資本〉の使用過程を実現することになったのである。しかし、生産能力の使用過程としての生産過程は、労働者からみれば、生産能力の消費－再生産過程である。つまりここでは、生産能力を中心にした展開過程が実現する。

第一章において述べたように、労働能力とは、直接的には労働に関する能力であるが、それは労働者の全存在との関係でつくられている。〈彼〉がどのような生活方法をしているのか、〈彼〉が自然に対してどのような認識をもっているのか、というようなことを含めて労働能力は形成される。だからそれは、労働の方法に関する能力、とだけするわけにはいかない。そのような労働能力のなかの、物をつくる力だけを分離独立化させてしまったもの、それが生産能力である。それはたとえば、ネジを締める能力であったり、機械を動かす能力であったりする。そのような、資本の生産過程にとって有効な能力だけを、資本は労働力として買い求め、使用するのである。

このことは、きわめて重要な問題を生みだした。能力が、労働能力としてあるあいだは、その消費－再生産は、人間のすべての存在構造の再生産としての機能を所有しつづけるだろう。しかし、そこから生産に関する能力だけを分離させ、しかもそれを再生産してしまったら、いったいどういうことになるのだろうか。人間の存在構造は、生産能力の再生産過程だけが成長していく結果、多くの歪曲をとげなければならないことになる。そこでは、人間の存在構造の〝化学変化〟がはじまる。

生産過程では、生産対象を生産目的に加工するという過程がつくられる。そこで必要とされる能力は生産能力であり、生産手段を使って、生産過程によって規定された、生産技術体系のなかで、それは実現する。労働対象が、労働の対象としての全自然をさしているのに対し、生産対象は、生産過程からながめた、つまり、商品生産に規定された自然をさすことになる。そこには、対象の歪小化がおこなわれる。それは生産手段でも同じである。労働手段は、労働主体との結合においてつくられた、労働のための手段である。だからそれは、わたしは、手足の延長であると思う。いかに複雑な機械体系がもちいられようとも、それが労働行為者の主体的手段であるあいだは、人間の身体の延長上のものである。しかし、生産手段は、商品を生産するための手段として、それだけが独立化してしまうのである。だから、それは手足の延長にはない。労働手段を形成する主体は〈労働〉であるが、生産手段を規定する主体は〈資本〉である。

資本主義的生産過程においては、それを形成する諸要素が、このように、本来の人間的労働の疎外形態へと変化するのである。労働能力→生産能力、労働対象→生産対象、労働手段→生産手段、労働技術→生産技術というように。労働過程では、労働主体の再生産過程であった諸要素が、ここでは資本の生産過程に規定された諸要素へと、歪小化されてしまう。その結果、今度は、労働自体が具体性を失うことになるのである。

労働過程では、労働主体と労働目的が結合をし、その実現として労働がおこなわれる。だから、ここでの労働は具体的な労働である。が、資本主義的生産過程においては、生産目的は〈資本〉の生産目的であって、労働主体のものではない。生産過程での行為としての生産行為は、資本の要求する、価値を生産する行為にほかならない。ゆえに前記したように、労働者は、労働としては鎌をつくるという具体的な労働をおこなっているのだが、生産行為としては、槌を手で動かすことに意味があるのであって、生産物が鎌であるのか、刃であるのかは、無関係になってしまう。すなわち、労働目的が喪失しているのである。生産行為は、具体性をもたない、「手の運動」になってしまう。その「手の運動」をみるかぎりでは、旋盤労働も、鋳造労働もちがいは生じない。どちらも「手の運動」にすぎないのである。生産行為は、抽象的な行為にすぎなかったのである。それをここでは、具体的労働に対応させて、抽象的労働と呼んでおこう。*

労働者は、生産過程では、抽象的労働としての、生産行為をおこなう。だから生産過程では、われわれ労働者は、具体的な生産物をつくりだしているのではない。一面では労働者は、すでに物をつくらない労働者へと変化してきているのである。*

資本主義的生産様式は、労働者に対して、労働過程での労働の上に、生産過程での生産行為を要求した。後者が前者を領導することになった。その結果、資本主義的生産－労働過程では、どのような状態がつくりだされるだろうか。

労働過程における労働と、生産過程における生産行為とは、行為としてとらえるかぎり、同一の過程としてあらわれる。つまりそれは、単一の生産－労働過程における行為のなかの二つの背反である。労働者はここでは、労働の行為と生産の行為を、同一の行為のなかで実現することになる。

労働と生産行為の間には、本質的差異が存在している。前述したように、労働は労働能力の消費－再生産過程であり、対して生産行為は、〈資本〉によって枠組みを与えられた生産能力の消費－再生産過程である。労働能力は、全人間的な総合能力であるが、生産能力は、そのなかの資本が必要とする部分を独立化させたものにほかならない。

労働過程では、労働者は、自分が所有している総合的、自然的な力としての労働能力を消費し、総合的・自然的な、労働としての主体を再生産する。それは本来、人間的な自己運動過程であり、自分の存在の自己止揚の過程である。ここでは物をつくりだすということをとおして、物に対する客体である自分自身を認識することが可能となる。それは人間にとっては、自己意識の発生を意味するだろう。自分なるものが、そこでは再生産されているのである。

が、資本主義における生産過程では、生産行為は、物をつくるための行為ではなく、価値の実態化として実現する。そこでは、労働能力の資本主義的疎外物としての、生産能力の消費‐再生産が成立してしまう。ここでも〈彼〉は、たとえ生産能力を基軸にするとしても、自分自身の自己運動をおこなわざるをえない。

しかし、ここでの自己運動とは何であろうか。生産行為とは、具体的にはネジを締める行為というようなものだけを独立化させてしまったものである。そして生産目的は、ここでは価値である。その行為を規定しているものは、価値という抽象物であって、具体的な生産物ではない。労働者は、労働過程において生産物をみているのであり、生産過程では生産物は幻想の表象にすぎない。

価値との関係において、労働者は生産行為をおこなう。ここで現実化される価値は商品価値であって、けっして個別の生産物の有用性ではない。つまり労働者は、価値規定を受けた運動として、あるいは価値の自己運動の現実的営為として、生産能力の消費‐再生産過程を所有してしまったのである。その結果、われわれは、生産過程のなかに入ると、価値の自己運動をみずからの実践としなければならない。価値によって規定された生産能力を肥大化させなければならない。そのことは、人間自身を資本主義的価値規定のもとにしばりつけてしまう。資本の運動の人格化をはかってしまう。人間の、資本主義的人間への変化を許してしまうことになったのである。

生産‐労働過程の二重化としての資本主義的生産様式は、労働者に対して、労働能力の再生産過程と、生産能力の再生産過程とを、同時に実現した。それは、労働者に二つの主体の再生産を強制したのである。一つは労働内的な、自然的な人間主体の再生産であり、もう一つは、資本主義的諸関係の人格化としての主体の再生産である。

かつてマルクス主義者たちは、資本主義が発達すれば、必然的に労働者にとっての諸矛盾が激化し、そのため自然に革命的な労働者が生みだされてくると考えた。〈資本〉に搾取されている労働者は、革命をめざすようになるという観念をもっていた。しかし、その後の歴史において、資本主義の発達は、むしろ資本のもとにとり込まれた労働者を大量に輩出するのだという事実が生まれた。その結果、今度は、労働者はもはや革命の主体にはなりえないという諸説が流れた。彼らは「ダメな労働者」にかわって、学生や市民、すなわち、資本の生産過程の外に自分を形成している人間を、革命の新しい主体として設定した。

わたしは、その双方の意見に反対するものである。労働者と資本主義の生産－労働過程の関係を、存在論的に分析すれば、このような結論は出てこなかったはずである。

生産－労働過程においては、労働者は、一方で労働過程での労働をとおして、自然的＝革命的な自己を再生産し、他方、生産過程での生産行為をとおして、資本主義的価値関係の人格化をはかる。資本主義的生産様式のもとでの労働者の位相とは、このように矛盾した存在である。この存在論的な過程をとらえずに労働者を規定してしまうから、前記のような労働者のとらえ方が生まれてしまうのである。

われわれ労働者は、生産現場のなかに入ると、片方の手に自然的な主体を、もう一方の手に資本主義的価値関係の人格化としての主体を、もって出てくる。生産現場では、〈彼〉は物をつくりだす労働に従事しているところでは自然的であり、資本の生産過程の一員としては資本主義的人格である。〈彼〉の意識は、一方で自然的＝人間的であり、他方で資本主義的価値関係の意識への反映である。前者は、自然的であるとともに、労働内的完結性を要求する。つまり労働能力→労働という自然的な自己運動のなかに〈彼〉の世界をつくりだそうとするのであり、その結果、労働外的強制の諸要素に敵対する。資本主義の生産過程は、労働からの独立の上に成り立つ運動過程である。そして生産－労働過程は、この労働外的過程の、労働への強制をつくりだしている。である以上、労働にもとづく主体は、労働外的強制への敵対として、この生産過程への対決を必然化させる。そのかぎりでは、労働者はつねに革命的である。しかし、後者においては、主体そのものが価値関係の人格化として成り立ってしまうのであり、それはなんら階級的なものではない。

労働者は、資本主義的生産様式のもとでは、このように自己矛盾にみちた生き物になってしまった。しかし、この自己矛盾のなかから、一切の資本制社会の構造は成り立っているのである。なぜなら、この労働者にとっての自己矛盾は、また資本にとっての自己矛盾でもあるからである。

前述したように、資本主義的生産様式は、労働の歴史の上につくりだされた、特殊な疎外形態である。労働の帰結としてあった生産過程が、労働過程から独立化し、独自の運動をとげる。だがそれは、労働の上に成立し、労働を基盤としてそれを商品化させる生産様式である。だから、資本の生産過程は、自立化する方向性をもちながらも、労働過程の上にしか成り立たない。〈資本〉の買い求めた労働力は、生産過程のなかでの行為に転化させなければ一切の価値を生みださず、生産行為は、労働行為の基盤の上にしか実現できない。〈資本〉は労働過程を切り捨て、生産過程だけの生産様式をつくりだすことは不可能だったのである。まして剰余価値の生産は、労働の計測不可能な面を利用する。結果的には、〈資本〉は、労働者を使用することによって、生産過程への労働の敵対を生みだす温床を用意してしまった。このことが、〈資本〉にとっての、生産－労働過程の第一の矛盾である。

生産過程が労働の基盤の上にしか成り立たないということは、次の側面をもまた生みだす。資本主義自身が生み落としてしまった競争のなかの社会では、生産技術が不断に革新されること抜きには、資本自身、発達をはかることはできない。ところが今日においては、生産技術を資本家が独占することはできない。それなら労働者に対して新しい生産技術の開発を要求するよりない。ところが、生産技術とは、また、労働技術の前提の上に、そこでの生産的有効性の面だけを引きだしてくる技術体系である。両者とも、自然科学の応用の上に成り立つ。が、その応用は、物をつくるうえでの応用である。ゆえに、もし労働目的が定まっていなかったら、労働技術はつくられることはないし、また労働技術の開発を前提にしなければ、そこから生産技術だけを引きだすこともできない。〈資本〉は、この生産技術の側面において、労働への妥協をはからねばならなくなった。ここでは労働者は、積極的に労働過程に関係することが保証されていなければならなかったのである。

〈資本〉は、最初は、結果的に労働過程に依拠し、第二に積極的に労働過程の要素を、生産過程のなかにとり入れていかなければならなかった。〈資本〉は、労働過程を完全に排除しては、生産過程を生みだすこともできなかったのである。

〈資本〉は、生産過程だけの純化をはかる方向性をもちながら、しかしそれが無理であることを必然のものとしてきた。もし労働者が、単なる純粋な労働力であるならば、生産価格面での了解がとられるかぎり、〈資本〉は労働力を機械に代替させていこうとするだろう。それは将来的には、無人の生産過程を予定していくことになる。そうするしか、生産過程の純粋な独立化ははかれないのである。

しかし、生産過程からの労働者の無条件の排除は、結局、生産技術を変革するための能力を失うことになる。そのことは、生産力の現状維持と低下をもたらす。〈資本〉は、労働過程を意識的に残存させ、むしろ利用しなければならなかったのである。

資本主義の生産‐労働過程が、労働者に資本主義的価値関係の人格化としての主体を所有させる、ということは、〈資本〉の最大の強みであった。なぜなら〈資本〉は、生産‐労働過程を維持するだけで、労働者の人間的「変革」を可能なこととしているのであるから。〈資本〉は自分のもとに労働者を掌握する術をもっているのであるから。実際に、〈資本〉はこの強みをもっているがゆえに、〈資本〉と〈労働〉の階級的対決を、内部から崩壊させてきたのである。

しかしこの利点は、いったん生産過程と労働過程の結合関係に視点を移したとき、弱点ともなってあらわれるのである。だからこの弱点を、〈資本〉は他の方法をもちいておぎないつづけなければならなかった。それは、労働外的支配機構をつくることによっておこなわれた。そのことについては、次章において、「労務管理」の分析としてみていくことにしよう。

四　労働主体の存在構造の把握

資本主義的生産－労働過程を、労働主体の自己展開の場としてみていくことは、いま述べてきたような、労働主体の自己矛盾の過程をみていくことであった。この自己矛盾は、労働者が実際にかかわっている労働（生産）現場で、尖鋭な姿をあらわしてくるのである。その具体的な検討は第三章の課題とするが、ここでは、労働の実際の過程が、資本主義的生産様式の本質を示しているのだということを確認しておきたい。だから、労働（生産）現場の実際の姿を、ありのままにみていくことが、資本主義の本質を発見する最大の近道である。ただし、その方法が、存在論的視角からおこなわれないならば、理論は労働者にとって他者となってしまうであろう。

同時に、資本主義的生産様式とは、生産過程の労働過程からの自立化に基礎をもつ。であるからこそ、生産－労働過程の自己矛盾が生まれる。そのことは、資本制社会だけの特徴であり、他の歴史的生産様式にはみられなかったことである。この特徴に固執して、それを分析対象とするのが、労働過程論である。ゆえに労働過程の研究は、資本制社会の特殊な矛盾を解明していくものであって、けっして全歴史的な理論体系ではない。だが、マルクス主義哲学が本来担わなければならないものは、資本主義的矛盾からの人間の解放であって、けっして歴史のとらえ方というようなものではない。資本主義的矛盾を解明し、そこからの解放の方途を発見できる理論体系こそが、その意味ではもっともマルクス主義的なものである。

資本主義的生産－労働過程を、労働存在論的視点から掘り下げる作業をとおして、第一に、資本主義的矛盾を人間の存在をとおして解明すること、第二に、その解明の方法が人間存在を基盤にするがゆえに、人間の存在構造を解放するには何を打倒しなければならないのか、が明らかになるはずである。だから、労働過程の研究は、これまでのマルクス主義の、労働者にとっての外在的性格を止揚できる理論である、とわたしは思っている。

労働過程の研究は、資本主義的生産－労働過程における労働主体の存在構造の解明を出発点とする。資本主義的諸関係のもとで、労働者は、どのように自分の存在のありようをつくりだしているのか。そのことを資本主義における労働を基本軸として分析するのである。それゆえに労働過程論は、現実につくりだされている生産－労働過程の、具体的な分析を通過してしかおこないえない。

本来は、物をつくるということをとおして、自分の永遠の止揚を獲得していく過程であった生産－労働過程は、資本主義的生産様式のもとでは、資本の生産過程と労働過程の分離－二重化となってあらわれた。それが資本主義的生産様式の根本的な特徴であった。しかしこのことは、資本主義における生産と労働の基本的な性格を示すだけであって、実際の生産－労働過程の構造は、各歴史段階によって多くのちがいをみせることになる。たとえば、日本資本主義の歴史をみれば、今日のような〈資本〉と〈労働〉の関係が、生産－労働過程の末端にまで浸透していったのは、一九一〇年代においてである。その場合、それ以前におけるマニュファクチュア型労働と、工場制大工業のもとでの、近代的な生産－労働過程における労働を、同一の労働として位置づけることができるだろうか。生産技術体系も、〈資本〉と〈労働〉の関係も、そしてまた、労働の関係範囲も異なる二つの生産－労働過程の間には、異なった生産過程と労働過程の関係がつくりだされていたはずである。労働内容を決定する要素は、各歴史段階によってちがいをみせる。

それだけではなく、同一の歴史社会においても、異なる生産－労働過程が並存してきた。たとえば明治中葉以降、日本資本主義は、マニュファクチュア的生産－労働過程の残存の上に産業資本の急速な蓄積をもたらしてきた。そこでは、マニュファクチュア型労働と、官営工場を中心とする近代的な生産－労働過程との、共存的統一が実現していたのである。

資本主義的生産様式とは、西欧における小生産者の分解をとおしてつくりだされてきた。それは特定の部門を資本主義化することからはじまったのであり、全社会構造の資本主義的変革をもたらしたのではない。いわば、やりやすい部門を産業資本化するところに出発点をもったのであり、それ以外の多くの部門は、資本主義化されないままに放置される結果となったのである。したがって、資本主義は、特定の産業部門をますます近代的生産‐労働過程へと変革し、他方において、いくつものとり残された生産分野を残したのである。たとえば日本における戦前の農業労働構造などは、その代表であった。だが、資本主義的生産様式は、これら非資本主義的生産分野をも、資本の自己運動過程のなかに包摂した。資本主義的な生産‐労働過程と、非資本主義的なそれとは、ただ共存していたのではない。前者が後者を、経済構造においても、労働力構造においても、領導していくかたちで並存したのである。日本では、そのような構造の確立したのが大正期であった。資本制社会とは、資本主義的生産様式を主要な生産様式として組織化された社会を示すのであって、全資本主義の社会があるのではない*。

資本主義的生産‐労働過程は、第一に、歴史段階によって特殊性をもち、第二に、同じ歴史段階のなかにも、いくつもの生産‐労働過程が並存することになったのである。たとえば今日でも、巨大な生産部門での生産方法の自動化は、そのまわりに多くの手労働的な生産部門を残存させ、巨大な生産過程は、その下に、下請け・孫請け等の裾野を築くことによって成立する。生産工程の自動化は、家内職をも含む「前近代的」な生産‐労働過程を、支配下に引き入れることによって成り立っている。今日においても、「最新の」機械化された生産過程と、明治期とさほど変わらない程度の、生産と労働の世界が並存しているのである。

そのどちらか一方だけをみていくことは、誤りを生みだすことになるだろう。なぜならば、どのような特殊な生産－労働過程であっても、その過程は、そこで働いている労働者にとっては、本質的・絶対的な過程なのである。労働主体の存在構造の認識としての労働過程論にとっては、それらを特殊性という名のもとに切り捨てることはできないのである。

経済学においては、イギリスにおける資本主義的経済関係の形成と展開を基本的モチーフとすることによって、イギリス資本主義の展開に相応しないものを、〝各国的特殊性〟として片づけるという方法がとられてきた。経済学は、生産過程の論理を分析していくものであるから、それでもよかったのである。しかし、労働の存在論的考察を目的とするなら、このような方法は意味を失う。どのような例外的なものでも、そこで働く労働者にとっては、その過程が〈彼〉の唯一の主体の展開の場所なのである。

たとえば今日でも、鋳物で小さな薪ストーブをつくっている工場がある。月産数十台程度を生産しているその工場の存在は、日本資本主義全体を考察するうえでは無視するに足るものである。ある日その工場が倒産しても、日本の資本主義は、なんの痛手も受けることはない。しかし、この工場で働く数人の労働者にとっては、そこの生産－労働過程が、唯一の彼の主体の展開の場所である。たとえ一人の労働者であろうとも、〈彼〉の主体がそこで生きているあいだは、労働過程論の立場からは、けっしてその工場は無視できないのである。もしそこでの〈彼〉を無視するならば、わたしたちは、巨大な生産－労働過程における労働者の主体をとらえることができない。

たとえば一万人の労働者の働く生産‐労働過程において、一人の労働者が減り、九九九九人になったとしても、そのことは生産‐労働過程全体からみれば、ほとんど意味をもつ事柄ではないだろう。生産過程の論理に従えば、一万分の一にすぎない労働者一人の存在は、まったく無視するに足る。生産過程がいままでどおり遂行できるのなら、〈彼〉の存在はゼロに等しかった。そしてその一人は、〈彼〉であっても〈私〉であってもかまわない。要するに、労働主体はただの一万分の一だったのである。だが、わたしたちにとっては、その一万分の一の主体を把握することが重要な課題である。〈彼〉の主体の存在をとらえることができずに、どうして生産‐労働過程における労働主体の展開過程を分析することができようか。一人の労働者の存在は、それが巨大な生産過程であろうと、また零細工場の生産過程であろうと、資本主義全体からは、ゼロの存在だったのである。

このゼロの存在の結合のなかに資本主義的生産様式全体をみていこうというのが、これからのわたしの方法になる。資本制社会は、いくつもの質の異なる生産‐労働過程をどのように結合させ、全体としていかなる生産構造をつくりだしているのか、をみていくことである。そしてこの結合は、金融資本の成立以降、すなわち、帝国主義段階＝国家独占資本主義以降、強力に機能するようになったのである。この時期において、一つの生産‐労働過程は、他の社会的な生産‐労働過程の集積との関係によって、みずからを維持するようになった。

労働主体の存在構造が、国家独占資本主義段階では、社会的な生産‐労働過程との関係において成立するのである。いわば、私的に独立した生産－労働過程が存続しえなくなった、といってもよいだろう。そしてわたしの目的は、そのような時代における、生産－労働過程の構造を検討していくことである。

これまでの、生産過程とは何か、労働過程とは何か、という原理的な検討をふまえて、これからは、今日における生産－労働過程の実態的解明をおこなっていくことになる。資本制社会の実体を、労働主体の自己展開過程としてとらえていこうということである。

序章においてわたしは、主体の確定しない理論体系は、変革の主体と、その方法を明らかにすることはできない、と述べた。人間から外化した理論は、しょせん人間にとって他者である。他方、現実社会の革命は、社会様式の改革が直接に問題なのではなく、〈私〉としての人間の主体の存在構造の革命として、意味をもっている。革命とは主体の解放である。ゆえに、主体の外にある理論は、主体の解放としての革命と結びつくことはできないのである。

人間の主体の自己展開過程のうちに資本制社会をみていこうとすることは、それ自体が資本主義的イデオロギーとの対決を必要とする。なぜならば、資本制社会は、労働という本来人間特有の不可思議な力を、生産過程の一要素として表現させてしまうように、主体をただ主体として認識することを許さない社会である。労働能力は労働力というかたちをとり、物質の有用性をも貨幣というかたちに示される。社会的機能は法というかたちをもち、人間同士の素朴な関係すら、政治関係というかたちを抜きには考えられない。資本制社会の諸要素は、すべてが主体からの独立化したかたちをもって存在しているのである。

　このような資本主義的特徴の否定を契機としてしか、主体の自己展開過程をみていくことはできないだろう。

「哲学者たちは世界をいろいろに解釈してきたにすぎない。たいせつなのはそれを変更することである」* というのはマルクスの有名な言葉であるが、わたしたちはいま、さらに重要なこととして、現状を変革しうる主体にもとづく、現状の解釈＝資本制社会の存在論的分析がいかにしたら可能になるのか、という新しい問題意識をもちはじめたのである。

第三章　労働と生産の内在的構造

一　賃金労働の組織化の原理

今日の、現象的にあらわれている賃金労働の諸相をとおして、〈資本〉による賃金労働者の生産－労働過程への組織化の本質をみていくこと、つまり、生産－労働過程を生産と労働の組織構造という視点からみていくことが、本章および次章の目的である。すなわち、この組織形態のうちに、資本主義的生産様式の原理をみていくことである。なぜこのような方法をとるのかといえば、わたしの目的は、〈資本〉の構造の分析ではなく、生産と労働の資本主義的形態の解明だからである。資本主義的生産様式を一つの組織としてみるという視点から、この章では、資本制社会での労働と生産とは何なのか、生産組織（労働組織）の形成原理とは何なのかを解き明かしていこうと思う。〈資本〉はどのような組織原理にもとづいて〈労働〉を生産組織のもとに組織化してきたのか。またそれはなぜ可能であったのか。そこに組織された労働主体の存在は、いかなる構造的実態をつくりだすのか。これらのことから、資本主義的生産様式の本質をみていこうとする試みである。

前章までのところで、生産過程と労働過程が、労働にもとづいて統一する本来の生産－労働過程と、その分離の上に成り立つ資本主義的生産－労働過程という観点から、わたしたちは資本主義的な労働をとらえかえす手がかりをつかんだ。だが、資本制社会における生産と労働は、つねに組織的な生産構造、組織的な労働構造をもつことによって成立する。この場合、組織的な構造とは、第一に、個別資本＝個別生産組織の生産－労働の構造として、第二に、社会的な賃金労働の組織された構造として、つくりだされている。ゆえに資本制社会における生産過程と労働過程の研究は、この賃金労働の組織化の上に成り立つ生産過程と労働過程の分析へとすすまなければならない。

この章では、個別生産組織のもとへの賃金労働の組織化についての分析を主としておこない、第二の、社会的な組織化の解明は、第四章での課題としておく。ただし、この二つの組織化は相対立するのではなく、むしろ相互補完的である。個別生産組織は、その結合体としての社会的生産組織にも保証されることによって、自己の機能を所有し、また社会的生産組織は個別生産組織を単位とすることによって成立する。この関係については、のちに第四章で詳しく説明することになる。ここではまず、個別生産組織への賃金労働の組織化の原理と、そこに生まれる本質についてみていくことにしよう。

ところで、わたしの目的は、賃金労働力の組織化の分析ではなく、賃金労働の研究である。労働力は一つの商品である以上、その分析は労働力の売買という視点からおこなわれる。それは、経済学において、相対的過剰人口の問題との関連で論じられてきたことがらである。わたしの方法はそれとは異なる。わたしは、労働力が、現実の労働となるときの、組織化の原理を解明しようとするのである。目的は、労働存在論、あるいは労働実践論として、賃金労働の組織された構造をとらえかえしていこうとすることにある。労働が行為としておこなわれている現場での、すなわち、資本主義的生産－労働過程の現場での労働の構造を認識するところから、資本主義的な労働形態の状態とその本質をみていこうとする方法である。

しかしそのことは、けっして労働力の流通部面での問題を無視することではない。そうではなく、労働力商品としてしか価値を測定することができなくなった労働の質を考察するところからはじめようというのである。賃金というかたちでしか価値をあらわせなくなってしまった、資本主義的生産－労働過程のなかでの労働について解明することなしには、わたしたちは、労働力の流通部面における問題を分析する糸口をもつかまええないのである。

またわたしは、ふつう資本主義的経済体制の問題点の中心に置かれる、労働者への経済的搾取についても、直接にはとりあげない。ここでの課題は、経済的搾取の問題点を直接に指摘することではなく、資本主義的な生産－労働過程がなぜ経済的搾取を可能にするのか、ということを、労働の存在様式の分析から解き明かすことにある。労働者の生みだした価値の搾取としての経済的搾取を自然のものとしていく、労働者の「実存への搾取」の検討がここでの主眼的となる。資本主義的生産様式のもとでの労働は、必然的に人間と労働の関係のなかに、外在化した生産過程の論理、すなわち価値関係を成立させ、そのことによって、人間から本来の労働の有機的性格を「搾取」する。この関係に保証されてのみ、〈資本〉は〈労働〉を一個の価値として測定するのであり、この前提を抜きにしては、経済的搾取は生みだされえなかったであろう。

資本制社会は、基本的には、価値関係によって構成されている。しかしそのことは、価値関係の展開を可能にしている〃人間関係〃を前提にしてはじめて成り立つのであり、さらには、この〃人間関係〃を生みだす構造的な基盤をすでに所存しているのである。その構造とは何か。そのことを、生産‐労働過程への賃金労働の組織化の原理として解明すること。そのことによって、資本制社会の本質は、誰の眼にも明らかなものとして開かれるのである。

二　労働における共同性とその変質

労働の基本的な性格は、労働能力の消費‐再生産過程であるから、そのかぎりでは、労働の本質は普遍的なものである。しかし、労働能力は歴史的産物である。労働能力は、人間の総合的な能力の体系をあらわすのであるから、その内容は、歴史的に異なったものにならざるをえない。その結果、労働能力の消費としての労働は、実態的には歴史的な規定性をおびるのである。とりわけ資本制社会においては、労働と生産が分離し、生産行為としての行為過程が、人間の能力体系の生産に大きな影響を与える以上、ここにおける労働の実態は、それまでの歴史段階と異なるきわだった特徴をあらわすことになる。

賃金労働――それは他の一切の労働の形態と相異する。資本主義前期における農業労働とも、あるいは職人労働とも、労働の質を異にする。労働とは、すべての社会において同一の質をもつのではない。第一に、人間の労働能力が相違し、第二に労働過程の形態が異なるのに、なぜそれらを同じ労働として規定することができるだろうか。

たとえば今日において、専業農民と出稼ぎ型の兼業農民との間には、同じ農民と考えることが不都合なぐらい異なった生活態度、意識、労働感覚等々が存在している。最近しばしば、出稼ぎ型の農村では〈村社会〉がいかに破壊されつつあるか、というような報告がおこなわれている。そのことは、土地という生産手段（生産対象）を唯一の自分の出発点として生きてきた農民が都市のプロレタリアート化したとき、すなわち、新しい生産－労働過程に参画したとき、〈彼〉が別の人間に生まれ変わることを、そして〈彼〉がすでに旧来の土地という生産手段と密着した農村社会とは相容れない人間になることを、示しているのである。

労働とは、同じ××時間の身体の消費ではなかった。農地を耕していた手が地下鉄のトンネルを掘る手に変わった、ただそれだけのことが、人間の主体的世界を大きく変化させてゆくのである。そのことは、形のうえでは同じような土を掘り返す作業でも、〈私〉にとってはまったくちがう労働であることを示している。つまり、この二つの労働の間には、まったく異なった過程が介在していることになる。このちがいとは何であろうか。そのことをここでは、労働の完結性と協業性という視点からとらえていくことにしよう。

近代における経済学は、農業経済の分析にはじまり、しだいに農業と産業資本との相異、産業資本の特殊性を解明することによって、みずからをつくりだしていった。この方法は、賃金労働の特殊性をみていくうえでも、有効な方法であろう。ここではまず、〈資本〉のもとでの労働の性格をとらえるために、日本型の農業労働の性格をみていくことにしよう。

われわれはよく、農業労働を考えるとき、土地と農民の結びつき、すなわち、生産手段であり、また生産対象である土地を農民が所有しているという視点から、農業労働の性格をみようとする。それは、生産手段が〈資本〉のもとに独占されている産業資本のもとでの賃金労働とのちがいを知る、好都合の素材を与えるのである。だがそれは、農業労働のもつ半分の性格しかみていない。

日本においてはとくに、農業労働を規定する要因は、土地と水である。土地と水は、農民にとっては、労働対象であると同時に労働手段である。さらに正確に述べれば、土地と水という労働対象を、いかに労働手段として使いこなすのか、という努力の過程が、日本の農業労働の歴史であったといってもよい。この土地と水と労働の結合としての農業生産の性格が、農業労働のなかに、個人としての私的完結性と、共同的な完結性という二側面をつくりだしてきた。

たとえば土地についてみれば、第一に、土地はその所有者である農民の労働との関係において農地である。しかし第二に、村全体の土地の利用法によって規定される。隣接する土地が、田であるのか、畑であるのか、雑木林であるのか、休耕田であるのか等々のことは、〈彼〉の土地に多くの規定性を与えるのであり、〈彼〉の農業生産の方法をも限定する。同時に水は、本来は農民が私的な労働手段として使いこなせることを目的としてきた。必要に応じて田に水を引き排水することは、農業労働にとっては、本来必要な要素であった。しかし、水はその性格上、私的に使用しようとすればするほどに、同時に共同的な管理を必要とするのである。

このような土地と水のもつ性格は、日本の農村社会を規定した。農業労働は、一面においては、農民が土地と水を私的に使いこなすことによってつくられた労働過程としての性格をもつが、同時に、すくなくとも一定部落内で、共同の土地と水の管理を保証する労働の世界を生みださざるをえなかったのである。

農業労働は、そこに私的な労働の完結性を求めようとすれば、同時に共同的な労働構造を強化せざるをえないという性格をもっていた。個別性と共同性が、同時に保証されなければならなかった。このことは、入会地に代表されるように、形態としては村の共同所有地を生みだし、また村のなかに、労働の性格に規定された〈社会的規範〉＝道徳的・倫理的・制度的な規範をつくりだしてきたのである。であるから、村における社会的しくみは、たとえば中世期におけるように、それが百姓一揆の温床になっていく多くの事例を生んだのである。

農民は、一年という季節の循環のなかで、私的な労働過程を追求しながら、その私的完結性のなかに共同的な労働過程の質をも求めていく。私的領有化も土地と水の共同管理の強化によってしか不可能である以上、労働の質も、私的であると同時に共同的であるものに、ならざるをえないのである。このように、土地と水のもつ性格は、〈彼〉の労働過程を規定するが、同時に、〈彼〉の生活過程も、この土地と水の領有と制御という過程と不可分のものにならざるをえなかった。土地と水という労働対象を労働手段として使いこなしていく過程が、そのまま〈彼〉の一年の労働と生活の過程であるのだから、ここでは労働過程と生活過程は統一せざるをえない。

もちろん、実際の農村社会には、労働外的諸要素が加わる以上、このような純粋な実態を阻害する要因も形成される。が、ここで確認しておくことは、この農業労働における、個別性と共同性の結合という側面である。ここではこの二つの性格が分離してはいない。労働を私的に完結させていこうとすれば、そこに共同性の質をも求めていかざるをえないという関係である。〈私〉の労働過程のなかでは、個人的＝私的な領域と、組織的＝共同的な領域が、同時に再生産されていかざるをえなかったのである。

労働過程の質として、私的性格と共同的性格を包摂していくこと、このような労働の世界は、マニュファクチュア型労働において、最初の変質をとげることになった。マニュファクチュア型労働においても、そこでの労働は私的に完結する性格を保持する。ただ、私的な労働の内部に共同性をも所有することを放棄したのである。マニュファクチュア型労働では、個々の労働者の労働は、ただ私的なものとして自己完結してしまう。そうして、その個々の労働を、生産物の横の結合という必要性からつないでいくのである。個別の生産－労働過程、私的な生産－労働過程の横断的結合としてのみ、共同的な労働と生産の場所が設定される。ここでは、すでに労働の内部の共同性は喪失し、労働主体と労働の、私的完結性だけが依然として残存していた。それが労働の第一の変質である。

例を日本における近世の代表的なマニュファクチュア型生産であった製鉄「たたら鉄」にとってみよう。この場合、生産工程は次のように分類される。㈠鉄鉱石を採取する労働、㈡鉄鉱石から砂鉄をとりだす労働、㈢炉をつくる労働、㈣燃料としての木炭をつくる労働、㈤粗鋼をつくりだす労働、㈥鋼塊を打ち砕く労働、㈦鋼片から完成品をつくる鍛冶労働。――これらの個別の労働が独立して存在し、それらは各々の職人集団の労働によって担われる。そしてそれらを横に結合していくとき、商品生産の一貫性ができあがっていたのである。*

たとえば木炭製造のための労働には、生産物の有効利用性という以外には、とりわけ製鉄と結合しなければならない必然性はない。木炭として、そのまま商品市場に回されてもよいのである。またこのたたら鉄にとっては、木炭をそこでつくらなくとも、外から買い入れてもよかった。結合した理由は、運搬費用の削減からであって、労働内的諸要因からではない。ここでの労働は、製鉄のための共同性から生まれた個別木炭製造労働ではなく、その労働は労働自身で自己完結し、つくられた木炭の市場が、製鉄に限定されていたにすぎなかったのである。

このような労働の完結性を、〝職人的労働の完結性〟といってもよいだろう。この個別＝私的な労働の横断的結合が、マニュファクチュア型生産過程全体を形成したのである。すでにここにおいて、私的な労働の内部的諸要因からつくりだされる、労働の共同性という性格、労働における〃個と類〃の結合は、喪失していたのである。

ところで、労働について考察するとき、よく個人の労働としての私的労働と社会的に結合化された労働としての社会的労働という関係が問題にされる。しかし社会的労働とは、全歴史的に同一のものではない。ここには、第一に、これまで述べてきたような労働の共同性としての社会的労働の質と、第二に、複数の労働者によって労働を完結していく協業労働の質と、第三に、近代における生産過程の本質からつくりだされた分業労働としての質、という三つの場合が想定されるのである。第三の問題については、ここにいう協業と分業の概念規定とあわせて次項で述べたい。ここでは、個別の労働自身が共同労働的性格をもつ場合の労働の共同性と、私的労働を協業労働としておこなう場合の、二つの性格についてとらえておく。

マニュファクチュア型労働は、個別的な、私的な労働の自己完結の結合体としてつくられたが、ここでの私的労働とは、すくなくともたたら鉄の場合は、協業労働としての私的な労働だったのである。複数の労働者が共同の労働目的をもち、共同の労働様式を所有しながら生産物をつくりだしていく、それはただ一人でおこなっていた労働を、複数でおこなうようになっただけである。このことは、農業における私的労働でも、それが家族的な協業労働としておこなわれるのと同じであって、近代的分業労働とは根本的に異なったものである。

それゆえに、協業労働と労働の共同性は、相対立するものではない。協業労働としての私的労働の内部に労働の共同性がはらまれていても、それでよいのである。しかし、マニュファクチュア型労働は、協業としての私的労働の完結性は守りながら、労働の共同性を喪失させた。それはなぜであろうか。

その理由は、マニュファクチュア型労働の組織原理が、労働内部に生まれる他労働との結合原理によってつくられたのではなく、個別生産物の横の結合という、マニュファクチュア内部に成立する特殊な商品市場の〝有効性〟からつくられたものだからである。たとえば、木炭はその内部でのみ消費するというように、市場の空間的結合こそ、マニュファクチュアの組織原理であった。それは労働内的な組織原理ではなく、労働外的なものである。そうである以上、労働内的要素から生まれる労働の共同性は、ここでは喪失する。

わたしは、人間労働の、最初の近代的変質として、マニュファクチュアをみようとしてきた。しかし他方で、ここには、労働が協業として私的に完結するという、「前近代性」が残っていた。そして資本主義的生産様式は、次に、この側面を崩壊させることになっていくのである。

三　労働の解体と商品的結合の原理

産業資本の形成とともにはじまる、資本主義的生産様式は、ついに労働における私的完結性をも崩壊させた。それが、第二の労働の変質である。労働が、労働主体の内部で自己完結することができなくなったのである。

そのことに対して多くの人びとは、産業資本主義段階以降では、労働は個人としての労働ではなく、多数による労働が中心となるのだから、私的な労働の完結性が失われるのは当然のことだ、と考えるかもしれない。「分業こそ工場労働の原理だ」と。

しかしそういう前に、わたしたちはもう一度、協業労働と分業労働の相違について考えておく必要があるだろう。たとえば、一人で一町歩の農地を耕していた農民が二人集まって、二人で二町歩の農地を共同で耕作するようになっても、それは分業労働にはならない。また、中世農村における用水路の建設のように、共同体の多数の農民が役割を分担して労働に従事しても、それは労働主体の共同意志による労働であってけっして近代的な分業にはならない。すなわち、労働目的と労働様式が労働者の手のうちにあるあいだは、協業労働はつくりだされても、分業労働は生まれないのである。

分業労働は、資本主義的な生産過程と労働過程の分離とともに生まれた。労働の組織化の原理が、労働過程にもとづいておこなわれるのではなく、生産過程の論理、すなわち、労働外的要素からつくられはじめたとき、それははじまったのである。たとえ個々の労働者は半完成品をつくっていたとしても、結合労働として、労働の共同意志、共同の労働様式が存在すれば、労働の世界は労働主体の内部で展開しており、協業労働としての性格を踏み出すわけではない。資本主義的生産様式のもとでは、その結合が労働内的結合としておこなわれるのではなく、単なる労働力商品の結合として実現することに問題が生まれたのである。

資本制社会における分業労働は、労働規模の拡大による労働様式の自然成長的発展の上につくりだされたわけではない。労働規模の拡大は、確かに結合労働力を生みだす。しかし、それが協業労働ではなく、分業労働にならなければならなかったのは、資本の生産過程の必然ではあっても、労働の成長の必然ではないのである。

すでにマニュファクチュア型労働において、私的労働の完結性と共同性の質的結合は失われていた。そして今度は、私的労働自身が、労働主体のなかで完結するのではなく、その内部が分化し、ついには私的労働過程自身に生産過程の法則にもとづく結合原理が侵入したのである。すなわち、労働力商品の結合として、生産‐労働過程がつくりだされた。

マニュファクチュアでは、つくりだされた生産物＝商品の横断的結合としてのみ生産過程が自立化するが、しかし個別の生産‐労働過程は、協業労働として労働主体の内部で自己完結する。しかし資本主義的生産様式は、個別労働過程をも資本の生産過程として、労働力商品の組織化として実現したのである。商品の結合の原理が、生産と労働の行為の場所をも制圧した。資本主義的生産‐労働過程を、資本は労働力商品の横の結合の場所へと変えたのである。それは、労働外的な商品の結合であって、けっして労働内的要素から生みだされた結合労働ではない。ここにおいて、労働の内部から、類的連帯性が失われたのである。そして今度は逆に、労働から自然的な労働の質を喪失させることによって、〈資本〉は自己の生産過程を完成させた。

資本主義的生産−労働過程の基礎は、賃金労働の組織化としてつくられる。ただしここには二つの側面が存在する。一つは、賃金労働の労働力としての組織化であり、他方は、組織された賃金労働の展開過程としての側面である。

〈資本〉は〈労働〉を、生産過程に組織するのであって、労働過程のもとへ組織するのではない。その意味では、前章で述べたように、〈資本〉は〈労働〉を純粋な労働力として組織し、生産過程の純化をはかろうとするのである。しかし、労働力商品の結合は、結合された労働へと転化されなければ、労働力の有用性は発揮されない。ゆえに労働力の組織化は、組織された賃金労働としての労働構造をつくりだすのである。

賃金労働の組織化は、労働力の組織化の実態化としてあらわれるのであるから、ここでの第一の組織原則は、生産過程への労働力の組織化である。生産過程の自己運動にもとづいて労働力が組織され、そこに従属して賃金労働の自己展開がはじまる。したがって、組織化の主体は労働主体のなかにはなく、労働外的強制として、それはおこなわれる。賃金労働の組織化は、人間労働の有機的結合としては成立しないのである。

資本主義的生産様式のもとでは、労働外的必然性によって賃金労働の組織化がおこなわれる。労働の必要性から複数の人間による協働がおこなわれているときは、〈彼〉の労働と〈私〉の労働は、労働の質において結合をする。だが、生産過程の必然性としての労働の結合は、単なる個別生産能力のシステム的結合にすぎない。〈彼〉は部品を運ぶ労働者であり、〈私〉はその部品を使う。その〈彼〉と〈私〉は、生産過程のシステムを成立させるためにともに働いているのであって、労働の共同性からくる役割の分担ではなかった。ここに、労働の質的結合としての協業労働ではなく、生産過程のシステムへの労働力の集積と配置としての、近代的分業労働が生まれたのである。ここでは労働の共同意志、共同の生産様式は存在せず、ただ個々バラバラに個別の労働だけが独立して存在し、その全体は、生産過程のシステムとして、〈資本〉の論理のなかに結合するのである。

〈分業〉の概念については、これまでかならずしも正しい認識はおこなわれていなかったように思う。〈自然的分業〉という言葉が示すように、人間生活のなかから必然的に生みだされる「分業」と、資本主義的生産様式によって人為的につくりだされた分業とを、同じ概念で扱ってきた。前者は、単なる役割の分担であったり、地域的な自然差から生まれる生産物の分担であったりする。しかしこの分担は、家族内部における「分業」が家族的な協業を基盤とし、地域的分担が地域間の共同生活を基礎とするように、協業あるいは共通生活基盤にもとづいてつくりだされた「分業」である。ここには労働の類的連帯性が存在するのであり、それは労働あるいは生産の構造からつくられた、労働の分化ではない。

わたしは、そのような「分業」を分業とは呼ばない。それは後者の、すなわち、資本主義的生産過程の必然として人為的につくられた、本来問題としなければならない分業とを混同してしまうからである。労働の分割は、分割化された労働の総体が労働内的に、すなわち、協業として結合しているときは単なる労働の分割にすぎず、これに対して、労働外的強制にもとづいて労働が分割されるとき、分業労働へと転化するのである。

資本制社会における分業とは、個別の労働が分化＝アトム化してしまい、個々の間に労働内的連帯性が失われた結果生まれてきたものである。ゆえに分業とは、個別労働が労働外的強制として結合させられたとき生まれる。資本主義的生産様式が生産過程の労働過程からの自立化を実現し、労働外的な生産システムをつくりだしたこと、このことを無視しては、近代の分業の問題はわからなくなってしまうだろう。分業は労働の協業化ではない。資本主義的な生産－労働過程からつくりだされた、近代の産物である。

資本主義的生産－労働過程は、分業の原理にもとづいて賃金労働力を組織する。ゆえに組織された賃金労働は、分業労働として実現するのである。生産規模の拡大、欲望の増大というような自然的要因が分業をつくりだしたわけではなかった。生産規模の拡大は、労働の協業化によってもはかることができるのだから、それではなぜその拡大を分業労働によって実現しなければならなかったのかということは、資本主義的生産様式の必然であっても、自然の成り行きではなかったのである。なお、協業から分業への転化がどのように実現していくのかについては、のちにみていくことにする。

前述したように、労働とは、人間の労働能力の消費としての行為である。この労働主体の行為の複数化が協業労働であって、ここには、多数の人間が同一の労働をおこなう場合と、相異なる労働をおこなう場合とがある。が、協業労働は労働の発展からつくられる結合労働であって、そこには労働の共同意志、共同目的が存在している。労働内的要素による多数の労働の結合が、協業労働を形成したのである。

しかし、資本主義的生産様式のもとでは、結合労働は結合労働力であり、労働力商品の結合である。労働力商品は、労働という行為を、資本の生産過程上での価値規準によって形態化、外化したかたちであった。それゆえに、この労働力商品の現実的な行為としての賃金労働は、はじめから人間の労働の資本主義的疎外としてしか生みだされえない。

労働外的構造としての生産過程への労働力商品の配置が、〈資本〉の賃金労働の組織化の原理である。協業労働の組織化の主体は労働主体のなかにあったが、ここでの主体は資本の生産過程である。はじめに予定された生産過程があり、そこに労働力を集積し配置する。したがって、配置された個々の労働の相互間には労働内的結合関係が生まれないのは当然であった。労働者はここでは、個々バラバラに労働をおこなうのであって、〈彼〉の労働は〈彼〉の生産過程での行為で終了するのである。しかもここでの労働は、〈彼〉の労働能力にもとづく労働ではなく、労働能力のなかの、生産過程にとって必要な能力だけを抽出した生産能力の行使としてある。

組織された賃金労働は、以上のように、分業労働という形態にならざるをえなかった。だがそれは、それが分業労働になった瞬間から、分業にもとづく労働の組織化ではなく、分業にもとづく生産能力－生産行為の組織化へと変化していたのである。賃金労働の組織化とは、労働の組織化ではない。それは生産能力の集積と配置にすぎない。人間労働のもつ本来の力の組織化ではなく、生産過程への生産能力の隷属の強要である。

生産過程への労働力の集積と配置は、そのため、具体的には、生産システムへの労働力の集積と配置となってあらわれる。それがたとえば、ライン生産システムへの労働力の集積と配置であり、また、生産部門への労働力の集積と配置である。各生産分野のなかで〈彼〉が自分の生産能力を消費させること、この生産行為が、資本制社会のもとでは〈彼〉の労働となったのである。第一に、生産システムが存在し、第二に、それに人間労働力が従属する。労働の範囲は、あらかじめ生産システムによって決定されており、彼は自分の労働能力をそこで使いきることはできない。

ところで、生産システムのもとへの労働力の集積と配置といっても、それはラインシステムのもとへの集積と配置というような、一生産分野でのものだけを指すのではない。生産システムとは、組み立てシステムというようなものだけでなく、個別資本内部の各分野、たとえば現場労働部門と事務労働部門、あるいは原材料の購入部門と商品の販売部門というように、個別資本内部全体としての生産体制がシステム化されている状態をさす。さらに、個別資本と下請けの関係、基礎物質の生産をおこなう〈資本〉と、最終製品をつくりだす〈資本〉というように、社会的な生産体制全体が一個のシステムとして機能しているのである。これらすべての生産システムのもとへの、労働力の集積と配置がおこなわれるのである。

その結果、資本主義における分業とは、組み立て工程における分業のような、個別的な分業を生みだすとともに、個別資本内部の生産諸部門間の分業としての特殊的分業、さらに社会的分業という、『資本論』で述べられている三つの分業形態を生みだしたのである。ただし、以上述べてきたように、この三つの分業形態は、そのすべてが、資本主義的生産様式のもとでは労働の組織化は労働外的システムによってつくられる、ということの結果であった。ふつう分業労働の問題を語るときにいわれる個別的分業だけが、特別の位置を占めるのではない。社会的分業といえども、それは社会的協業労働の否定の上につくりだされたのである。

生産過程は、人間の労働能力を使用しない。必要とされた生産能力だけを使用する。生産過程が、労働の展開過程ではなく、資本の生産過程である以上、それは当然のことであった。しかし、生産能力を決定するのは、また資本の生産過程である。ここでの二人の労働者の生産能力は、個々バラバラに、資本の生産過程によって決定される。二人の労働者の間には、労働内的要素にもとづく結合はなかった。だからこそ、ここに分業労働がつくられたのである。しかし労働者は、この分業労働のもとで、自分の労働をおこなわねばならない。労働者は、〈彼〉本来の労働能力にもとづかない労働をおこなっていく。そのとき、そこに、いかなる労働形態がつくりだされていくだろうか。そのことがこれからの、わたしの追求課題である。

四　労働の分業化

組織された賃金労働は、現実の形態としては、分業化された労働としてあらわれる。ここには、はじめから労働にもとづく他労働との結合はない。労働と人間との根源的な相互関係はすでに放棄され、個々の労働者は、生産－労働過程の全体像とは無関係な存在になってしまっていた。〈私〉の労働は、〈私〉の受けもたされた小領域だけで孤立し、終了してしまう。資本主義的生産過程の組織原理は、労働が協業的に結合することを許さないのである。

このような労働が、いかに「非人間的」で「つまらない」ものであるのか、それは多くの報告が示しているとおりである。しかし、誤ってはならないことは、資本主義的な労働の疎外とは、資本主義的生産様式の根本的な本質からつくられてくるのであって、個々の労働内容からだけ生みだされるのではない、ということである。労働が単純化したこと、部分労働になってしまったこと、それらのことが労働の疎外の原因だと考えることは、現象面しかみていないことになるだろう。資本制社会における労働が、なぜ疎外された単純労働、部分労働を生みださざるをえなかったのかという、資本主義的生産－労働過程の根源を考察しないかぎり、労働の疎外の本質を、われわれは見誤ることになるだろう。それゆえに、この問題の解決は、改良の課題としてではなく、革命の課題として設定されているのである。

組織された賃金労働は、分業化された労働の集積としてあらわれる。では、この労働には、どのような性格がもたされることになったのだろうか。

1 労働対象・労働能力の捨象

労働は、労働能力を消費することをとおして、新しい労働能力とそれに結合した労働主体を再生産してゆく過程であった。労働能力とは、狭い意味では労働主体のもつ技術的能力と技能的能力としてあらわれ、広くみるなら〈彼〉の総合能力である。技能は、労働者が労働の蓄積によって得た即自的な能力であろう。たとえば以前はかならずおこなわれていた、溶鉱炉内部の温度を溶けた鉄の色によって識別し、炉の温度を調整する能力から、より速くネジを締める能力まで、それらは〈彼〉の労働経験からつくりだされた。他方、技術は、労働過程のなかに目的意識的に自然の法則を適用させ、自然法則を労働のなかで利用する能力であった。それは自然法則を自己の労働の場のなかで主体化させていく能力である。

だが前記したように、これらの労働能力は、ただ技術、技能としてだけは独立化せず、技術、技能を使用する労働主体との関係を無視することはできない。労働主体のもつ総合能力との関係でしか、技術、技能もはかれないのである。そのため労働能力とは、〈私〉の総合的な能力体系としての性格をもつのである。

では、〈私〉の総合的な能力体系とは、どのようにしてつくられたものだろうか。それは、第一には、生産と労働の場における〈私〉の能力の再生産として生みだされる。が、その再生産は、〈私〉の労働の場における存在構造に規定されるのであり、この存在はまた、社会的な生産システムのなかでの〈私〉の存在構造との関係をもつのである。

たとえば、丸山真男は、太平洋戦争中の日本の支配構造が「天皇からの距離」を人民の上下関係の基本とすることによって成り立っていた、と述べているところで、軍医と民間医師との関係にふれている。それによると、「軍医学の学問的水準は、大学をふくめて一切の『地方』の医学のそれよりも高い」というのが「本職の軍医の通説」であったが、「真面目な病理学者に従えば、事実は全く反対であった」。*ここでの軍医と民間医師との相剋は、軍医と民間医師の社会的存在構造の差異から生まれてきたものである。だがここで重要なことは、この社会的構造が、軍医と民間医師の医療技術体系の相異をつくりだしていたということである。それは今日でもいえることであって、たとえば同じ技術開発をするにしても、大学の研究機関と企業の研究所とでは、創造された技術体系の性格のちがいがつくられる。

社会的な存在構造のちがいは、そこでの労働の質の相異を生みだす。である以上、そこでの技術体系は、当然異なったものにならざるをえない。すなわち、社会的な存在構造は、人間の労働能力に一定の変化を与えるのである。個々の生産現場でもそれは同じであって、そこでの〈彼〉の社会的規定性は、〈彼〉の労働の質に影響を与え、〈彼〉の労働能力をも変化させる。たとえば

〈彼〉の勤める企業の社会的地位、〈彼〉の属する部門の社内的位置、さらに〈彼〉の履歴、賃金、家族構成、家族の社会的地位等々のものまでもが、〈彼〉の労働能力を規定する要素になりうるのである。

労働能力は、労働者の労働構造、存在構造をとおしてつくりだされた。今日においては、労働者の労働と存在構造は、社会的な結合関係においてつくりだされ、規定される。そして、前記したように、この結合関係は労働内的結合としてあるのではなく、労働外的な結合である。社会的な生産システムのなかでの、個別労働の集積と配置である。したがって、労働に関する研究は、個別の労働現場の研究に終わることはできないのであって、はじめから、社会的な生産構造と、個別労働過程の関係を視点としなければならないのである。

だが、社会的な生産構造とは、生産－労働過程の社会的集積としてあらわれるのであって、はじめから社会的なるものがあるのではない。個別生産－労働過程の、社会的結合としてそれはつくられる。したがって、資本制社会のもとでは、個別の生産－労働過程における労働がいかなる労働形態にならざるをえないのか、について検討していくことが、まず必要となるのである。

本来労働とは、労働対象としての自然を、労働手段をもちいて加工していく行為の過程であった。たとえば砂鉄という労働対象を、炉その他の労働手段を用いて鉄に加工する、というように。それは人間の外にあった自然を、人間の存在のなかにとり込む作業であり、「自然の人間化」と呼んでもよいだろう。人間の労働過程をつくりだす要素は、この労働対象と労働手段、ならびに労働能力の消費－再生産としての現実的な労働であった。ゆえに労働の質とは、労働主体と、労働対象、労働手段が、どのような関係にあるのかということによって決定されるのである。

前項でわたしは、労働の完結性ということについてふれたが、労働が労働主体の内部で完結するためには、労働対象、労働手段が、労働主体と自然的・有機的な関係を保っていなければならなかった。労働対象は、労働能力に対する対象であり、労働手段は、労働主体にとっての道具でなければならない。そこでの労働対象は、労働内的な対象であって、けっして労働の強制の素材であってはならなかったし、また労働手段は、労働者の手足の延長線上のものでなければならなかった。労働対象と労働手段が労働内的要素であるとき、労働は、自然と〈私〉との有機的な関係のなかで完結するのである。

だが資本制社会では、生産過程が労働過程から独立化した。生産行為としての、資本制社会における労働は、生産過程への隷属としておこなわれることになった。労働主体とは無関係に、生産過程の論理に従って、生産対象と生産手段が用意されていたのである。前章において述べたように、ここにおいて労働手段は生産手段へと変化したのであり、生産対象もまた、労働主体から独立したのである。

資本主義的生産様式のもとでは、生産対象は、労働の外に置かれているばかりでなく、一個の抽象化された対象に変化する。労働主体にとっては、生産対象は、具体性をもってはあらわれないのである。

〈資本〉にとっての生産対象は、資本の価値形成過程にとっての対象である。すなわち、生産対象を生産対象として認知する方法は、資本の生産過程によってつくられる。それは労働の範疇からとらえられたものではない。生産対象は、すでに労働内的な労働過程の要素ではないのである。

労働対象と生産対象の関係について、石炭産業という、もっとも簡単な生産－労働過程を、一つの例としながら検討していくことにしよう。

石炭をつくりだす労働は、労働対象である炭層を掘りくずし、それを地上に運び上げることで終了する。ここには、加工という特別の工程が存在しない。㈠発破による炭層の崩壊、㈡石炭の運搬、という簡単な労働過程をもって、この全工程は成り立つ。もちろん、そのためには、炭層へ到達するための抗道の建設、抗道内の保安（崩壊の防止、湧水の除去、通気等）、地上に送られた石炭の選別、などの作業を必要とするのだが、基本的には、炭層を掘りくずし、石炭を地上に送ることによってこの作業は成り立つ。

ここでの労働対象は、自然の生成物である炭層である。労働能力は、安全に掘り進み、地上に石炭を運ぶ能力に限定される。労働過程が、このように簡単なものであるがゆえに、炭鉱での労働は、長く古典的な姿をたどってきた。発破作業、抗道内の支柱の建設における熟練度の問題を除けば、労働は容易な協業によって成り立つ。またそれがために、逆に機械化、合理化がおこなわれにくい要因でもあった。

ここでの労働過程では、第一に労働対象が明確に設定されており、労働手段も限定されている。

だから、労働能力も、労働対象、労働手段との関係で、自然に規定される。労働の性格が古典的であるがゆえに、労働対象、労働手段、労働能力の三つの要素が、他産業に較べて、比較的自然な姿で結合していた。労働者にとってみれば、自分の労働内容と自分との関係が労働の内部で取り結ばれていたのである。だから炭鉱夫は、鉱山が閉鎖されても、つねに中小炭鉱へと流れてゆく方向性をもっていたし、また一九五〇年代後半からの三井三池闘争に代表されるように、山をめぐる闘争が〝異常〟な戦闘性と団結力を生みだしもした。

炭鉱労働の特徴は、第一に、労働主体と労働過程の関係が自然的な結合関係を保っていたことに見出されたが、第二には、石炭自身の特殊な商品としての性格も忘れることはできない。というのは、石炭は、他の金属鉱石などとちがって、掘れば商品として完成するという性質をもっている。それは燃料としてはあらゆる方途に使えたのであり、同時に、自分の生活範囲のなかで使用できるという親しみをもっていた。すなわち、労働対象としての炭層をみたとき、労働者は、それの崩し方から使用して灰になるまでの全プロセスを描くことができたのである。この石炭の特殊性が、炭鉱労働者と、他の非鉄金属鉱山労働者との性格のちがいをつくりだしてきた最大の要因でもあった。

労働対象の明確化とは、このようなところまでも含むものである。だから、一九五〇年代後半からの、いわゆるエネルギー転換のなかで、石炭の使用目的が限定されはじめたとき、石炭労働は最初の変化をとげたのである。ここにおいてまず、石炭の、〈掘れば商品〉としての性格がつき崩された。熱カロリーが高く、不純物濃度の低い無煙炭、瀝青炭等の選別がはじまる。その結果、炭層は、そこに炭層があるだけでは、生産対象としての価値を失ったのである。

労働がおこなわれているかぎり、労働対象としての炭層は、労働能力の対象としてそこにある。しかし生産対象としては、石炭の市場価値との関係でしか炭層ではない、のである。たとえば、鉄の生産過程におけるエネルギーとして石炭を考えた場合、石炭をつくりだした労働過程ばかりではなく、石炭の性格もここでは視点に入らない。エネルギーとして石炭を使うか重油を使うかは、労働手段として何を使用するかではなく、生産過程にとって何を使うのが一番有利であるのかの問題である。それは、原材料としての石炭と重油の価格と、生産過程の生産システムの状態から決定される。すなわち、石炭は、ここでは石炭という特質をもった個性のある商品ではなく、いくつかのエネルギーの一つとしての、抽象的な商品であった。

労働過程において掘り出された石炭は、具体的な商品である。しかし市場における石炭は、抽象的な商品である。もちろん、それは特定の使用目的に従って買われる。だが、「特定の」という内容が変わってきているのである。結論的には、エネルギー転換以降、石炭は、重油との価格競争に耐えられるもの以外は、すべて商品としての価値を失ったのである。だから今度は、石炭の市場価値に逆規定されて、生産対象が設定されることになった。ここで選ばれた炭層は、本来の自然の生成物としての炭層から、市場価値を生みだす源泉としての炭層に変化した。このことは、生産対象としては、〈彼〉は炭層をみながら、本質において炭層をみてはいないのである。生産対鉱夫としての労働者と、他の石炭労働者の、労働者同士の対立を生みだす温床となっていった。すなわち、鉱夫はあくまで労働対象として炭層をとらえようとする意識をもち、他の労働者、たとえば事務職労働者はそれを生産対象とみるところから、自分の労働への意識をつくりだしていた。生産対象とは、形態としては具体物を指すが、本質的には、価値の源泉としての抽象物にならざるをえない。ゆえに炭層をどちらのものとしてとらえているのかは、労働者の意識と行動に大きな影響を与える。

労働対象は、つねに具体的な姿をとってあらわれる。しかし、生産対象は本質的に抽象的である。このことは、より複雑な生産－労働過程を必要とする工場制生産の場では、より顕著な事例を示すことになった。ここでは、生産過程のすべてが、抽象的な生産過程へと変化したのである。仮にその工場で、自動車の生産をしていたとしても、そこでは人間生活に有用な自動車がつくられているわけではない。自動車というかたちで形態化する価値を生産しているのである。価値という抽象物の物質化としての生産である。

生産過程のなかの諸契機（生産対象、生産手段、労働力）は、すべてが労働主体との内的結合をもたないという、抽象的な契機へと変化した。確かにそこでは、鉄板を機械を用いて成形するという、具体的な労働が成立する。だがこの過程は資本の生産過程としては価値の形態変換と付加の過程であって、この現実化としてのみ具体的な生産活動はおこなわれるのである。ゆえにここでは、〈私〉の労働は、〈私〉の有機的な労働行為ではなく、労働によって創造される価値量にすぎないのである。

だから、生産過程における商品の完成は、生産過程の完結を示すのではない。無限の価値増殖過程のなかの一契機をあらわすだけである。それは、永遠の抽象的な運動である。ゆえにここでの労働はまた、抽象的な労働へと変質してしまわざるをえない。

資本制社会においては、生産－労働過程は、資本の生産過程として創造されている。ここにおいて、労働とは、労働主体の所有する労働能力の消費－再生産行為ではなく、生産過程の必要とする生産能力の消費－再生産行為であった。生産能力を労働力として認知し、これを労働力商品として、資本は買い求めたのである。だから、生産過程と労働の関係は、生産過程への労働力の集積と配置としてあらわれる。それは労働形態としては、分業労働であった。ここでの労働力は、物をつくるための具体的な労働の能力ではなく、価値の形態化としての労働力である。その結果、労働は、この価値の生産としての行為に変質するのであり、すなわち、抽象的な労働へと変質したのである。

資本の生産過程は、労働を、この抽象的な労働へ純化させせようとする。人間の思想が、言語として発せられた瞬間から、自分の頭のなかにあった思想から離れて一人歩きをするように、労働過程は、それが生産過程のなかに繰り込まれてしまったとき、〈物をつくる〉機能だけは、生産過程としての抽象的な運動過程のなかに、すでにあったのである。生産能力は、労働主体から離れて、生産過程のなかで自己展開せざるをえなかった。

農民が、土地に相対して農業を営むとき、〈彼〉は自然のもつ多くの法則を、ときに経験的に、ときに目的意識的に利用しながら、総合的な労働として農業労働を実現する。しかし、もし〈彼〉の農業労働のなかから、土を掘る能力だけを分離し、独立化させてしまったら、どういうことになるだろうか。農作物の生産という総合的な要素を無視して土を掘る力だけを〈彼〉の唯一の能力として認知する、それはじつにくだらないことである。〈彼〉の土を掘る作業は、ある特定の作物を、より完成されたものとしてつくりだすためにおこなわれていたはずである。そういう性質を無視して、手の力だけを分離してみることは、本来できないことである。

が、資本主義的な生産過程は、あえてそのことを可能にした。生産現場では〈私〉は、何をつくりだしていてもよかった。一日八時間の、機械の前での身体の消費がおこなわれていればそれでよかった。〈私〉は自動車をつくっていても、電気製品をつくっていても同じことであった。〈私〉が従っている生産過程での工程は、生産過程のシステムとしてつくられているのであって、〈私〉の労働として生みだされたものではない。〈私〉は、それが何をするものであれ、ただ与えられた機械を動かしていれば、生産過程全体の工程は成立する。〈私〉の労働過程は、生産過程全体とは無関係に点在しているのである。

労働は、本質的には労働過程として成立するものでありながら、実際には、資本の生産過程のなかでしか実現しない。労働は、物をつくりだすことによって完結する具体的なもののはずなのに、生産過程では抽象的な労働として位置づけられ、労働の完結性をもたない。労働は、価値の運動過程に規定された一要素であって、〈私〉の固有の行為ではない。このような労働の場所では、〈私〉の眼の前にある労働のための素材は、労働対象でありながらけっして労働対象ではなく、抽象的な生産対象にすぎなくなってしまう。〈私〉の労働目的は具体的であるにもかかわらず、本質的には抽象的なものでしかない。資本主義的な生産‐労働過程は、〈私〉の具体的な有用労働を基礎にして成立しているにもかかわらず、生産過程の運動としては抽象的な労働の無限の繰り返しのなかに実現するのである。

労働過程を実現するためには、労働対象と労働目的が明示されていなければならなかった。ただし、ここでいう「明示」とは、具体的なものがそこにある、というだけでは不充分である。労働過程全体のなかの労働対象として、労働能力の必然として、労働対象がなければならないのである。資本主義的生産‐労働過程では、全体的な機能と目的は、労働外的な、資本の生産過程として成立している。労働過程は、生産過程によって与えられた小領域での特殊な行為として限定されてしまう。〈私〉は受けもたされた一つの領域での労働をおこなうのであって、他の労働とは労働にもとづく結合をもたない。ゆえに〈私〉の労働は、何をつくる労働でもよく、結果的に〈私〉の労働を含めて特定の生産物がつくりだされるにすぎないのである。

資本主義的な生産過程は、生産対象を抽象化しただけでなく、生産過程からみた労働をも、労働力商品として抽象化したのである。個々の労働力が具体的なものではないがために、労働力をバラバラに集積し、配置することができたのであり、その結果、分業化された労働をつくりだしていった。では、このような労働構造においては、生産手段は、いかなるものとして位置づけられているのだろうか。

2 技術の体系と労働内容

前章においてわたしは、労働手段は人間の手足の延長線上の道具である、と述べた。ただしこのことは、簡単な道具だけが労働手段になるということではない。人間の労働能力の必然性からつくりだされた労働のための道具は、それがどれほど複雑な機械体系の観を呈していても、手足の延長線上のものだということである。それに対して、生産過程の必然性として、生産のための手段としてつくりだされた道具を、わたしは、生産手段として考えている。

もちろん、生産手段と労働手段は、物としては、まったく同じ道具を指す場合がある。たとえばいま〈私〉は、ドライバーをもちいてネジを締める労働をおこなっている。〈私〉の労働という観点からみれば、ドライバーは〈私〉の労働作業を有効に遂行するための、労働の手段である。手の動きをネジに伝えるための、補助的な道具である。ドライバーは〈私〉の労働を支える有効な一要素であった。そのようなものを、わたしは労働手段という言葉で呼ぶ。しかし、資本主義的生産過程では、このドライバーには別の性格がつくりだされている。それは生産手段としてのドライバーである。

労働過程のなかでは、労働を助ける一要素であったものが、生産過程のなかでは、ある商品をつくりだすための一手段へと形を変える。仮に〈私〉は、ある電気製品のシャーシをつくりだしているとする。シャーシをつくりだす費用は、アルミ板と、アルミ板を切断する機械と、ネジとドライバーと、それに〈私〉の労働力であったとしよう。生産過程で興味のあることは、生産のための総価格が、どれだけシャーシの価格を下回ることができるか、である。だから、そこでドライバーをみる目は、総価格分のドライバーの価格であって、すでにドライバーが労働の有効な道具であるのかどうかという観点は、間接的な要素になってしまった。もしドライバーが非常に高価なものであれば、〈私〉は本片でネジを締めることを要求されるかもしれないし、またドライバーと〈私〉の組み合わせが、低い生産性しかもたないとすれば、〈私〉もドライバーも、自動ネジ締め機にとってかわられるかもしれない。生産過程のなかでは、〈私〉とドライバーの、労働をとおしてのかかわりは問題ではなく、生産費用とドライバーの関係だけが問題だったのである。

生産過程では、ドライバーは、労働手段から生産手段へと形を変えた。だが、生産手段としてのドライバーにはもう一つの意味がある。それは、生産過程の一工程であるシャーシの生産工程に、なぜドライバーが用意されていたのか、ということである。それは、この生産過程の生産システムがどのようになっているのか、という問題である。生産システム全体としては、そこでシャーシが生産されなければならない。しかも労働者の手労働としてである。だからそこには、ドライバーが用意されていなければならない。要するに、生産過程の現実的な姿である生産システムにとっては、ドライバーがそこに必要だったのである。労働者は、そこにドライバーがあることに規定されて、自分の労働方法を強制されることになる。ここではドライバーは、労働の外から用意された生産のための手段であった。

ここにはすでに、労働外的システムとしてつくりだされた、生産技術体系の萌芽がみえるのである。生産過程の有効性にもとづいて、生産のための技術体系をつくりだしていく、このような生産システムの代表的なものが、テーラー・フォードシステムにはじまる今日のベルトコンベアシステムであろう。このベルトコンベアシステムほど生産手段に純化されたシステムはそうは存在しない。ベルトコンベアシステムは、労働と労働手段の有機的な関係を一切無視して、生産性という面からのみ生産現場の構造をつくりだそうとしたのである。

生産性を向上させるためには、人間労働をできるだけ単純化し、その結果、㈠労働技術を不要なものとし、㈡繰り返し作業によって生産のスピードをアップし、㈢単純であるがゆえに労働ミスや不良品の発生率を低下せしめること、を目的においてこのシステムはつくりだされた。ベルトコンベアシステムは、生産技術、生産手段を、労働外的手段に徹底化させた結果生まれたものである。生産過程の論理だけで、それは組み立てられた。

先に述べたドライバーは、労働手段のなかに、生産手段としての要素が入り込んでくるというものであった。だが、このベルトコンベアシステムには、はじめから人間労働が手段としてべルトコンベアを使うということは考えられない。ベルトコンベアがあって人間労働が配置されるのである。労働の内容に従って労働の方法がつくられるのではなく、生産の方法があらかじめきまっているところへ労働が従属するのである。ここでは生産技術が労働を規定する。である以上、ここでの労働は、人間の有機的な労働としての性格を喪失し、単なる生産行為、すなわち、労働力商品の行為への転化という意味以上のものはつくりだせなくなってしまっている。ドライバーは、資本の生産過程を解体することによって、労働手段に引きもどすこともできる。しかしベルトコンベアシステムなどは、どのように改良を加えても、けっして労働者の労働手段へと転化することはできないだろう。*

資本主義的生産様式は、生産過程の、労働過程からの独立を実現した。そして、生産過程の現実化としての生産構造が、労働外的構造としてつくりだされたのである。ベルトコンベアシステムはその所産であった。しかし、生産技術体系が生産システム体系をつくりだし、そこに人間労働が従属するという構造は、ベルトコンベアシステムだけのものではなく、資本主義的生産－労働過程の特質なのである。資本主義のもとでの、生産手段の労働手段からの分離という事実は、生産手段が労働外的技術をもとにつくりだされるという、新しい側面を生みだしたのである。

それゆえに、この資本主義的生産様式のもとでの労働については、より詳しい検討が必要になる。かつてマルクスは『資本論』のなかで、資本主義的な労働について、次のような説明を加えている。

「労働者は資本家の監督のもとに労働し、彼の労働はこの資本家に属している。……第二に生産物は資本家の所有物であって、直接生産者である労働者のものではない」*

マルクスはこのように、監督労働と、生産物の労働者からの疎外という、二つの側面から、資本主義的労働の特性を見出している。この立場は彼に一貫したものであり、またのちのマルクス主義者に引きつがれていった中心的な点がここにあった。わたし自身、このことを誤りだとは思わない。だが、「監督労働」とは、どのような内容を指していただろうか。

綿織物を代表とする、いわゆる軽工業を中心に発達してきた初期産業資本主義段階のもとでは、資本は資本家の所有物として存在していた。資本家からみるなら、自分の私有財産を労働者に使わせて、自分の富を蓄積するのが、生産過程であった。だからこれは、資本主義的生産様式というより、資本家的生産様式というほうが正当であろう。ここで労働者は、資本家の買ってきた労働力商品であり、その帰結として、粗暴な労働者への監督行為がおこなわれたのである。この時代に、労働者の状態について資本家が考慮することは、福祉としての意味しかなかった。

マルクスが同じ『資本論』のなかの「労働日」でみているように、かかる野蛮な監督労働の現実こそ、当時の労働者の現実だったのである。だが、〃今日の監督労働〃は、奴隷労働とは異なる。監督のしかたが、すでに変わっているのである。生産過程の構造を再編することをとおして、労働者に労働内容を強制すること、それが今日の監督労働の方法の基本に設定されている。

たとえば、労働の生産性を上げようとする場合、古典的な第一の方法は、労働者へのノルマの強制としてあらわれるが、第二の方法としては、生産過程の構造を、新しい生産用機械の導入、生産ラインの再編などによってつくりかえ、労働者にそのような労働をしなければならない規定性を与えることによって担われる。すなわち、生産技術−生産手段の変更をとおして、労働内容を間接的に監督するのである。そして、次章に詳しく述べるが、生産システムの変更によって生まれてきた諸矛盾は、労働外的管理としての労務管理をとおして解消する。一九六〇年の電器関係企業における合理化が、ＺＤ運動（Zero Defectsの略、一般に「無欠点運動」と訳されている）のような諸政策を必然化させ*、またベルトコンベアシステムを導入した生産現場では、かならずといってよいほど強固な職制組織を生みだしていることは、よく知られているとおりである。

しかし、このような生産現場のしくみを検討してゆくとき、誤ってはならないことは、たとえば職制制度をみて、それと古典的な監督労働とを同一視してはならない、ということである。今日の監督労働は、前述したように、生産過程の労働過程からの独立化を基盤とし、生産過程の構造をとおして労働内容を強制するという、現代的な資本と労働の関係を前提として成り立つものである。そして前章で述べたように、この労働内容の強制は、生産行為をとおしての人間の主体の生産をもまた規定してしまうのであり、すなわち、労働の問題だけではなく、人間の変質をもともなうのである。このような関係の上に、職制制度は成立するのであり、それは古典的な監督行為とは内容を異にする。

生産過程の、労働過程からの独立化は、生産手段の労働手段からの独立を生みだした。労働の必然性をもたない生産手段体系をつくりだしたのである。ここから、二つのことが明らかとなる。

その一つは、生産手段としての生産システムのもつ問題点（たとえばベルトコンベアシステムのもとでの労働の疎外のような）は、このシステムだけの改良を試みることでは解消されない、ということである。それは、資本主義的な生産－労働過程のしくみから必然的につくりだされてきたものであり、生産－労働過程を、労働過程のもとに一元化していく努力なしには解決不可能である。

二つめには、資本制社会における技術の問題についての考察である。本来からいえば、技術は、労働の内部でつくりだされていくべきものである。そのような技術は、労働技術として、労働内部の要素としての性格をもっている。しかし、資本制社会における生産過程の自立化は、生産手段の自立化、生産システムの自立化をすすめることになった。それらが労働との結合を喪失した。だからここでの技術は、生産技術として、労働外的技術体系をつくりだす過程に変化したのである。ここに資本制社会における技術の特殊性がつくりだされた。〈資本〉と生産技術が結びつくことによって、技術体系は、逆に労働内容を規定し、ひいては賃金労働と資本の関係をも決定する特殊な役割をもつことになった。

「労働者は生産手段を所有していない」ということは、ただ無産者であることを示すだけではなく、人間労働の内容を根本的に変革してしまったのである。では次に、その変質が、どのようなかですすんでいったのかについて、みていくことにしよう。

五　労働の質の変化と階級関係の転換

資本主義的生産様式における、生産過程と労働過程の分離－二重化は、生産対象、生産手段と労働の関係を変化させ、結局、人間労働が労働能力の展開過程であることを失わせた。労働者は、生産能力所有者として、資本の生産過程のなかに集積され配置されることになった。それは、労働外的な結合法則によるものであって、労働の必然性にもとづく労働の結合ではなかった。だからここでは、個々の労働は他の労働との労働内的結合を生まない。そのような労働形態を、わたしは分業労働として規定した。

ところで、工場制生産における労働には、大別して二つの型がこれまで存在してきた。一つは、一定の生産工程を複数による労働としてまかせる、すなわち、協業労働として実現する方法である。たとえば造船において、船台建造を多数の労働者集団によっておこなわせる、というようなものである。第二の方法は、労働者が個人として生産システムの前に配属され、生産工程の動きに従って労働をするかたちである。この代表的なものは、いうまでもなくベルトコンベアシステムである。

この二つの生産－労働過程のしくみは、歴史的には並存しながらも、しかし確実に技術革新を経ながら、前者から後者への転換が計られてきた。* 第一の型には、マニュファクチュア型生産の形態が、かたちを変えながらも残存していたといってもよい。もちろん、資本制社会における生産は、全体としては資本の生産過程であるのだから、協業労働といっても、生産過程のなかの与えられた小領域を、協業として実現するにすぎない。しかし、とはいっても、協業労働をも不必要とした今日の労働と較べるなら、その労働形態のもつ優位性も、確かに存在していた。

一つの代表的な例をみていこう。造船業では、一九五〇年代の後半から、急速に技術革新がすすむ。[*]一九五六年に日本の船舶建造量は世界一位を示すのであるが、そのことを可能にした要因の一つに、層状建造法からブロック建造法への変化があった。以前には、鋲打ちの作業においても、取次、アテ番、鋲焼、鋲打の作業が、集団としてお互いを補完しながらおこなわれていた。鋲打機・炉の整備、鋲の材質の選定・吟味、炉の熱管理、アテ番、鋲焼、取次の諸作業への各労働者の割当て、などの多くの作業を組織化することによって、ここでの労働は実現した。多数の職能に熟達した熟練労働者の組織された協業労働であった。

層状建造法とは、船台の上に竜骨をすえて、そこに肋骨を組み、鋼板を鋲で一枚一枚打ちつけていく方法である。これに対して、その後のブロック建造法では、組み立て工場で六〇トン近くのブロックとして溶接された各部分を、クレーンで船台に運ぶ方法がとられている。この方法では、建造の多くの工程は組み立て工場でおこなわれるために、ブロックをつくりだす過程に、流れ作業による生産システムを採用することが可能となったのである。

ブロック建造法を可能にした技術上の要素の一つに、モノポール機の採用がある。以前は、大工道具と剪断機を使って、現図、罫書き、切断の工程をすすめていた。「広い室内現図場の床上に建造予定の船と同じ原寸大の図面をおしひろげ、それに合わせて木型を作るといった、いわば船大工作業が、現図作業の中心であり、それによってペンキ、筆などで鋼材に加工上の指示を罫書き、その指示に従って剪断機で切断するというのが以前の方法だったのである」*。

しかしこの工程は、モノポール機の導入で消滅する。「モノポール機はまず原寸現図を排除する。はじめに一〇分の一の縮尺現図を描き、それを写して一〇〇分の一ネガフィルムをつくり、そのネガを機械にあてはめると、あとは切断開始点にまで機械を誘導してバーナーに点火しさえすれば、光電管によって自動的に拡大切断してゆく」**。モノポール機の導入によって、切断された鋼板の〃部品化〃が可能になったのである。その導入は、組み立て工場内での、流れ作業によるブロックの生産を可能にした。

層状建造法からブロック建造法への生産方法の変化ということは、個別資本の内部では、普通におこなわれている「技術革新」「合理化」の一つにすぎない、と簡単に通り過ごしていくこともできる。どちらの方法のもとでも、資本と労働の関係が変わったわけではないだろう、という人もいるかもしれない。が、そういう把握のしかたは、明らかに誤りである。なぜなら、このような簡単な改良をとおして、労働の質は変化しているのであるから。そして労働の質が変化する以上、資本と労働の関係も変わったはずである。

層状建造法では、熟練労働者を中核とした協業労働がおこなわれていた。一定の生産工程は、この労働者集団の労働にまかされていた。したがって、ここでは、資本対労働の関係は、資本対労働者集団の関係、すなわち、資本と〈労働をする者の集団〉の関係だったのである。一つの領域での労働とはいえ、そこでの労働と生産は、彼らの労働集団としての、労働主体の範囲内に存在していた。

しかしブロック建造法では、協業としての労働が崩壊する。それに代わって、個人としての労働が中心となるのである。もちろん、個人としての労働といっても、マニュファクチュア時代のように、個人として完結する労働をおこなうのではない。生産システムの前に配属された個人が、個人として与えられた工程を担うだけである。それは前記したように、抽象的な労働であり、何をつくっても同じ労働であり、物をつくらない労働である。資本に要求された生産行為を、個人として消化するだけである。ここでは、資本と労働の関係は、資本対個別労働・労働者個人となるのであり、資本と、労働力商品の配置の関係に変化したのである。

技術革新ということが、労働の内容をこのように変化させ、資本と労働の階級関係をも変えたのである。このような過程を経て、労働は、労働力商品へと純化されてきたのであり、労働から、労働能力の展開としての性格が奪われてきた。

わたしは、資本の生産過程の労働力の組織化の原理が、生産システムのもとへの労働力の集積と配置にあり、その結果、そこでの労働形態は分業労働になると述べてきた。そして分業労働のもとでは、労働はどのような質のものへと変化するのかについて、これまで検討してきた。が、もう一つ、そのような分業労働のもとでは、資本と労働の関係がいかなるものになるのか、について検討していかなければならなくなった。分業労働下での、労働主体の存在構造を分析していく必要性が生まれたのである。

ところで、協業労働の崩壊は、生産現場での労働だけに特徴的なことではなかった。事務労働の分野でも、同じ過程が進行していた。その代表的なものは、事務労働の分野へのコンピュータの導入であった。初めは単純な計算とデータの集約に任務が限定されていたコンピュータは、最近では、仕事内容の判断する機能をもつようになった。すなわち、事務労働のなかの、「考える分野」を、コンピュータは獲得したのである。そのことは、事務労働の簡略化をもたらした。労働者は、労働の補助的手段として機械を使用することから、逆に、機械の判断を引き出し、伝達する者へと変わっていったのである。

それは、生産現場におけるライン生産システムの導入と同じ効果をもたらす。ライン生産システムがそこでの労働者の労働内容を規定したように、ここでは、コンピュータが労働内容を規定する。ここでの労働はすでに労働ではなく、コンピュータを使用する能力から、使用される能力に少しずつ移行する。事務労働の分野での、労働者の判断停止が必要なものとされたのである。

その結果、事務労働が、労働の集積として、労働の結合として実現する必要性はなくなった。それは、資本の生産過程にとっては大きな収穫である。労働者の人間性、性格、能力というような不確定要素によって、労働者を組織化することが不要となったのであるから。

労働能力にもとづいて労働者を組織化しようとすれば、そこには一定の協業体制をつくらなければならないし、協業労働は、労働管理をむずかしくする。労働能力にもとづく労働集団をつくろうとすれば、個々の労働者の労働能力の啓発と、しかし一人一人の個性を集団としてまとめあげねばならない。ちがった能力の持ち主を、一つの方向で集束しなければならないのである。それを現場の管理者が実現させるためには、管理者自身の高い能力が今度は必要とされることになる。

しかし、労働の中心がコンピュータに移行すれば、そこでは、労働能力としての個性は逆に不必要なものになる。機械に要求された行為を、労働者が実行できればよいのである。労働能力にもとづく労働集団の形成はもはや必要ではない。労働能力のなかの、限定された生産能力だけがそこでは使用されるのだから、労働者を生産能力所有者として可視的に把握することもできる。ここでもまた、生産能力の集積と配置、労働外的な労働者の結合が、労働力の組織化の基本となっていったのである。

このような労働内容の変化の過程をとおして、労働者は、労働者集団であることをやめ、労働者個人になっていった。労働内容が、生産システムのもとでの、個別の生産行為となっていったのである。それをわたしは、〈労働のアトム化〉であると考える。労働は〈私〉だけの労働となり、しかもその労働が、生産システムのもとでの、〈私〉の生産能力の消費に限定された。〈私〉の労働能力にもとづいて労働をすることも許されない、労働の孤立化が進行した。

分業労働は、このように労働のアトム化＝労働の孤立化を生みだしたのであり、その結果、資本と労働の関係は、資本対労働集団から、資本対個別労働の関係に変化したのである。すなわち、ここでは〈資本〉が、労働集団をとおさないで、直接個々の労働者と直線的な関係をとり結ぶ。〈資本〉は、労働者個人を一人ずつ掌握していくという関係になったのである。労働者は〈資本〉の前に、個人として、孤立して立っていなければならない。労働者同士の、労働内的連帯性はすでにないのである。

ゆえにここでは、〈資本〉対〈労働〉の、階級関係が変化する。第一に表面的にあらわれてくる変化は、資本対労働集団の関係から、資本対個別労働の関係への転換である。が第二に、この変化の過程において、〈資本〉対〈労働〉の関係の質的転換がはかられることに注意しなければならない。

資本と労働の階級関係とは、〈資本の運動過程によってつくりだされてきた階級的支配力〉対〈労働を基軸につくりだされた労働者の階級的支配関係を打ち破ろうとする力〉、の関係のことである。ゆえに、労働を軸とした階級的力の形成にとっては、労働の質がいかなるものであるのかということが、重要な要素にならざるをえない。

協業労働から、個別的・孤立的労働への転換は、その労働の質を変えたのである。限定された領域での労働とはいえ、労働集団が自分たちの労働能力にもとづいて労働と生産をおこなっていた協業労働のもとでは、労働は、労働能力の消費－再生産過程としての性格を残存させている。

労働者の意識は、労働内的意識としての質をもっていたのであり、労働を媒介としてのみ、労働者は資本との関係をつくりだしていた。

しかし労働が、生産システムの前での、孤立した生産行為に変質したとき、労働の質の変化は、当然、労働者の意識の変化をともなわざるをえなかったのである。

革命的な階級は、意識的に創造－形成するものであるが、その基礎となる資本制社会における階級関係は、資本主義的生産－労働過程から必然的に生みだされてくるものである。生産－労働過程の構造の変化としての労働の質の変化は、この階級関係を転換させることになった。

労働とは、労働能力の消費－再生産過程である。しかし、労働能力の自己展開の場としての性格を失った、孤立した生産行為のもとでは、生産能力の消費－再生産という側面が、労働の質として前面にあらわれることになった。労働者は、労働能力を使用するために、生産システムの前に立っているのではない。生産過程が必要とする生産能力だけを消費させるために、ここにいるのである。生産システムのもとでは、労働者は自分の労働能力を使う術をもたない。また生産システムは、それを使用させせないようにつくりだされている。

ところで、マルクスが『経済学批判・序説』のなかで述べているように、消費は生産の行為である。食物の消費が身体の生産であるように、消費は〝消費されるべき物〟の対象化をもたらし、対象化は新たなものへの生産へと連なる。それは、一つの弁証法的なつながりである。

同じように、労働のなかでの自己の能力の消費は、労働主体に対して、自己の能力の対象化をもたらし、対象化された自己の能力の再生産を実現する。だから、労働のなかで消費される能力が労働能力であるかぎりでは、人間の能力は労働内的再生産をとげるのである。しかし、ここでは生産能力が消費される。生産能力の対象化と再生産こそ、〈彼〉の労働の過程であった。

生産能力とは、生産過程が必要とする、生産過程に規定された生産行為を実現するための能力である。生産能力は、商品としての労働力のもつ能力であって、〈彼〉の労働をする能力の一部が外化したものである。だから生産能力は、資本の価値増殖過程の一要素であって、生産過程が必要とする価値を所有していることにすぎないのである。生産過程では、〈私〉は価値所有者以外のなにものでもない。〈私〉は、生産過程で必要とされる価値の、人格的表現として労働者である。価値関係に規定された能力を消費し再生産していく者として、〈私〉は存在している。

このようにみていくとき、人間が自分の労働能力を使用しきれない資本主義的労働が、いかに人間の本質を否定してしまうのかを知ることができる。しかし、この結論で話を終わらせてしまうことはできない。なぜなら、このような労働のもとでも、人間は確実に自分を再生産しているのであるから。労働者は、価値の自己展開過程のなかで、自分の主体を生産していかざるをえないのである。

資本主義的な生産－労働過程は、人間自身をつくりかえる。生産過程における価値の人格化として、労働者を創造するのである。それは〈資本主義的人間としての労働者〉の生産である。そして、この生産の力は、労働から労働内的要素が喪失し、労働が単なる生産行為に純化すればするほど強化されることになった。ゆえに、協業労働の崩壊としての労働の孤立化=生産行為への純化は、労働にもとづく人間の意識をも、また労働外的なものにしていくのである。

労働の孤立化=生産行為への純化は、資本と労働の関係を変化させた。労働者は、すでに労働内的に創造された労働者階級ではなく、資本のもとでの人間へと変わる。〈資本〉の強さは、この点から生まれた。資本は、労働者を生産-労働過程のなかに配置するだけで、自分の手中にとり込むことができるのである。現象的な暴力的支配を不必要にしたのである。

しかし、〈資本〉は〈労働〉に対して、このような優位さをもちながらも、けっしてそれだけではすまなかった。この優位さは、生産過程の論理に従って生まれてきたものである。この生産過程の強さに対しては、〈労働〉の労働過程の報復が待っていたのである。労働者は〈資本主義的な人間〉に純化することはできなかった。ただ、二つの人格へと分裂し、その二つが二重化しただけであった。そのことの検討は、次項以下の課題である。

六　資本は労働を管理しうるか?

資本の生産過程は、生産手段体系を基盤とし、そのもとへ労働力を集積、配置することによってつくられた。労働力とは、具体的には生産能力であり、本質的には価値の形態化としての労働力である。資本は労働力を労働外的に組織化してしまうがために、そこには第一に、分業労働が必然的なものとされた。また労働者は、本来の労働機能を喪失せざるをえなかった結果として、労働外的な、生産能力の再生産をとおして、人間主体の変質をも余儀なくされたのである。

しかし、では資本は、労働者を労働にもとづかないで組織化するとすれば、どこで、労働者の〈資本〉のもとへの求心力を確立するのだろうか。協業労働においては、労働内容自身が労働の集団化を生みだしていくという性格をもっている。ここでの集団化への求心力は、労働の質そのものである。しかし、資本主義的な生産－労働過程が、このような労働の質を放棄したことは、これまで述べてきたとおりである。

〈資本〉は、労働内的な労働者の求心力を失った以上、労働外的な求心力をつくらなければならなかった。その最大の力は、いうまでもなく賃金である。〈資本〉のもとでの労働の喪失は、労働者が労働をするために生産過程に入るのではなく、賃金を得るために入るという現象をつくりだした。労働を賃金を得るための手段だと労働者が考えるようになったのは、当然のことである。しかしもう一つ、〈資本〉は、労働者に対して、労働賃金を得る以外には一切の生活資金を獲得する道を失わせることが必要だった。これは社会的な問題である。このことについては、第四章で述べることにする。

賃金によって労働者の〈資本〉のもとへの求心力をつくりだすこと、これが〈資本〉の労働者の組織化の柱となった。しかし、それだけでも不充分である。労働形態に合わせて労働者を組織し、管理し、掌握していく体制を確立することが必要である。労働にもとづく求心力が失われた以上、労働外的な労働者の管理－掌握体制がどうしても必要だったのである。

わたしは、そのような労働外的な管理体制を総称して「労務管理」と呼んでいる。

協業労働のもとでは、一定の生産工程は労働集団の手にまかされていた。ここでは生産過程のなかに、いくつもの小集団社会が存在し、〈資本〉はその労働集団を統括してゆけばよかった。そして、労働集団の内部では、そこの長が他の労働者の労働を管理していればよいのである。この形式を、わたしは「労働管理」と規定する。ここでの管理は、いわば労働内的な管理である。が、協業労働の崩壊は、労働を労働者個人のもとへ孤立化させた。〈資本〉は、労働集団を統括するのではなく、この個としての労働を直接管理しなければならなくなったのである。労働にもとづかないで、しかも労働者個人を直接に管理－掌握しなければならない。〈資本〉は、労働外的な、労働者の〈資本〉のもとへの管理体制を、意識的に創成せざるをえなかったのである。労働管理から労務管理への転換がはかられた。生産組織の内部には、労働内容にもとづかない官僚制がつくりだされ、また労働組合においても、職能別組合の解体がすすめられていった。そういう労働外的諸制度をとおして、〈資本〉の〈労働〉を管理する体制が、労働形態の変更に対応してつくりだされていったのである。

しかし、この労務管理としての管理体制の確立は、賃金労働を組織化するときの手段の役割にとどまってつくられただけではない。生産過程は、労働にもとづかないで労働者を組織化する。労働を、労働力商品に純化しようとする。だが、それは不可能である。資本主義的生産様式は、しょせん人間労働の基礎の上につくりだされたという事実からのがれることはできなかったのである。それは本来なら労働過程の帰結としてあるべき生産過程を、価値法則のもとに独立化させ、独自の生産過程の法則をつくりだしたにすぎなかった。資本の生産過程は、労働過程の基礎の上にしか確立できないのである。

しかし、資本の生産過程は、自己の法則を貫くためにも、労働過程への労働者の組織化を実現することはできない。労働を無視した労働力商品の組織化をはからねばならない。それは、まったくの自己矛盾である。労働にもとづいてしか成り立たないものを、労働の外で組織化しようというのである。

だが〈資本〉は、あえてこのことに挑戦しなければならなかった。それへの挑戦は、〈資本〉の自己矛盾を深化させただけであった。そのために、いかに生産過程のなかから労働の要素を切り捨てようとしても、そこで人間労働がおこなわれるかぎり、労働は労働外的な生産過程から離れ、それへの対立を形成していかざるをえなかったのである。

労務管理は、資本主義的な生産 - 労働過程から必然的に生みだされてきたものであって、偶然につくられたのではない。〈資本〉は、労働にもとづいて労働者を組織化することができないという基本的な点から、それをつくりだした。第一には、労働者を労働のなかに吸引することができないという本質から、労働外的管理システムのもとへ労働者を統括する必要性から、それはつくりだされた。そして第二には、生産過程が労働外的な賃金労働の組織化をすすめればすすめる

郵便はがき

料金受取人払郵便

赤坂局承認

4058

差出有効期間
平成28年 7 月
31日まで
（切手不要）

1078780

222

（受取人）
東京都港区
赤坂郵便局
私書箱第十五号

農文協
「内山節著作集」
編集部
行

◎ ご購読ありがとうございました。このカードは当会の今後の刊行計画及び、新刊等の案内に役だたせていただきたいと思います。

● これまで読者カードを出したことが　ある（　　）・ない（　　）

ご購入書店名：　　　　ご購入年月日　　年　　月　　日

ご住所	（〒　　－　　）		
お名前	男・女　　歳		
TEL：	E-mail：		
ご職業	公務員・会社員・自営業・自由業・主婦・農漁業・教職員（大学・短大・高校・中学・小学・他）研究生・学生・団体職員・その他（　　）		
お勤め先・学校名		所属部・担当科	
ご購入の新聞・雑誌名		加入研究団体名	

お客様コード

※この葉書にお書きいただいた個人情報は、ご注文品の配送、確認、出版案内等の連絡のために使用し、その目的以外での利用はいたしません。

ST14.7

内山 節 著作集　全15巻

●お買い求めの巻に　1　2　3　4　5　6　7　8
○印をお付け下さい　9　10　11　12　13　14　15

●本書についてご感想など

●今後の出版物についてのご希望など

この本をお求めの動機	広告を見て	書店で見て	書評を見て	出版ダイジェストを見て	知人・先生のすすめで	図書館で見て	NCLの目録で
	(紙・誌名)		(紙・誌名)				

◇ 購読申込み書 ◇

● 内山 節 著作集　全15巻
（1、2、3、6、14は 2,900円＋税
4、5、9、10、12は 2,800円＋税
7、8、11、13、15は 2,700円＋税）

注文(○印を)　既刊巻は即配本、未刊は定期配本します。

(　1　2　3　4　5　6　7　8　9　10　11　12　13　14　15　)

● 宮本常一講演選集　全8巻　各巻 2,800円＋税

注文(○印を)

(　1　2　3　4　5　6　7　8　)

※書店経由の場合は書店名を記入下さい。

(市区町村名　書店名　)

ほどに労働過程と生産過程の分離は進行し、労働過程は生産過程の外に置かれる。そのために、労働過程を媒介としてつくりだされた労働主体を、生産過程の領域に包みこむことは困難になる。労働主体は、生産過程への敵対物に転化する可能性をつねにもつのである。この〈資本〉の矛盾を解消するためには、〈資本〉は労働外的管理システムを強化する以外にはない。労働の外で、それを解消する手段を講じる以外にないのである。

わたしは賃金労働を、分業化された労働、という観点から第一にとらえた。が、分業化された労働は、この労働外的管理システムと結合してはじめて成立している。

労務管理の問題については、これまで経営学上の問題として、あるいは労働運動次元だけのこととしてしか扱われてこなかった。この問題のもつ本質的な重要性は、まったく無視されてきた。その理由は、次の二点にある。第一は、初期資本主義段階における暴力的な労働の監督行為と、近代的な労務管理の区別がついていなかったことである。第二は、労務管理の本質と労務管理形態を混同していたことであろう。労務管理形態は、各国別にも、地域的にも、産業別にも、また個別資本的にも、異なった形態をつくりだすものである。それゆえに、その個別の形態だけをみていくと、個別事情だけが重視され、労務管理一般が資本の賃金労働の組織化の必然であるという面が見失われたのである。

労務管理は、労働外的な労働主体の管理システムとしてつくりだされた。しかし、労働外的管理システムとは、生産外的管理システムと同じではない。労働外的管理システムとは、労働の外の、すなわち、労働能力の消費－再生産過程の外につくられた管理システムということである。しかし、資本主義的な生産－労働過程においては、生産過程自体が、すでに労働外的な過程である。したがって、たとえ生産過程を媒介とした管理システムがつくりだされたとしても、それが労働外的な管理システムであることには変わりはない。

実際に、労務管理は生産システムの構造と結合してつくりだされた。たとえば賃金格差は、生産分野のちがいと結合してつくられたのであり、また生産システムとの関係において、労働者間の位階制も生みだされた。それだけではなく、労働者同士の、労働にもとづく連帯をつくりださせないということは、労働者を労働外的に管理していく重要な柱であり、この実現のためには、労働にもとづく結合が不可能なような生産システムをとり入れることが必要でさえあったのである。

労務管理を強化するためには、実際の労働から労働内的要素ができるだけ排除され、労働が生産行為に純化されていかなければならない。労働が孤立した労働として分化し、労働者が個人として孤立化することを基礎として、〈資本〉は労働主体をタテの関係のもとに、すなわち、個人としての労働者を直接的に管理体制のもとに繰り込むのである。

戦後の日本においては、技術革新と労務管理の強化は同時に進行した。技術革新による生産システムの改革が、労務管理としての労働外的管理体制の強化を要求し、またこの改革が、新しい労務管理の温床となってもいったのである。技術革新とともに、どこの個別資本でも人事管理部門が肥大化し、企業内に強力な位階制がつくりだされた。個別の生産組織は、労働にもとづく労働者の結合の場ではなく、巨大な官僚機械に変化した。労働外的な労働の組織化の体制ができ上がったのである。しかし、それを可能にした最大の要素が、じつは生産システムの改編にあったことを忘れてはならないのである。

労務管理制度とは、労働者への監督、搾取の強化の制度としてだけ論じられるべき性格のものではない。資本主義的な生産‐労働過程の原理にもとづいて、賃金労働を組織化しなければならない〈資本〉の生産過程の本質が、必然的に労務管理制度の成立を要求してきたのである。

たとえば、一九六〇年代後半から急速にとり入れられたZD運動などは、われわれに労務管理とは何かを考える場合の、多くの素材を提供してくれる。ZD運動とは、〈資本〉が労働者を生産過程の場を媒介として掌握し、そのことによって生産過程をムダなく展開してゆくことを目標としておこなわれた。労働者自身に生産目標をつくらせ、生産目標を達成するための方法を考えさせ、そのことによって、生産性の上昇と不良品生産率を低下せしめるのである。

もともとZD運動とは、アメリカにおける軍事産業内で、短期間に、しかも確実に、兵器を生産する必要性から考案された。労働者の生産に対する意識を高めることによって、目的を達成しようと試みたのである。ふつうこの運動をおこなうためには、次のような企業内組織がつくられる。末端に、労働者によるZDグループが結成され、その上に管理者を中心とする管理委員会がつくられる。ZDグループでは、それを構成する労働者の討論によって、自主的な生産目標と、その達成のために自分が何をしなければならないかが決められるのである。

それは作業工程における無欠点運動になっていった。労働者が自分自身で作業方法を点検し、そこにあった欠点をみずから修正する。この機能を強化するために〝社内表彰制度〟が設けられ、また、生産方法の修正にもとづく資材の請求に直ちにこたえられるような、資材管理体制が確立している。「生産の主体は労働者だ」ということを、労働者のなかに徹底させ、そこから労働者自身が意欲的に生産システムをリードしてゆく体制がつくられるのである。

それは第一に、生産性を上昇させ、不良品率を減少せしめるという効果がある。が、もう一つ、たとえば労働組合の切り崩しというような、それまでの企業内秩序に影響する強力な再編成をおこなわないで、労働者を生産過程のなかに集束させるという効果があったのである。ふつう、どこの企業においても、ＺＤ運動が労働組合の反対にあうことはほとんどない。生産過程の目的を、生産外的諸政策をとおして労働者に実現させるのではなく、労働者の生産過程への集束をとおして実現するもの、それがこのＺＤ運動だったのである。

ＺＤ運動とはこのようなものである。ここでは、生産過程から労働主体が離れてしまわないことに、それ以上に労働者の意識構造が生産過程に密着することに、労働者管理の重心があったのである。それゆえに、この管理方法は、きわめて〝平和的〟であり〝非暴力的〟でもあった。

資本主義的な生産－労働過程は、労働者の意識にもとづいて組織されているのではけっしてない。とはいっても、労働者の意識が生産過程から離反してしまっては、円滑な生産過程の運動は実現しない。ＺＤ運動は、そのことの解決を目的に置いた。それは、古典的な生産性向上運動ではない。生産過程のなかに労働者の意識を吸引することによって、労働者自身を生産過程の行為者として再生産し、結果としては生産性を向上させる。資本の生産過程は、つねに労務管理体制を生みだす温床をなしている。機械ではなく〝人間〟を使用することの意味を、〈資本〉は教訓化し、その方法を考案してきていたのである。

資本主義的な生産－労働過程を、〈資本〉は生産過程として一元化してしまう方向性をもっていた。もしそれが可能なら、労働者は、単なる生産能力所有者へ、そして生産能力を規定する価値関係を媒介としてのみみずからを再生産する人間に、すなわち、生産過程の人格化された労働者へ、と変貌をとげてゆくだろう。もちろん、これへの完全な純化は不可能である。しかし、生産と労働の分離を生産のもとに一元化してゆく、すなわち、労働は生産であり、労働意識は生産意識であり、労働能力は生産能力である、という錯覚を生みださせる政策をとることは可能である。ＺＤ運動とは、そのようなものであった。この錯覚が現実のものとしてあるかぎり、生産過程は〈資本〉のものだ。労働者はすでに階級的な労働者ではないはずだ。

七　労務管理——労働支配の構造

〈資本〉による〈労働〉の支配が、金と暴力と監督によるものだけなら、すなわち、〈資本〉が敵としての労働者を無理をして支配するだけなら、労働者は、とっくにこの支配を打ち破っていただろう。〈資本〉は、労働者を生産過程のなかで再生産することができるという機能、〈資本〉はみずからの〝同志〟としての労働者を生みだすことができるという生産－労働過程の本質こそが、今日の〈資本〉の〈労働〉支配の安定をつくりだした構造的な基盤である。

この自然につくられてきた構造を、目的意識的に強化するための制度が労務管理制度である。ところで、労務管理を必要なものとした原因は、〈資本〉は〈労働〉を労働にもとづいて組織化できない、労働力商品として生産過程のなかに集積し配置するだけだ、ということにあった。〈資本〉は労働外的に労働者を組織しなければならなかったのである。が、労務管理を可能にする要因もまたこの点にある。労働外的組織化の完成こそ、この労務管理の目標だったのである。それは生産過程が、労働過程から分離しているがゆえに可能である。

この関係は、〈資本〉にとってまったく有効な弁証法であるかのようにみえる。しかしそのことは、逆からみれば、〈資本〉は〈人間労働〉を最後まで組織化することも掌握することもできない、という別の内容をも表現しているのである。労働外的な生産過程を媒介にしてしか、〈資本〉は労働と関係をもつことはできない。すなわち、労働主体の自己展開の過程は、つねに〈資本〉の外のものでしかないのである。

　生産過程が必要とする能力を消費‐再生産するかぎりでは、労働者はつねに〈資本〉の手元に吸いこまれてゆく。しかし、われわれ労働者が、たとえ生産システムによって限定された小領域であれ、そのなかで労働をする人間として自己を表現しようとするとき、われわれ労働者は、資本の生産過程の外でみずからを再生産する可能性を獲得していたのである。

　資本主義的な生産‐労働過程においては、生産過程では価値を生産するための抽象的な生産行為が成立し、労働過程では使用価値をもった特定の生産物をつくる労働がおこなわれるという、二重の労働が存在していた。労働過程では、〈私〉は生産物に対峙していた。すなわち、労働主体、労働行為、労働対象、労働目的が、有機的に結合していたのである。その労働の世界＝労働過程においては、労働者は総合的な能力をもった人間としてあらわれている。われわれ労働者は、みずからの力の再生産者でありうる。

　そして重要なことは、この労働の過程に対して、〈資本〉は直接にはなんの関係ももつことはできない、ということであろう。労働過程のなかに〈資本〉と〈労働〉の支配関係を築くことは不可能なのである。資本の生産過程は、人間労働の本質の否定の上につくられた分業形態を駆使して、労働力を操作するだけである。

　労働者にとっては、資本主義的な生産‐労働過程は、いうまでもなく生産過程であるとともに労働過程である。ここでは、資本の生産過程上での行為としての生産行為と、労働主体の労働行為とが並存することになる。すなわち、一つの生産‐労働過程のなかに、矛盾する二つの質を同時に実現してゆくことになったのである。それゆえに、この過程をとおると、労働者の人格もまた二つに分極化せざるをえない。労働過程で労働者は労働主体としての自己を生産し、生産過程では前述したように、〃生産過程での行為の人格化〃とでもいうべき自己を生産する。

前者では、われわれ労働者はあくまで労働を媒介とした労働者であり、後者では、みずからの労働者としての否定である。その二面性、換言すれば〃労働者らしさ〃と〃非労働者的〃な二つの自分を、つねに形成しつづけることになるのである。それは労働者にとっては、まったくの自己矛盾である。この世界では、完全な階級としての労働者は形成されない。しかし、この自己矛盾のなかにこそ、労働者がみずからの解放の道をつくりだす可能性もまた存在しているのである。

労働者は労働者であるだけでは階級としての労働者ではけっしてない。しかし同時に、労働者は階級としての性格を完全に喪失してもいないのである。重要なことは、労働者に一つの規定を与えることではなく、この自己矛盾をいかに主体化するのか、ということである。

〈資本〉は生産過程のなかに労働力を集積し、配置する。だがそれが、生産‐労働過程の実現へとつながる以上、つねに労働過程のなかでみずからを生産する、上述のごとき労働者をつくりだしつづけるのである。それは〈資本〉にとっては解決のつかない自己矛盾である。〈資本〉はみずからの手で、つねに資本の敵に位置する、すなわち、資本主義と対決していく労働主体を生産しつづけなければならなかったのである。

この矛盾の解決は不可能であった。しかしそれなら〈資本〉は、この矛盾が表面にあらわれてこないための政策をとることはできないだろうか。それが生産過程に労働者を集束させるための労務管理諸政策であった。

だが、ここで考察しなければならないのは、次のようなことがらである。

労働者は、生産過程に従属してのみ自己の労働過程をもつことができた。労働過程では、労働主体と労働対象、労働目的、そして実際の労働行為が、有機的な結合関係をもつ。生産過程によって規定された労働領域を、労働主体の自己展開過程に転化していくことによってのみ、労働過程は成立する。その場合、生産目的、生産対象は、労働目的、労働対象へと逆転されなければならない。すなわち、自分の労働主体にとっての目的、対象としてそれは位置づけられなければならない。

しかし労働には、もう一つの契機が存在する。それはいうまでもなく、労働手段である。そして、資本主義的生産様式のもとでは、労働手段が生産手段に転化することを、わたしたちはすでにみてきた。が、にもかかわらず、労働過程のなかでは、生産手段が、労働手段として使われることが必要だった。もちろん、生産手段といっても、それは労働手段としてつくられたものである以上、労働手段的な要素をその内部に残存している。しかし、生産手段はあくまで生産技術にもとづいて人為的につくられてきたものである。である以上、労働者の意識の変化だけでは、生産手段は労働手段へと変化はしない。生産手段をつくりだした質、生産手段の基礎にある技術体系を変革することが必要である。

〈資本〉が、自己と労働過程とをつなぐきずなは、結局、この生産手段においてしかない。生産手段の労働手段への転化の阻止こそ、労働過程への〈資本〉の最大の介入の場所であった。さいわいなことに、生産手段は、資本制社会では〈資本〉の所有物である。生産手段をつくりだす技術的な方法は〈資本〉の手のなかにある。それならば、生産手段を規定することにより労働内容を規定することはできないだろうか。労働手段としてはけっして使えないような生産手段を開発することはできないだろうか。

そのようにして〈資本〉は、労働過程への介入を試みることになった。生産手段体系としての生産システムの内容の決定が、〈資本〉の賃金労働の支配の要《かなめ》となったのである。

ここで再び、ZD運動にそくして、このことを考えてみよう。ZD運動で問われたのは、次のようなことであった。本来的には、資本の生産過程は、人間労働の否定の上に成り立つ性格のものである。とすれば、〈資本〉にとって労働者は、労働から離れた人間であればあるほどよいのであって、そのかぎりでは、労働者が〝機械のような人間〟であるほど好ましい。現に、生産システムのもとでは、〈資本〉は労働者に〝機械のような労働〟を押しつけていたのである。しかし、そのような労働の強制は、労働意識の生産過程からの分離をもたらすがゆえに、〈資本〉は労働意識を再び生産過程のなかに吸収してしまう必要性をもったのである。それがZD運動であった。

しかし、ここには一つの誤謬が存在している。確かに労働者を、〝意識のない人間〟として生産過程のなかに集積し、配置するかぎり、労働主体は生産過程から分離してしまう。が、だからといって、労働者を〝意識のある人間〟として労働に従事させるなら、それは労働過程の復活を待たねばならないのである。それは生産過程の否定を生みだす危険がある。労働過程の復活は、生産過程に対決する労働主体を生みだしてしまう可能性がある。こうしてZD運動は、ここで一つの挫折にぶつかるのである。〝生産の主体は労働者だ〟ということを、貫徹してはいけなかったのである。

それゆえに、ZD運動には、はじめから枠組みが築かれていた。それは次の二つのことからつくられた。一つは、生産手段が〈資本〉の所有物であることに労働者が意見をはさむことを許さない体制づくりであり、第二は、労務管理制度の強化である。

生産手段が〈資本〉の所有物であることを防衛する、とは、生産手段の体系としての生産システムが、生産技術体系にもとづいてつくられていることを守り抜くことである。生産手段の労働手段への転化を許さない体制づくりをすすめることである。ZD運動では、労働者は、生産目標、生産方法を自主的に決定する。しかし、そこでの生産目標とは、与えられた生産システムのなかでの目標でなければならない。生産方法は、生産システムのなかでの作業のすすめかたでなければならない。結局、労働者は、ネジの締め方の順序は自主的に決定することができても、なぜ自分はネジを締めなければならないのかを考察してはならなかったのである。生産システム全体の生産の方法を考えてはならない。それは与えられた生産の分野内の、ちょっとしたアイデアにとどまっていなければならない。

労働者は、やはり〝生産の主体〟であってはならなかったのである。ZD運動ではふつう、「このこと以上に口を出してはいけない」という一線が引かれている。「このこと」とは、生産手段を労働主体にもとづいてつくりだすこと、労働手段として創造しなおすことであった。生産手段を〈資本〉が所有していることの意義は、ここでも守りとおされねばならなかったのである。

ZD運動は、労働者の生産に対する意識を喚起しながら、そこに枠をはめた。〈資本〉は、一方で労働意識の形成を要求し、他方で労働意識の解体を迫ったのである。ここでは、労働者の自己矛盾は増大する。である以上、徹底した労働者の管理制度をあらかじめつくりだしておく必要があった。この労働をとおしてつくりだされた労働者の不満が、労働内的に蓄積されるのではなく、労働外的に管理されることが必要であった。その結果、より完全な人事機構がつくられ、より完全な賃金体系、教育政策、企業内位階制、そしてときには家族の掌握をも含めた社会的な管理体制がつくられた。すなわち、多くの位階制と、多くの差別性を企業内秩序に導入することによって、労働の矛盾を、労働の外で吸収しようとしたのである。

このような視点から、わたしは、現場労働と管理労働の区別というようなものも、労働にもとづく区別ではなく、労働外的な企業内秩序をつくりだすための制度にすぎないと考えている。す

内山節著作集 1　労働過程論ノート
【月報6】　二〇一五年三月　農山漁村文化協会

市場メカニズムの内と外
内山節先生との出会い

神津多可思◎リコー経済社会研究所主席研究員

私が内山節先生と初めてお会いしたのは、確か五年以上前、群馬県上野村で開かれたシンポジウムの場であったと思う。当時、日本銀行に勤務しており、世界的な金融危機の後始末として、国際的に活動する銀行に対する規制をどう強化するかを議論する国際会議のメンバーとして、世界の仲間たちと密度の高いコミュニケーションを継続的にとっていた。いわば内山先生が鋭く切り込んでこられた「資本制社会」の真只中でその延命に四苦八苦していたわけであり、上野村のシンポジウムに参加できたのも今となれば不思議である。声をかけてくださったのは、職場の先輩で、すでに日本の地域を元気する様々な活動に取り組んでおられた吉澤保幸さんで、今さらながらだが本当に感謝している。

市場メカニズムで捉えられる世界・捉えられない世界

私自身は、一九七〇年代後半に大学生活を送り、最終的には、当時、近代経済学と呼ばれた分野を勉強した。社会人になってからも、基本的には大学で学んだアプローチの延長線上で知識を増やし、仕事にも応用する日々を過ごしてきた。現在も、まだまだエコノミスト修行中の身ではあるが、使っているアイディアはほとんど市場メカニズムに依拠したものである。

だがそれで、「大事なこと」を全部捉えることができるとはまったく思っていない。複雑怪奇な現実の解体にあたって、自分の攻め口はこっちだというような気持ちでいるだけだ。大学時代はその攻め口を探して、当時、マルクス経済学と呼ばれていた分野にも頭を突っ込んでみた。捉えようとしている全体像はむしろそちらのほうが大きいとも感じた。特に、『資本論』以前のマルクスが持っていた問題意識を『経済学・哲学草稿』に学ぶというゼミのことは今でもよく覚えている。そこで「疎外」という概念に触れ、それは社会に出た後も、ずっと頭のどこかにあり続けた。

しかし、結局はマルクス経済学の分野をそれ以上勉強することなしに、市場メカニズムの機能を中心に据える経済学を選んだのは、内山先生の言葉をお借りすれば、近現代の熱狂のイメージに囚われたということなのかもしれない。とはいえ、市場メカニズムについても学ぶことはたくさんある。また、銀行に対する規制などに典型的なように、現実には市場メカニズムは放っておいてうまく機能するわけでもない。したがって、こちらを選んでもやることはたくさんあったし、自分の知的興味も保つことができた。

それでも、自分自身をみても、あるいは自分の周りをみても、「疎外」がいつも身近にまとわりついていることも感じてきた。そうやって三〇年余りの時間を同じ組織で過ごし、それなりに得るものもあったが、今の仕事へと職場が変わる転機の前後から、自分の攻め口とそれ以外の大事なことのバランスを考えるようになっていた。ちょうどその頃、内山先生と出会ったのだ。

「ローカル」とは多様性を重視すること

最初は直接お話をうかがうところから入った。何回かお話をうかがった後に、いくつかの著作を拝読させていただくようになり、次第にその思想のスケールがみえるようになってきたのだが、一番最初に持ったのは納得感、「そうだよなあ」という感覚だった。先生はわかりやすくお話をされる。また、最近のご著書の文章も平易なものだ。そして、その内容は気持ちの隙間に染み込んでくる。

日本の素晴らしい地域をどう元気にしていくかという活動のなかでお会いしたので、まずキーワードは「ローカル」であった。市場メカニズムは一点集中的に機能するものだが、すべてがそれでよいわけがない。生物の連鎖自体がそうであるように、多様性こそが私たちの命を支えていてくれる。「ローカル」とはまさにその多様性を大事にしようということであり、それが自分のなかでほしかったバランサーであった。

著作集の刊行に合わせ、副読本的読み物として『哲学者内山節の世界』（新評論）が出版されているが、そこに寄せた拙稿で内山先生の『怯えの時代』（新潮社）について触れた。自分がバランサーを求めていたのも、その怯えがあったからなのだろうが、その実体について、わかりやすい言葉と辿りやすい論理展開で記述がなされている。そこでは話は「ローカル」にとどまらない。資本主義、市民社会という言葉で括られるような、私たちにとってこれまでの現実を典型的に描写するイメージがもつ根本的な矛盾の説明が展開されていると読んだ。

また『新・幸福論』（新潮社）では、さらにその矛盾を乗り越えていく方向性についても記述されている。そこでのキーワードは「新しい関係の創造」であろうか。経済的側面だけに限って言えば、資本の論理で労働が縛られ、その上に金融のメカニズムが幅を効かせるようになると、多様性を否定する方向に作用する市場メカニズムでは人は幸せになれない。気持ちを共感し合える者どうしが再び関係を拡げていくなかで、人としての幸せを取り戻すことができる。私はそう受けとめて、また「そうだよなあ」と思ったのである。

底流に流れる「関係」への着目

こうしたことが、易しくかつ優しい言葉で綴られているのが近年の内山先生のご著書であるように思うが、先生が二十代前半になさった研究成果を取りまとめられたという『労働過程論ノート』はとても難しい本だった。まず、言葉づかいが当時を彷彿とさせる。初版は一九七六年とのことなので、まさに自分の大学生時代と重なる。結局深めることができなかったマルクス経済学の世界だが、その分野の本を読んでみると、たいてい、普通の単語に実は固有の深い意味合いが込められていることが多く、また記述は話し言葉と相当距離がある。『労働過程論ノート』には、伝統的なマルクス経済学のアプローチを乗り越えるアイディアが書かれているので、門外漢が読むと読解困難性が増すのは避けられないのだろう。

ではあるが、何とか理解しようと努力してみると、実は先生が最近のご著書で書かれていること、最近のお話で触れられることと、底流は同じなのだと思い当たった。「関係」こそが、重層的に私たちを取り囲んでいる「疎外」を乗り越えていく重要なコンセプトであることは、すでにここで書かれている。素人考えではあるが、一つ違うとすれば、ここでは「労働者」という塊での議論がしばしば展開される。一方、今の内山先生のお話をうかがっていて胸に落ちるのは、そういう大括りの話ではなく、住む場所を媒介とした関係、仕事（稼ぎではない）を媒介とした関係など、様々な関係がそれぞれに躍動していくことがまずは重要ということだ。

労働者という階級による資本主義の超克というような話になると、それこそ近現代の古き良き時代への逆戻りのように感じられる。しかし、今身近にある共感に基づいて関係し合う者が増えていくことで新しい時代への扉が開かれるとすれば、それは新しい革命のコンセプトかもしれない。

大学を卒業し社会人として生活してかれこれ三五年になる。そんな自分にとって内山先生との出会いは、勉強し残した大事な分野をあらためて思い出させてくれた。一方で、これまで学んできた市場メカニズムにもそれなりの居場所があるのが多様性なのだろうとも考えている。まさに老い易く学成り難しだが、この著作集を読んでさらに勉強をしていきたい。

暮らしのデザインから労働をデザインする

斎藤真由子◎暮らしデザイン工房「築山の家―地縁×知縁―」主宰

読書が苦手な私がハマりにハマってしまい、人生のバイブルとなった本が『労働過程論ノート』でした。社会人大学院生として立教大学21世紀社会デザイン研究科に入学し、論文「働く意味を創出する環境に関する考察」を執筆するなかで、本書含め多くの文献に出会い学んだことは、本を読むことは著者との対話なのだということ。だからこそ、著者である内山節先生に恩師としても出会うことができた幸運には、あらためて感謝の気持ちでいっぱいです。

「はたらく」というテーマとの出会い

そもそも私が「はたらく」というテーマに強く関心を持つことになったきっかけは、大学生の時の三つの出来事にあります。一つ目は就職活動。育った環境も影響し、中学に上がるまでサラリーマンという働き方が一般的だという認識もなかったうえに、NGOへ就職することを考えていた私は、〝就職活動＝一斉に黒スーツで企業訪問〟という光景に一種のカルチャーショックを受けました。まるで別人生の始まりのようにスイッチを切り替え、しかもその〝武装〟の仕方もノウハウ化されていること。また、「なぜそこで働きたいのか」という答えは事前に準備するのが当然とされていること。そんな固定化された就職活動のあり方と仮面を被った関係に幸せな未来はあるのだろうか？との想いが湧いてきました。

一方で、NGOへの就職を目指すほどに非営利分野一筋で生きてきた私が、起業家や仕事に夢中になり〝キラキラしている〟企業人と多く出会う機会に恵まれたこと。それをきっかけに、非営利分野か営利分野かは関係なく、「はたらく」ことのあり方次第で、どちらの世界でも「個人が活きることで、組織・地域が活き、社会が活きる」という信念を強く抱いたのもこの頃です。

二つ目は日本全国鈍行の旅。NPO活動を通じて知り合った海外からの友人に、日本を紹介するどころか、彼らから日本というものを教わってばかりの自分が恥ずかしく、「『日本』と出会いたい、もっと自分の言葉で『日本』を伝えられるようになりたい」と鈍行列車で日本を回り始めました。行き先も決めず、出会いに任せて行けるところまで行く旅をしていると、それまでの旅では見えてこなかったその土地の人や暮らしと触れ合うことができるようになりました。「なぜ働くのか」なんて質問が無意味に感じてしまうほど、都心のオフィスで「はたらく」とは意味合いの違う、「生きる」ことと「働く」ことが共にある〝暮らし〟がそこにはありました。

　三つ目は子どもからの「えー、働くのヤダ！」の一言。小学校でクラスのアシスタントティーチャーとして活動していた際に、子どもにとって「働く」ことが面白くはない世界として映っていることを感じ、生きるように「はたらく」人との出会いを子どもたちに創ってあげたい。そんな思いを強く持つようになりました。

人材ビジネスの現場から研究の道へ

　人材ビジネスの現場で社会人のスタートを切ってからは、公私共に経営者や転職者の方から「はたらく」世界の生の声を聞く毎日。その中心にはいつも「働く意味」が求められているように感じました。そう実感するたびに、離島や農山村にある「生きる」と共に「働く」がある〝暮らし〟のなかにこそヒントがあるような気がして、休みを利用してはその土地の暮らしや仕事の価値観を聞いて回る旅を続けていました。

　そんな私が研究の道に飛び込むことになったきっかけは、二〇〇八年のリーマン・ショックからの社会変化にあります。〝第二新卒〟がもてはやされ活発化していた転職市場が、一気に〝早期退職〟という言葉が取って代わる事態になり、何より目の当たりにしたものは、景気に左右され、翻弄される「人と組織の関係」でした。「働く意味」を必要とする企業組織の労働社会においては、その意味を見出せなくなった瞬間に関係性も壊れてしまう。個人的な関心だった「はたらく」のあり方の違いは、今の社会でも必要な問いなのではないか。一組織に限定せずにあらゆる角度から追究したくなり、企業組織から研究の道へと大学院への進学を決めました。

「はたらく」のあり方の違いは何から生まれているのか、生きるように「はたらく」ことを企業組織の労働においても実現するためには何が必要か。研究を進めるにあたり、「働く意味」を切り口とし、「はたらく」のあり方の違いを、多くの企業組織のように「働く意味」を必要としている「はたらく」か、農山村にあるような意味を必要とせず生きるように「はたらく」を実現しているかに分けて捉えることにしました。そして、『『働く意味』は労働者本人の意味づけによるものではなく、労働者の労働過程から生み出されるものである』という仮説の下に、労働過程、また労働過程や労働環境から考察するという手法を用いて研究を進めました。

「生活過程＝労働過程」の労働に未来をみる

研究を通じて、①生活者としての実感、具体性を伴った労働の実現、②「生産過程＝労働過程」の実現の重要性を確認し、論文では現代の労働システムである企業組織が主軸の労働システムから人を主軸とした労働デザインへ転換する可能性と、同時に企業のイノベーションにつながる可能性についてまとめることができました。

『労働過程論ノート』の「人間の存在すべてが、本来、一個の労働過程」であるという言葉に集約されていると思いますが、生きるように「はたらく」人とは、生活過程と労働過程の間に区別のない「〈私〉の生活過程」そのものを実現できている人であるということがわかります。また、内山先生が『「創造的である」ということ（上）農の営みから』（農文協）で人間が豊かな存在を獲得する方法として表現された、「関係とともにゆらぎつづける労働のなかに存在する自己を発見していく、そしてそこからまた新しい関係を創造しつつ労働を成立させていく」労働の世界と重なって見えることからも、「労働過程」論に「関係」論の原点を見ることができました。

地域に「いきる」と「はたらく」を繋ぐ場：「暮らしデザイン工房」を開く

研究を踏まえ、実践として始めたことが「『いきる』と『はたらく』を繋ぐ〝暮らしデザイン〟工房築山の家―地縁×知縁―」です。「どう生きるか」「どう働きたいか」はバラバラにあるものではなく、「どう暮らしたいか」という問いのなかにあるもの。この問いを中心に、暮らしのデザインから労働デザインを生み出せるのではないか。そんな想いと共に昭和初期の家を地域に開き、子育てママを中心としたコミュニティの場、〝生きるように「はたらく」〟の実験の場として構想しました。子育てママとの対話を通して、「はたらく」ことについて本音で話しにくいという心境や、再就職の厳しい現実などの一方で、研究で見えてきた「生きるように『はたらく』を実現する労働環境」は、子育てママの環境でこそ活かすことができるのではという確信が生まれました。そんな活動をしていくなかで私自身も母となり、「個人が活きることで、組織・地域が活き、社会が活きる」を当たり前の未来として創ることができたらと奮闘中です。

「労働者たちがこの資本制社会のなかに共同主体性の社会を築きはじめたとき、そうして労働と存在のなかに資本制社会に抗する文化圏を築きはじめたとき、はじめて労働者には未来がみえはじめるのである」（『労働過程論ノート』二八六頁、本著作集第一巻三二〇頁）

内山先生が約三〇年前に記したこの「未来」を、時代としても捉えることができる今、私自身もその未来に近づけるよう、研究と実践を共に続けていくことができたらと願っています。

次回（第7回）配本　二〇一五年四月

第13巻　里の在処（ありか）

長年通い続けた群馬県の山村・上野村に念願の家を得た著者。四季折々に村人とふれあうなかで、現代において魂が戻る場所＝「里」とは何かを問う長編エッセイ［初版新潮社、二〇〇二年］。ほかにいま「フランスの山村からの報告」「多層的精神の形」などを収録。

でに繰り返し述べてきたように、資本主義的生産様式のもとでは、すべての労働は抽象的な労働と具体的な労働との二重性をもっているのであり、とりわけ特定の労働部門が有利な立場にたっているわけではない。にもかかわらず、それをたとえば技術部門、管理部門というように細分化していったのは、むしろ〈資本〉の労務管理的目的による政策である。

労務管理は、生産システムとつねに結合し、そこにつくられる賃金労働と資本の関係を補完するための政治的諸政策としてつねにつくられてきた。それは労働外的であるが生産内的である。生産過程の内部における管理体制の形成である。そしてこの柱となるものは、ほかならぬ生産手段体系としての生産システムであり、それが〈資本〉の所有物であったからこそ、労務管理の実現は可能となったのである。

賃金労働の組織化は、生産過程への労働力の集積と配置としておこなわれる。それが労働外的な組織化の過程であるがために、そこでの労働は分業労働を必然的なものにした。労働は生産過程での生産行為にすぎなかった。その結果、労働の捨象は、つねに労働過程が資本の生産過程の外に成立してしまうという矛盾を現出させ、それが賃労働と資本の矛盾の根源を形成していくのである。

〈資本〉は〈労働〉を生産過程のもとに集束させなければならない。労働過程を、たとえ幻想的にであれ排除しなければならない。そこに生産過程を媒介として成立する、現代的な労務管理が創造されたのである。しかし、資本主義的生産様式が、生産‐労働過程の、生産過程への一元化を要求する以上、すなわち、労働の展開を許さないものである以上、生産過程と労働過程の分離－対立は解消できない。資本主義の矛盾を、〈資本〉はみずからの手で解消できないのである。したがって〈資本〉は、状況に合わせて、つねに矛盾をとりつくろいつつ、賃金労働の組織化をはかってゆくよりほかなかった。純粋な経済法則だけでは、資本は生産過程を維持することはできなかったのである。

構造としての生産－労働過程は、資本によってつくられた生産組織であり、また生産過程に寄生してつくられた労働組織である。そしてこの組織が、自己矛盾をはらみながら生産と労働の行為をおこなっていく過程こそ、生産－労働過程の運動である。それゆえに、生産－労働過程の内部には、人間を支配していくための政治的な諸関係がつくられ、また生産と労働の不統一は、〈資本〉と〈労働〉の階級関係をもつくりだす。

賃労働と資本の問題は、単なる経済的搾取の問題でもないし、単なる労働の疎外の問題でもない。それは一面からみれば、生産組織と労働組織の問題であり、また他面からみれば、資本の労働力の組織化と労働の組織との、組織のなかでの階級関係の問題である。それゆえに、〈資本〉は、価値の増殖という経済的目的を実現するためにも、つねに経済外的な労働者を掌握するための諸政策を実行しなければならなかった。

組織された賃金労働の構造としての、資本主義的生産－労働過程の構造を分析していくこと抜きには、わたしたちは、資本主義的生産様式の本質を探ることも、また資本主義の矛盾をプロレタリアートの側から解決していく糸口をつかむこともできない。資本制社会の矛盾は、「資本は労働を組織することができない」ということを本質として、すべてつくられてきている。

資本主義的生産-労働過程が、たとえその内部で自己矛盾が拡大されていこうとも、〈資本〉の生産過程の支配下にあるあいだは、資本制社会は安泰である。この構造が〈資本〉の手によって維持されているかぎり、労働者は、自分の真実の能力を発揮することはできない。

労働者の解放は労働の解放を基礎としてはじめて全人間性の解放へとつながる。生産-労働過程を、労働主体の解放された労働の世界へと革命すること抜きには、資本制社会は、本質において倒れることはないだろう。

生産-労働過程の革命こそ、今日の革命の基本軸である。

第四章　資本制社会の全体像

一　生産‐労働過程の社会的集積——個別と総体

個別資本内部における組織された賃金労働の問題を、労働と生産を媒介とする存在論的方法で、前章では検討した。資本主義的生産様式の本質を、経済法則的立場からではなく、生産と労働の衝突をめぐる主体的側面から把握しようとした。この方法の根本には、序章で述べたように、理論はすでに原理において人間の主体を媒介としてつくられないかぎり、現実の場所で使用しうる理論にはけっしてならない、という確信があった。

しかし、これまでわたしが用いてきた、生産過程と労働過程の分離‐二重性を労働存在論的に分析していくという方法には、一つの疑問をもつ人びとがいるだろう。たとえば宇野弘蔵は、マルクスが『資本論』において、労働過程の分析からはじめなかったことに、その意義を見出している。* またある人びとは、次のように考えるかもしれない。個別資本内部の賃労働と資本の関係は、確かに生産‐労働過程の分析によって解明できる点があるとしても、全社会的な、すなわち、国家的な生産諸力と生産諸関係の問題、あるいは国家独占資本主義総体の解明は、この方法では不可能なのではないか、と。

事実、これまでの労働についての研究の多くは、結局のところ、労働の疎外の証明に終わってしまう場合が多かった。資本制社会総体は、彼らの視点には入ってこなかった。だがわたしは、ミクロ的な労働論ではなく、総体としての資本制社会を労働存在論的見地から解明するものとして、労働過程論を提起したのである。したがって、この章の目的は、この社会総体の問題を、労働の集積として解き明かすことが可能かどうかを問うことにある。

資本制社会を解明してゆく道すじには、これまで二つの方法があった。一つは、資本制社会を経済法則によってつくられた社会であると考え、経済法則の解明を分析の主軸とするものであった。そして、経済運営に一定程度の影響を与えるかぎりで、労働者、市民、消費者……などの考察がつけ加えられる。それに対して第二の方法は、社会のしくみのすべてを、総資本と総労働に解消した。この二つの階級の力関係によって、社会全体はつくられていると考えたのである。

それらには、おのおのの欠点があった。第一の方法は、この社会があたかも資本の力だけによってつくられているかのような誤解を生みだしてしまうし、第二の方法では、かんじんの総労働なるものが、いったいどのようなものであるのかよくわからない。現実にある総労働ではなく、抽象的な総労働像なるものが理論の軸になってしまうのである。しかしこの世界には、具体的にあらわれない階級など存在しない。つねにある動きのなかで、一つの媒介のなかで、階級は階級である。

わたしは、その媒介を、経済過程あるいは政治過程にもとめるのではなく、生産－労働過程のなかに見出そうとした。確かに実際には、経済的あるいは政治的な衝突が階級形成を促進する要素になりうる。また、資本制社会総体をとらえるには、社会総体のもつ客観的法則性を理解することのほうが、はるかに容易なようにも思える。社会内部の現実的な諸相は、偶然性や特殊性におおわれすぎているからである。

だが、われわれ労働者が、自分の主体的な世界をみること抜きに、どうして歴史の主体的形成者としてのプロレタリアートになることができるだろうか。資本制社会総体を、自分の存在のなかで把握せずに、どうして現代社会を自己の力で変革することができるだろうか。

この章は、そのような目的にもとづく試論である。


資本制社会総体を労働存在論としての方法を使って解明する――この目的を達成しようとするとき、社会総体の生産諸力を、われわれはどのように把握したらよいだろうか。この場合、生産諸力とは、生産諸関係に規定された、生産と労働の社会的実態をあらわすものでなければならない。抽象的な一般理論であってはならないのである。したがって、これからおこなおうとする第一の作業は、社会的な生産諸力を、生産－労働過程の社会的集積として分析することの試みである。

われわれははじめに、労働力の商品化という事実から出発する。商品一般からではない。商品に内在化した価値量が、労働量との関係で実際の労働者の存在を規定するようになったのは、すなわち、商品関係が労働者の存在の補助的要素から中心的要素へ変わったのは、労働力の商品化という事象にもとづいている。

しかしここで問題にしていくことは、労働力商品なるものの抽象的な原理ではなく、労働力商品の社会的存在構造である。国家独占資本主義段階における、労働力商品の社会的存在様式の解明が目的である。これまで述べてきたように、人間労働は、マニュファクチュア的生産様式を経て、商品としての労働力に変化してきた。資本の生産過程は、人間労働を労働力商品として純化して規定することにより、自己の運動法則を確立してきた。が、労働を、商品としての労働力に純化しきれないことが、実態としての生産過程と労働過程の分離、矛盾を生みだしてきたのである。

したがって、労働力商品といっても、それは生産過程の構造との関係で、さまざまな実態をつくりだす。前章で述べたように、戦後の技術革新というようなものまでが、労働力商品のあり方を規定するのである。その実態は、各国的にも、歴史的にも、特殊性が存在する。たとえば同じ日本においても、金融資本の成立以前と以降では、労働力商品の規定性が異なるのである。そのちがいは、原理論的には〝特殊〟であるが、実態論的には〝本質〟である。この後者の〝本質〟を、資本制社会総体との関係でみていくことが必要なのである。労働力商品と社会的な生産－労働過程の総和との関係を認識していくこと、である。

ところで労働とは、労働能力の消費-再生産過程である。自己の労働能力の消費をとおして、生産物に使用価値をつくりだしていく行為である。しかし、資本主義的生産様式のもとでは、生産物は商品として固有の価値をもっている。この商品としての価値をつくりだすものこそ、生産行為としての労働である。ゆえに労働は、この価値の実体としての、労働力商品に転化したのである。本来は不可視的な、自然によって規定された「人間的本性」にもとづく行為であった労働が、一つの形態をもつようになった。それは労働力というかたちであり、生産過程で必要な生産能力としてのかたちである。

このような労働の形態化が、経済学を成立させ、また資本の蓄積を可能にした。労働が価値によって規定されるものに変化したからこそ、価値の蓄積としての、富の社会的集積を可能にしたのである。労働が人間の自然的な行為であるかぎり、資本の蓄積は不可能であっただろう。労働という動的なものが、労働力という静止的な自己表現形態をもったからこそ、労働力は、商品としての生産物のなかに、自己の姿を投影することができたのである。ゆえに労働力は、商品という形態に自己の価値量を示すことになる。

資本とは、集積化された商品であり、すなわち、集積化された労働力である。ゆえに資本制社会における富は、蓄積化された労働力にほかならない。資本主義的生産様式が労働過程と生産過程の分離をもたらしたように、商品はその使用価値にかかわらず、商品自体として、静止した価値を所有するようになったのである。

資本主義的蓄積が他の蓄積と異なるのは、他のそれが使用価値の蓄積として、いわば動的な蓄積としておこなわれるのに対して、資本主義的なそれは価値の蓄積として、すなわち、静止した価値形態の蓄積として実現することである。

われわれは革命ののちにおいても、われわれの工場を必要とするだろう。が、その工場が資本制社会のもとでのものと異なるのは、革命後の工場が、労働の過程において、労働の労働手段として工場であるということである。資本制社会では、再生産過程において、工場は工場の機能を発揮するようになるが、それはすでに以前から工場として蓄積された価値量において、工場という固有の形態をもっていた。

資本主義的蓄積は、時間的にしか価値のないものを、空間的な価値として蓄積する。すなわち商品は、それを使用する時間によって、つまり消費過程において、使用価値をあらわすものであるにもかかわらず、商品であるだけで、そこに商札がついた瞬間からすでに固有の価値をもっているのである。このことが資本主義的な蓄積を可能にしたのであり、その基礎となったものが、労働力の商品化であった。

このような、資本主義的な生産と蓄積の過程を明らかにしたのが、国民経済学以来の経済学であった。そして、彼らが分析の対象としてきた社会的な経済過程を、労働存在論の立場から解明しなおそうとするのが、これからのわたしの目的である。労働主体の展開過程のなかに、社会的な生産諸力と生産諸関係の総和をみてとろうとすることである。

労働者の労働の世界のなかに社会全体をみていくことを可能にする要因は、次の二点にある。一つは、すでに述べたように、富の蓄積は集積化された労働力であり、根本的には集積化された労働だという事実である。そのかぎりでは、労働を媒介としない富の蓄積はありえないのであって、資本もその一形態にすぎない。第二には、資本は、結合化された労働力との関係でしか資本としての再生産を実現できない、という事実である。前者は、すべてのものに労働を媒介としているという原理を示すが、後者は、資本は労働組織との関係でしか自己の能力を発揮できないという、資本の再生産過程の実態を示すのである。

これから注目していくのは、この後者の側面である。資本とは、根本的には労働の集積であり、現実的には労働力の集積である。労働力の集積として形態化される結果、資本は自分のかたちを所有している。が、にもかかわらず、生産－労働過程のなかでしか、資本は資本としての機能を発揮できないのである。ゆえに資本の形態とは、実際に生産活動がおこなわれているときは、生産－労働過程の形態としてあらわれることになる。この場合、生産－労働過程の形態とは何であろうか。第一にそれは、生産システムの形態であり、同時に、そこでの労働組織の形態であろう。すなわち、生産－労働過程における労働組織の形態こそが、資本の実態的な形態をあらわすのである。

簡単な生産手段を用いた生産－労働過程では、簡単な労働力の集積と配置がおこなわれる。マニュファクチュア型生産の場所では、マニュファクチュア型の労働組織がつくられ、工場制機械工業においては、それに適した労働力の集積と配置がおこなわれる。そして、ここでより問題にすべきことは、社会的な結合化された資本の形態に応じて、社会的な労働組織の集積と配置がつくりだされているということである。

われわれは、前章において、個別資本の分析を、労働力の集積と配置という観点から、組織された賃金労働の分析としておこなった。次にここでは、社会的な生産関係を、生産‐労働過程の社会的集積として、すなわち、個別労働組織の、社会的な集積と配置としてみていくのである。生産‐労働過程の社会的集積のなかに資本制社会をみていくとき、〈私〉とは、資本制社会の内部の人間であり、〈私〉の労働存在のなかに資本制社会を把握することができるはずである。ここでは人間の外にある社会なるものは消え、〈私〉との主体的関係において、社会があらわれる。

わたしが目的としているのは、経済学的な労働力商品の社会的構成の分析ではない。労働力商品の社会的構成の分析は、労働者と労働予備軍、相対的過剰人口の分析を軸とするのであって、それは、前記した言葉を使えば、空間的に存在する労働力商品の構成をあらわすのである。しかし、これからおこなおうとするのは、時間的な、すなわち、現実の運動過程のなかにある、社会的な労働力の状態である。ゆえにそれは、生産‐労働過程の社会的集積としての、社会的な生産諸力と生産諸関係の分析である。

ところで、資本制社会総体を、総資本対総労働的視点からとらえるのではなく、個別の生産‐

労働過程の社会的集積としてみていこうとすることには、次のような意味もある。前章で述べたように、資本主義的生産様式の展開は、協業労働を崩壊させ、労働の分業化を促進した。それは単に労働形態の問題ではなく、賃労働と資本の関係を、労働集団と資本の関係から個別労働（個としての労働者）と資本の関係へと変えたのである。ここでは労働集団は存在しない。個別の生産－労働過程のなかでの賃労働と資本の関係が成立するだけである。資本と労働の関係は、つねにこの個別生産－労働過程のなかに形成されざるをえないのであって、社会的な総労働対総資本の関係ではないのである。

しかし、では資本と労働の関係は、個別の生産－労働過程のなかだけで集束するのか、といえばけっしてそうではない。というのは、個別の生産－労働過程自身が、社会的な生産－労働過程の集積との関係でしか成立していないのであるから。一個別資本は、他の資本との関係で、すなわち、社会的に集積化された生産－労働過程の総和の一員としてのみ、自己の立場を所有しているのである。

たとえば日本の造船業の場合、過半数の現場労働者が、社外工と臨時工によって占められている。ここでは下請け企業は、親企業との関係でしか、自己の生産－労働過程を所有できないし、他方、親企業もまた、下請けとの関係でしか成立しない。もちろん、こういう方法は、親企業の立場からすれば、第一に安い労働力を確保するための方策であり、また、雇用関係の安定化をはかるための労務管理的側面からの政策であるといってもよい。

周知のように、日本の個別資本内部にはどこでも、技術→現場部門と、経営・管理→事務職部門とが並列されており、その間にいちじるしく特殊的な分業形態が存在する。この分業はまた学歴による分業構成を形成していた。大きくは現場部門と管理部門の学歴格差を生みだし、個別的には技術職と現場職というように、各労働分野内の学歴編成をつくりだしてきた。この組織形態は、終身雇用制と結合して、強力な企業内位階制をつくりだすことになったのである。が、この企業内位階制の完成のためには、企業間の位階制、他企業内の位階制としての企業外位階制の成立が必要だったのである。下請け、臨時工等々の制度が、このような企業内の労務管理制度を支える重要な役割を担った。だが、そのことについてはのちに検討をするとして、ここではひとまず次のことが確認されていなければならない。

労働力の集積は、個別資本の内部でおこなわれる。が、にもかかわらず、個別の生産−労働過程は、その集積態としての、社会的な生産−労働過程の総和の一員としてのみ成立する。はじめから総労働・総資本があるのではなく、個別の賃労働と資本の関係の社会的蓄積として、社会的な生産諸力と生産諸関係はつくりだされている。資本制社会とは資本主義的生産様式を基本として組織された社会のことである。であるから、それは組織化された関係にすぎず、けっして社会総体が資本主義になったということではない。資本制社会総体をとらえていく方法は、この視角からおこなわれなければならない。出発点はあくまで個別の生産−労働過程にあり、しかしその集積のなかに、社会総体を把握していくのである。

戦後の多くの労働争議が、個別資本とこの社会的集積との関係を視点に入れず、個別企業内的な閉鎖性を超えられなかったときも、また反対に、個別の生産－労働過程に執着することができず、その外で解決を見出そうとしたときも、ともに待っていたのは敗北であった。総体性と個別性の正しい認識が必要だったのである。

二　国家独占資本主義下の労働力の社会的組織化

では、資本制社会総体を、生産－労働過程の社会的集積としてみていこうとするなら、その集積化された状態を、どのような方法によって分析していけばよいだろうか。前記したように、生産－労働過程の社会的集積の分析とは、社会的な経済過程の分析ではない。資本の社会的機能を解明することではないのである。それは、社会的に規定された労働存在をみていくことであり、すなわち、労働力の社会的構成の分析でなければならない。

この分析を、わたしは労働市場論としておこなう。ただし、ここでいう労働市場論とは、一般的なそれとは多少異なるかもしれない。なぜなら、一般的には労働市場論は、労働力商品の流通過程を研究するものである。しかし、これからわたしがすすめようとする労働市場分析は、資本主義的生産様式の総体を、個別生産－労働過程の社会的集積として規定し、この社会的集積のなかでの〈資本〉と〈労働〉の関係を明らかにしようとすることにある。

第一に検討しておくことは、社会的生産力とは何かということである。たとえば、その社会における工場数が一から五に増えたというだけでは、社会的生産力の上昇を表現するには不充分であろう。一から五への工場数の増加とは何を意味しているだろうか。それは、一つの賃金労働の集積化された組織＝個別の生産－労働過程が五つ集積化されたということである。五つの生産－労働過程の集積化が、ここでは社会的な生産－労働過程の結合をつくりだす。すなわち、五つの生産－労働過程からなる、一つの社会的な生産組織が生みだされたのである。たとえば、ある地方の醸造家がそれだけで独立した生産を営んでいるあいだは、仮にその醸造家が毎年一〇名の職人を新しく必要としたとしても、せいぜい周辺農民の一部がなんらかの関係で就業するという構造にすぎない。そこでの労働市場はたいして重要なものではない。（あるいは、それらのものは明確な市場構造をもたないから、厳密には労働市場の成立とはいえない。）

わたしがみていこうとするのは、個別の生産－労働過程が、社会的な生産－労働過程の総和と有機的な関係をとり結んで機能している社会である。そのような社会を、わたしは国家独占資本主義社会と考えている。ここでは、個別資本同士の横の結合がつくりだされている。今日の鉄鋼業同士の連携、石油産業間の協調体制などについて、あらためてそれを証明する必要はないだろう。ただここで確認しておくべきことは、次のような事実である。たとえば鉄鋼業の場合、一九六八年度で銑鉄生産量が上位六社で九三・三％、電気鋼板においては上位三社で九八・三％という生産シェアが確立していた。* この寡占状態を前提にすることによってはじめて、鉄鋼業の横の結合がつくりだされた。すなわち、地方の独立産業ではない、全国的な独占・寡占企業の成立こそが、個別資本間の横の結合を生みだしたのである。*

同時に、この独占・寡占企業の成立は、個別資本相互間に、特殊なタテ型の結合をつくりだした。たとえば一九七〇年段階で、八幡製鉄の系列会社は主なものだけで三〇社を数える。親企業、下請け、孫請け等々の体制の確立は、今日では一般的なことであって、個別資本の間にタテ型の関係ができあがったのである。しかもこのタテの結合は、A社↓A社の下請けというように単純な関係でできているのではない。造船業において現場労働者の過半数が社外工と臨時工によって占められているように、A社内部の生産過程の一部をB社が受けもつというような、新しい形態の上下関係が成立しているのである。

タテとヨコの、このような個別資本間の結合は、個別の生産組織に一定の規制を与えることになった。たとえば鉄鋼業の場合、新規高炉を建設するには、個別資本内部の要求だけでは実現しない。一社の建設は同業大手数社の承認を得なければならない。また、一下請け企業が生産品目を拡大することも不可能であり、そのためには親企業の確認が必要となる。すなわち、現在の生産構造は、大きな変動がありえない体制となってきているのであり、下請けは永久に下請けでありつづけなければならず、昔の中小企業のように将来の大企業化への展望は成立しない。（この傾向は基礎産業物質を生産する企業ほどいちじるしい。）

このような生産構造をもった資本主義を、国家独占資本主義と呼ぶのは適切である。国家独占資本主義のもとでは、個別の生産－労働過程が、国家的な生産組織の総和によって規定され、国家的な生産組織の一分野として形成される。そのような個別資本としての独立性の喪失は、また労働力の構造に国家的な規制を生じさせることとなった。

そのことは次のように考えることができる。いまわたしは、国独資段階では個別の生産－労働過程が社会的生産組織の一分野として規定され、規制されると述べた。しかしもちろん、個々の生産過程は個別資本的に独立しており、独自の要求をもっている。その意味では、自由競争の原理に従って、剰余価値の法則にもとづいて、個別の生産過程は構成され運営される。が、その総体が現実的に動きだしたとき、すでに個別の生産組織は、社会的生産組織に定められた枠内でしか、自己を表現する方途をもたなくなっていたのである。そこでは、自由な生産はすでに不可能なものになっている。*

同じことが労働力の構造についてもいえるのである。労働市場は、労働力需要と労働力供給者の意思との自由な関係によってつくりだされていくのが原則である。たとえば、新しい生産工場の建設は、新しい労働力を必要とし、また労働者は自分の労働能力の有利な買い手のもとにおもむく、という関係である。しかし、労働力の売買をそのような観点だけからとらえるのは、次の二点において不備である。

第一は、労働力を必要とする側、すなわち、個別資本の側が、生産過程の目的と構造を、国家的な生産組織の総和＝総資本によって規定されてしまっている。個別資本の自由意思は、社会的生産組織の一般意思として登場しないかぎり成立しえないのである。そして、その一般意思からはずれた自由意思は、つねに社会的生産組織に許容されず、そこから放り出されることになる。その結果は個別資本の終わりを意味し、またそうするだけの力を国家独占資本主義段階の生産組織はもっているのである。したがって、個別資本の労働力の受け入れは、現象的には個別資本の自由意思にもとづいておこなわれるが、本質的には社会的生産組織の一分野への労働力の受け入れにすぎない。〈彼〉はA資本に雇用されたにもかかわらず、実際は社会的生産組織の一分野に雇用されただけである。国独資段階には、自由な競争にもとづく生産と、逆にそれを否定する側面との二面性がつくられ、その両者の統一体の上に生産過程は成立するのである。それが労働市場を、自由な労働力の売買という観点だけではとらえられない、第一の面である。

そして第二の面は、労働力供給者の側が、すなわち労働者が、どこにでも転売可能な自由な商品にはなりきれないというところからつくられる。労働者が自分の労働力を売るとき、そこには自分の意思が反映する。そしてこの意思は、労働者のそれまでの労働経験、自己の労働能力、さらに自分をとりまく生産構造、社会環境などのなかでつくられたものである。すなわち、自分の主体と社会的な規制との双方の影響なしには、みずからを労働市場に登場させることはできないのである。

労働市場は、労働力を売買する自由な無政府社会ではない。全社会的な総労働力を集積し、再分配する統括機能をもっているのである。この統括機能を、労働市場の「予定調和」のなかに求めるのではなく、制度としてつくりだしたのが、太平洋戦争期のいわゆる戦時体制下の労働力配置であった。今日では、それが個々の〈資本〉ならびに労働者の自発的意思によってつくられながら、しかし実質的には、全社会的な分業体制に従って全体的な労働力構造を統括するものとして、労働市場はつくりだされているのである。もちろん、ここでは国家は、労働市場のこの機能を諸政策をとおして補完する役割にまわる。

今日の労働市場を特徴づけているものは、それが労働力の自由市場ではない、ということである。そしてそれをつくりだしたのは、個別資本の動きが全産業規模的な総資本のなかに吸収されていく体制としての、国家独占資本主義である。ここでは個別資本が問題なのではなく、それの集積化された総資本の能力と機能が問題なのである。今日では、一個別資本の没落は、同業他社の生産シェアを高めるだけであって、全体としての資本の動きには影響を与えない。零細企業の浮沈が社会的になんら影響を与えないという現象が、今日では特殊な分野（たとえば寡占状態がいちじるしく、かつ設備投資が膨大な鉄鋼のような）を除いて、大資本のもとにも広がってきているのである。

同時に、個別資本が総資本の枠内でしか登場しえないという現実は、総資本のなかの一分子である個別資本の、総資本のなかにおける位置を確定した。すなわち、各個別資本間の格差を固定化したのである。それは企業間位階制の確立である。各産業間の位階制（同一産業内では個別資本間の位階制）が成立し、そういった構造を内部に包み込むことによって、生産組織全体が一個の独立機能を発揮していくのである。

このことは、生産構造の問題だけではなく、社会的な諸問題をも生じさせることになった。個別資本間の位階制の確立は、労働者に対しては、賃金面での格差を生じさせ、あるいは社会的地位の差をつくりだす。またこのことは、地域格差にもつながってゆく。すなわち、このようなことをとおして、人間社会の内部に格差と分裂を生みだしていくことになるのである。そしてこの分裂が、逆に、資本間の格差を安定させ、ついには全社会的な生産組織の統括能力を高めることになるのである。

このような国家独占資本主義社会においては、労働市場は、労働力の社会的構造の統括という機能をとおして、社会的な生産組織＝集積化された生産－労働過程全体を統括する、特殊な役割を演じることになったのである。

労働市場の構造は、数字的に出てくるものである。そしてその数値は、つねに結果として出てくる。国家的＝社会的な労働力の集積と配置を数字的にあらわすことによって、生産－労働過程の社会的集積状態を示すのである。ゆえに労働市場分析の役割は、国独資段階ではより増大することになった。

労働市場は、ただの労働力商品を売買する場所ではない。労働力の小売店ではないのである。すくなくとも労働市場は、このような社会的な生産構造全体を表現する能力があるのであり、またそれが労働力の社会的集積と配置である以上、労働力所有者、労働者の主体が関与しているのである。それがどのような関係をもつのか、それは次項で具体的にみていくことにしよう。

労働市場の分析は、労働力の集積と組織化の分析をとおして、資本主義的生産－労働過程の総体を把握する方法である。もちろん、のちに（労働過程論ノート・補遺）述べるように、資本制社会総体は、労働市場分析だけによって解明しつくされるわけではない。しかし、生産－労働過程の集積と配置の全体像をとらえることによって、資本制社会の基本が何によってつくられているのかをみることはできる。労働市場は、生産－労働過程の社会的に組織化された状態を、労働力の国家的組織化という側面から示すのである。

三　労働市場・分析の方法

労働市場分析を、わたしは、社会的な生産－労働過程の集積化された状態を労働力の構造をとおして解明していくものとして設定した。そのことを具体的に明らかにするために、ここでは、K県の労働市場を一つの素材として、次の三点から分析してみよう。なお、K県を設定したのは、単に素材的な便宜のためであって、将来的には全国的な労働市場分析が別におこなわれなければならない。*

一つめは、社会的な労働（生産）組織総体と労働市場の関係はどのように結合しているのか、ということである。ここでいう労働（生産）組織総体とは、生産過程のもとでの労働力の組織化された状態の、社会的集積のことである。したがって、この組織状態は、まず生産過程の量的側面によって規定されるとともに、生産過程の質的性格が内包される。すなわち、生産過程の技術的状態をも含めてつくられる労働（生産）組織の総和と労働市場とはどのような関係をもっているのか、を検討することがここでの役割である。

二つめは、労働（生産）組織と労働者の意識と存在はいかなる関係をもっているのか、ということを労働市場の分析から明らかにすることである。この場合、労働者の側の主体性といっても、労働者の意識を即自的にとらえるだけでは不十分である。労働者の意識の形成に影響を与える、生産組織の地域的構造、社会的分業、社会環境の相違その他、労働者の意識をつくりだす諸々の原因を、労働市場をとおしてとらえることにより、労働者の側の労働（生産）組織への関係のしかたを解明するのである。

したがって、ここにおいては、第一に労働力を必要とする側の状態を量的・質的に明らかにすること、第二に労働力を売る側の構造を示すこと、その二つの労働市場分析として試みることになる。

そして労働市場を分析する三つ目の柱、上記二点を総括するものとして、賃金問題の解明が必要である。というのは、賃金こそ、労働力の必要とする側が労働者をとらえるときの総括的内容を示し、反対に労働者の側からも、自分の労働力を売るときの諸要素の総括を意味するからである。

1　社会的生産力の状態——資本と労働市場

まず社会的な生産‐労働過程の集積化された状態の、質的・量的な性格と労働市場との関係からみていくことにしよう。

K県における高卒男子のうち就業した者の、昭和三十年度と三十四年度の産業別比較は次のようになる。

第一次産業　八・五％↓三・七％
第二次産業　五二・六％↓五七・六％
第三次産業　三八・九％↓三八・七％

同じ方法で中卒男子をみてみると次のとおりである。

第一次産業　一〇・八％↓三・一％
第二次産業　六五・一％↓八六・三％
第三次産業　二四・一％↓一〇・六％

この五年間で、高卒・中卒男子双方ともに、第一次産業への就業者の減少と、第二次産業への増加がみられる。そして特徴的なことは、中卒男子の就業先が、極端に第二次産業にかたよりはじめたことである。

では、この中卒男子の就業者はどのような職種についたのかを、同じ年度において比較してみよう。

(一)	農林・漁業従事者	一〇・九%↓三・一%
(二)	採鉱・採石・運輸機関従事者	一・〇%↓〇・八%
(三)	製造・修理・その他生産従事者	六五・〇%↓八六・八%
(四)	事務従事者	二・六%↓〇・八%
(五)	販売および類似従事者	一五・〇%↓四・七%
(六)	サービス業従事者	五・五%↓三・八%

すなわち、中卒男子の場合、じつにその九割近くが製造・修理部門に就業し、逆に他職種への就業は例外的なものになりつつあることがわかる。同じ方法で高卒男子の場合をみて比較してみる。

㈠　農林・漁業従事者　八・三％↓三・六％
㈡　採鉱・採石・運輸機関従事者　二・一％↓二・八％
㈢　専門的技術的職業従事者、製造・修理その他生産従事者　四〇・二％↓四九・八％
㈣　事務従事者　二九・七％↓二八・三％
㈤　販売従事者　一三・二％↓九・三％
㈥　サービス業従事者　六・六％↓六・二％

高卒男子の場合でも、製造部門への就業が増加していることには変わりはないが、中卒男子と較べるなら、㈠あらゆる部門への就業が一定の割合で保証されていること、㈡製造部門のなかの技術職への就業が一定の比率をもっていること（この具体的数値についてはのちに述べる）にちがいがある。では、この中・高卒者の就業職種のちがいはなぜ生まれたのだろうか。

そのことを明らかにするため、次に女子就業者の特徴的な部門について、同じ方法で検討してみよう。（同年度）

女子中卒就業者の場合
事務従事者　六・一％↓四・八％
製造・修理部門への就業者　四八・五％↓七九・三％

女子高卒就業者の場合

事務従事者　六一・六%↓六七・四%

製造・修理部門　五・一%↓一〇・八%

女子の新卒労働者の場合、中卒女子は八割までが製造部門に就業し、その数は右の五年間でいちじるしく増加している。が、高卒女子の場合は、新卒者の三分の二までが依然として事務部門に就業している。この原因を考えるためには、各新卒者の就業した企業の規模を比較してみるとわかりやすい。

中卒女子の場合、従業員数五〇〇人以上の大企業への就業者数の割合は、一七・七%（昭和三十一年度）↓五〇・三%（同三十五年度）と増加し、高卒女子の場合は、二二・八%↓三六・七%の伸びしか示さない。また高卒女子の場合、従業員数一〇〇〜四九九人の規模の企業には、昭和三十五年度で三九・四%が就業している。中卒女子の場合は、この五年間に大企業への集中度が増し、その割合は五〇%を超えるまでになったのに対し、高卒女子はあらゆる規模の企業にまんべんなく就業しているのである。

これまでみてきた各数値で明らかなことは、中卒男子・女子ともに製造部門への就業が増加し、その割合は男子で九割、女子で八割を占めるに至ったことである。また女子の場合、中卒者の大企業への集中度が高まった。

この数値のもととなった、昭和三十年（一九五五年）↓昭和三十四年（一九五九年）の、一九五〇年代後半期の特徴の最大のものは、基礎エネルギーが石炭から石油関係品に移った、いわゆるエネルギー転換である。

日本の生産業の重化学工業化は、大正期の第一次世界戦争に遡るが、その当時はといえば、日本の必要原油量は、新潟、秋田などの国内原油によって一〇〇％満たされていた。* やっと大正十年（一九二一年）に輸入原油が登場するが、それは自動車の出現によるガソリン需要ならびにディーゼルエンジンの使用と結びついていた。大多数のエネルギー源は石炭に依存していた。日本の重化学工業は、石炭をエネルギー源とする生産システムにもとづいてつくりだされていたのである。また、この第一次世界戦争を契機としてつくりだされた生産システムは、その後も大きな変化がなかった。日本の重化学工業は、いくつかの例外を除けば、基本的には大正期に導入したこの生産システムの量的拡大をもって、そのまま太平洋戦争まで突入したのである。** その結果生じた生産力の不足分は、日本人の精神力-過重労働に求められた。つまり、石炭主導型生産システムのままに、日本は敗戦を迎えたのである。

日本の戦後復興は、この考朽化した生産設備を正常に運転するところからはじまった。たとえば一次エネルギーの比率は、昭和二十五年（一九五〇年）では、石炭が約五割、電力が三割、石油が一割、その他木炭等が一割である。が、昭和三十六年（一九六一年）になると、石油と石炭の比率が逆転する。一一年の間に生まれたこの変化は、基礎エネルギーの転換を示すだけでなく、同時に戦前型生産設備の更新がはじまったことを意味している。一例として鉄鋼をみてみると、昭和二十四年次（一九四九年）の粗鋼生産量は約三一〇万トンであるが、昭和三十一年（一九五六年）には、三十五年次（一九六〇年）までに生産量を四倍の一二六七万トンまで拡大する計画がつくられた。* この計画にもとづいて、港湾設備の建設、土地造成から新規設備投資までがつぎつぎにおこなわれる。昭和三十二年（一九五七年）の尼崎製鋼尼崎二号高炉の完成を皮きりに、その後、川崎製鉄千葉二号炉・三号炉、八幡製鉄戸畑一号炉・二号炉など、計一一の高炉が五年の間に完成していく。

昭和三十年から三十五年とは、このような時期である。昭和三十年の経済白書が、「もはや戦後ではない」という有名な言葉を記したのもこの時であった。鉄鋼を基礎産業とした新しい経済構造、戦後の重化学工業化の時代がはじまったのである。

ここで再び、K県に視点をもどすことにしよう。この間、K県では、すべての分野で生産は拡大した。が、その拡大率は、ある時期を境に変化する。このことを、軽工業と重化学工業の従業員数の変化をとおしてみてみよう。

全産業平均の増加率 {昭和二十六年→三十二年　四七％
昭和三十二年→三十八年　八八・五％}

軽工業の増加率	昭和二十六年→三十二年	四四・三%
	昭和三十二年→三十八年	四一・六%
化学工業増加率	昭和二十六年→三十二年	五二・八%
	昭和三十二年→三十八年	七一・七%
金属工業増加率	昭和二十六年→三十二年	三九・六%
	昭和三十二年→三十八年	九九・七%
機械工業増加率	昭和二十六年→三十二年	四四・九%
	昭和三十二年→三十八年	一二三・六%

この統計から、軽工業部門は、昭和三十年代の経済政策の影響をほとんど受けていないことがわかる。他方、機械工業は、後半六年間にいちじるしい増加率を示している。もちろん、化学・金属工業はこの間に設備が更新され、労働集約率が低下したことを考慮すれば、実際の生産力はこの数字以上に増加していたであろう。が、同じように労働集約率が低下したはずの機械工業で、後半六年間に倍以上に従業員数が増大しているのである。この機械工業内部の内訳を、前記と同じ方法でみてみると次のとおりである。機械工業の従業員増加者数の五割までを電気機械製造の分野が占めていることがわかる。*

一般機器　｛昭和二十六年→三十二年　九一・六%
　　　　　　昭和三十二年→三十八年　七六・九%

電気機器　｛昭和二十六年→三十二年　六六・一%
　　　　　　昭和三十二年→三十八年　一六七・八%

輸送用機器　｛昭和二十六年→三十二年　一四・〇%
　　　　　　　昭和三十二年→三十八年　七九・一%

精密機器　｛昭和二十六年→三十二年　一三・一%
　　　　　　昭和三十二年→三十八年　八六・一%

このような数値を参考にしていくと、はじめに述べた、中・高卒男・女子の就業別比較の数値の意味がわかってくる。なぜ中卒男女就業者の男子で九割、女子で八割までが製造部門に就業したのか。とりわけ女子の場合、昭和三十年には四八・五%が製造部門に就業したにすぎなかったのに、三十四年になると七九・三%がそこに就業するといういちじるしい変化をみせたのはなぜか。また、なぜ同じ時期、女子の大企業への就業比率が一七・七%から五〇・三%へと拡大したのか。これらの理由が、以上の数値にあらわれているのである。

昭和三十年代からの経済の拡大は、前記したように、鉄鋼の生産力を新規に拡大することに基礎をおいた。そしてこのことは、機械工業の急成長へとつながったのである。そのなかでも、電気機械関係の拡大がいちじるしかった。周知のように、電気機器の製造は代表的な労働集約型産業である。その分野に大量の中卒女子労働力が流入したのである。このことはまた、昭和三十年代以降の生産の拡大が、どのような生産方法によって実現したのかという、生産の質をも示している。

たとえば日立製作所の場合、昭和三十年以降、新量産型工場の建・改設をつぎつぎにおこなっている。* 新設工場だけでも、茂原工場（三十二年・ブラウン管工場、三十四年・特殊管工場、三十五年・部品工場）、多賀工場（三十五年・計測器工場）、亀有工場（三十二年・熱処理工場）、笠戸工場（三十二年・ディーゼルエンジン工場、三十四年・電子機器生産工場）、多賀工場（三十一年・家電工場）、栃木工場（三十三年・家電工場）、横浜工場（三十五年・家電工場）とつくられている。これらの工場が、新しいオートメーション型といわれた生産設備を備えた工場として建設されたのである。要するに、それは今日どこでも目にすることができる、ベルトコンベアシステムにもとづく工場であった。

ライン生産システムを基本とする生産過程においては、当然、それまでの熟練工を中心にした労働秩序が崩れはじめる。すなわち、大量の単能工が必要とされるのである。ここでの熟練は、溶接に関する熟練、プレス技術に関する熟練というような、単一能力の習熟に限定されるようになる。反面、新しい技術的労働として、生産システム全体を統括するためのデータの集中・制御・管理等の分野、ならびに生産機械の修理、管理技術等々の分野が生まれてくる。すなわち、新しい技術・管理部門と直接の現場部門との分離が促進され、後者は単能工化を経て単純労働化されていくことになるのである。

この生産システムの変化に従って、職場内秩序も変化する。日立製作所の場合、昭和二十二年（一九四七年）に、社員－工員制度が廃止され、職分制が導入されている。工場長―部長―課長―係長（のちに主任―組長―班長）という体制ができあがっていく。もちろん、この変化を生みだした大きな要素として、われわれは敗戦後の「民主化」闘争を考えることができる。しかし同時に、敗戦後の「民主化」のなかで、〈資本〉が職場内秩序のより合理的な再編をはやくもおこなっていたこと、すなわち、生産システムの改革の前史として新しい職場内秩序の確立をはかっていたこと、を知ることはいっそう重要である。

昭和二十六年以降、日立のこの職場内秩序は、より強化され改編されることになった。二十六年には職群制度がつくられ（企画職＝管理職、執務職＝事務職、間接現業職＝運搬・修理等、直接現業職＝現場生産、特別職＝医務・警備等の五群）、翌二十七年には現業職のなかに工師・工匠という特称制度を設け、三十五年には、同じく現業職に一～四級の職能級制度をつくりだしている。とともに、給与体系もこの職群・特称・職能級制度に対応するように変化した。同時に、社内教育制度もつくられ、約二年間の作業教育の制度、そのなかの成績優秀者を日立工業専門学校に入学させ、中堅技能者として養成する制度（昭和三十五年）などが生まれた。生産システムのベルトコンベア化は、大量の単能工を必要とし、その単能工は中卒労働者↓作業教育のなかでつくりだされ、そこでの一定の管理技能者または特殊作業技能者が専門学校をとおしてつくられるという、新しい労働力システムができあがったのである。

このような動きは、別に日立製作所だけにかぎったことがらではなく、むしろ一般的なことである。それゆえにこの過程をみることによって、われわれは、さきのK県の労働市場にあらわれた数値、つまり、なぜ昭和三十年代以降に中卒男・女子の二次産業への、また大企業への集中がおこったのかを知ることができるのである。それは、熟練工を中心とした労働体制の崩壊、半オートメーション化にともなう単純労働分野の拡大、そこへの若年労働力の吸収、とりわけ家電のような軽作業分野への女子労働力の集中の結果であった。

この労働力需要の変化を裏づけるものとして、次のようなデータもある。「もっともふさわしい労働力とは何か」という、現場監督者に対する質問と、その解答である。(K県における電気機械工業の場合)

中卒者と答えた者	七・七%
中卒プラス企業内訓練	六九・四%
中卒プラス公共職業訓練所	四・一%
学歴に関係なく経験を積んだ者	一一・二%
その他(工業高校・高校・短大・大学卒)	七・六%

すなわち、八一・二％までもが中卒か中卒プラス訓練と答えており、高校以上の学力が必要と答えた者は七・六％しかいないのである。総合能力をもった労働者は、もはや不必要であった。それゆえにまた、家電・直接現場部門の現場監督者に「労働者にとって必要な労働能力とは何か」という質問をしたところ、その解答は次のようであった。

専門の知識と答えた者　四六・五％
注意力と答えた者　八三・三％
経験と答えた者　六五・七％

じつに八割以上の人間が、労働者の必要な労働能力を「注意力」と答えているのである。この数値こそ、はじめにみた労働市場の数値が出てきた理由を明らかにしているといえるだろう。

はじめにわたしは、生産－労働過程の社会的集積状態と労働市場はどのような関係をもっているのか、という問いを設定した。そして、これまで扱ってきた各数値は、次のような内容を指し示していたのである。それは、労働市場は、生産－労働過程の集積化された状態を生産－労働過程の質をも含めて明らかにしていた、ということである。

たとえば、ある生産部門の労働者数がいちじるしく増加したとき、考えられる第一の理由は、その部門の生産力が拡大したということである。しかしまた労働市場には、どのような質の労働力が増加したのか、ということも数字としてでてくる。この労働力の質こそ、生産－労働過程の質を示している。中卒女子労働者の電気機器製造部門への大量流入が、電気機器製造工場の新しい生産システムのあり方を示すように。

労働市場は、社会的な生産力の状態を、量的・質的な双方の側面から示していたのである。労働（生産）組織の状態を労働力の社会的構造という視角からとらえる機能を労働市場はもっていた。とりわけ、労働市場分析が他の経済学的分析と異なるのは、社会的な生産力を、資本の生産力として明らかにするのではなく、労働（生産）組織の社会的構造として提示するということである。それゆえに、ここには生産－労働過程の質も包まれる。生産システムの構造、それを生みだした生産技術体系とそこでの労働存在のあり方をも包摂して、生産－労働過程の社会的に集積化された状態を示しているのである。

が、このことは、労働市場分析の一つの側面にすぎない。この項のはじめに述べたように、労働市場には、労働力の供給者側の意思と存在があらわれている。

2　労働力の社会的構成――労働者と労働市場

生産－労働過程の社会的集積を、わたしは労働（生産）組織の集積としてとらえようとしてきた。そのとき、分析の対象としての労働（生産）組織は、第一に労働力を受け入れる側、すなわち、〈資本〉の側の状態によって規定されるとともに、労働力を供給する側、すなわち、労働者の側の存在のしかたによっても規定される。前者については前項で簡単に述べたので、この項では後者、つまり労働者の主体と生産－労働過程の結合関係を、労働市場の数値をとおして明らかにしてみたい。

それは、生産－労働過程の社会的集積が、どのような過程をとおしてつくりだされていくのかをみることでもある。

まず、女子中卒労働者がいかなる規模の企業に就業したのか、ということを出身地別にみたのが表1である。(K県、昭和二十八年)都市部のY・K地区出身者が二〇〇人以上の企業に多く集中しているのに対して、I郡では三〇人以下の零細企業への就業者が過半数に達する。

このような差は、なぜ生まれてきたのだろうか。それを解明するために、Y・K地区出身の女子労働者がどのような分野に就業したのか、I郡のそれと比較したのが表2である。I郡出身の女子労働者は、Y・K地区出身者に較べて、製造業への就業者比率が半分にしかなっていないことがわかる。

次に、表3で製造業へ就業した者が製造業のなかのどのような分野に就業したのか、同じ方法で比較した。Y・K地区では、食品、電気機械工業への就業者が六八・三%と全体の三分の二以上を占めるのに対して、I郡では繊維工業への就業者が四分の三を超えている。I郡出身・中卒女子の過半数が、この零細な繊維工業にかたよっていることがわかるのである。

次に、中卒女子県内就職者の数と、就職した企業の所在地を比較してみると、

Y・K地区出身者で同地区の企業に就職した者は、六一二名のうち六〇九名

I郡出身者は一七六名のうち、同郡内一一七名、他郡部三六名、他市部一五名

企業規模	Y・K地区出身者	I郡出身者
1〜9人	0.8%	31.5%
10〜29	11.0	22.4
30〜49	5.6	4.5
50〜99	20.0	11.2
100〜199	7.2	9.0
200〜	55.5	21.4

表1　企業規模別にみた就業比

	Y・K地区出身者	I郡出身者
製造業	81.9%	41.5%
建設業	0.5	0.4
商業	7.8	19.5
その他	9.8	37.3

表2　中卒女子労働者の分野別就業状況

	Y・K地区出身者	I郡出身者
電気機械	37.3%	0.0%
機械器具	9.1	1.0
金属	8.6	7.1
化学	7.5	7.1
繊維	2.6	77.6
食品	31.0	3.1
その他	3.9	4.1

表3　製造業各分野への就業状況

で、Y・K地区出身者の九九・五％までが同地域内に就職しているのに対して、I郡出身者の場合は、その約三分の一が他地域に就職先を求めるという構造をつくりだしている。しかし同県内の代表的な工業地帯であるY・K地区には四・六％の者しか就職していない。すなわち、他地域に就職した者も繊維産業中心の郡部地域への就業者が多く、I郡出身者が繊維工業に勤める比率はきわめて高いのである。

ところで、男子中卒者の場合を簡単にみてみると、I郡出身者でY・K地区に就職先を求めた者は二〇・四％、I郡内に就職した者四六・七％という数値が出ている。すなわち、男子中卒者より女子中卒者のほうが地域差が大きい。これらのことをみていくと、女子中卒労働者の場合にはK県内にいくつかの労働市場圏が確立していることがわかる。Y・K地区には一個の独立した労働市場圏が成立し、またI郡では、I郡とその周辺郡部の間に労働市場圏が確立している。(この地区内企業へのI郡出身者の就業率は九六・七％に達する。)

このような労働市場圏はなぜつくられたのであろうか。当然、頭に浮かぶのは、資本主義的な生産力の地域的差異であろう。が、それはほんの一要素にすぎない。たとえばI郡の者が周辺郡部に就職しても、当時の交通事情では大方は自宅から通勤できないのであって、それなら工業地帯でもあるY・K地区へ出てきてもよいのである。その謎を解くために、こんどは、女子中卒者が就職先を決める場合に使った手段を、企業規模別にみていってみよう。

	一〜三人規模企業への就職者	二〇〇人以上規模の企業へ就職者
職業安定所の紹介	一七・六%	五四・四%
学校の紹介	二一・六%	三〇・一%
縁故による	六〇・八%	一五・五%

三人以下の零細企業に勤めた者は六割以上が縁故採用にもとづき、反対に二〇〇人以上の企業では八五%近くの者が職安や学校などの公共施設の紹介によっているのである。同じ問いを、こんどは地域別にしてみると、

	Y・K地区	I郡
職業安定所の紹介	五九・五%	二九・九%
学校の紹介	二三・七%	一七・〇%
縁故による	一六・八%	五三・一%

で、I郡では過半数の者が縁故で就職先を決め、Y・K地区では八割以上の者が職安や学校をとおして就職先を決めていた。次にもう一つ、両地区女子中卒者の親の職業と就職にさいしての手

段との関係をみると、

親の職業	職業安定所	学校の紹介	縁故
農林水産業	三〇・四%	三一・二%	三八・四%
工　員	四五・五%	三二・〇%	二二・五%
俸給生活者（工員外）	三五・七%	三六・九%	二七・四%

となる。

以上のような数値を総合すると、Y・K地区のような都市工業地域では公共的な施設の紹介によって就職先を決める者が多く、反対にI郡のような農村地区では縁故採用にもとづく者が多いことがわかる。この点が、先に述べた労働市場圏の成立に大きな影響を与えたことは事実であろう。

以上の労働市場にあらあらわれてきた数値をもとにして、この項でのテーマである、労働力供給者側の意識と存在の問題、を整理していってみよう。

労働市場と地域的分業の関係

第一には、いうまでもなく、生産の地域的分業＝社会的分業についてである。たとえば地域別工場敷地面積をみると（昭和三十二年）、全K県内の同敷地面積中、Y・K地区が占める割合は七九・一％であり、広大な郡部各地の全工場敷地面積を合計してもその割合は七％にすぎない。また、業種別従業者数をみてみると（昭和三十五年）、表4のとおりである。（I郡の数値がないので、ほぼ同じ条件にある農村部のA・H地区の数値を使った。）

	K地区	A・H地区
機械工業	56.9％	40.9％
金属工業	25.0	1.9
化学工業	7.3	5.7
軽工業	6.2	43.2
窯業	3.2	1.4
繊維	0.2	23.6
木製品	0.7	4.8
印刷	0.2	1.1

表4　業種別従業者数

こうした特徴から、われわれは、K県内の工業の地域的な分業の実態をとらえることができる。すなわち、重化学工業を中心とするK（Y）地区と繊維産業を中心とする周辺農村部、というかたちで、この分業はかたちつくられている。（分業の問題を、下請け企業の分布状態などから、さらにもっと詳細に把握することは可能だし、興味深いが、ここではこれ以上立ち入らない。）

この生産の社会的分業状態を、生産組織の地域的集積状態といいかえてもよいだろう（もちろん、この研究は、全国的な労働市場分析を獲得したとき、いっそう詳細な結果を得ることができるはずである）。この生産－労働過程の地域的集積の状態が、当然、中卒女子労働者の就業先を決定する一つの要素になったはずである。

社会環境と地域的差異

が、それは、一つの要素にすぎない。労働者が自分の就職先を決定する理由には、まだ多くの要素が存在する。したがって、第二の要素として、労働市場と地域的な社会環境との関係が浮かびあがってくる。ここでいえば、都市と農村の相異がそれである。

第三章でみてきたように、本来農村社会は、土地と水にもとづく労働の個別性と共同性の統合という属性を基礎としてつくりだされていた。しかし第一に農作物の商品作物化の、第二に土地の商品化の進行は、必然的に農村社会を変質させた。それとともにすすんだ農業人口の減少・兼業化等々は、現実の農村社会の、個別性と共同性の統合からつくられた規範の崩壊をさらに促進した。こうした変質は、都市と工業によって規定され、それゆえに格差を再生産させながら、都市以上に矛盾を集積している農村社会をつくりだしたのである。このような農村の地域的社会環境は、労働市場と労働力供給者の関係を規定する要因になった。

すなわち、対象とした数値と年次は、それ以降の、いわば地すべり的な変化を、すでに端緒的に示していると同時に、たとえば縁故採用比率の高さなど、都市部と較べてなお存続する、農村社会的な特徴をも示しているのである。都市と農村という社会的環境の相異が、労働市場の数値にはあらわれていたのである。また、ここでは扱わなかったが、農村部の女子中卒者が都市部に比較して高校に進学する者が少ない、ということにも、それはあらわれている。それはかならずしも農家の経済力だけでのことではない。中学を卒業すれば自分の家の農業を手伝うかたちで働きはじめるのが、ごく一般的なこととされていた、農村社会的な考え方、慣行のあらわれでもあった。人間を賃金（貨幣）を得るための労働力としてとらえる、という点では、農村も都市も変わりがないが、労働市場圏を成立させていくうえで、こうした地域的・農村社会的な枠組みが影響を与えるのである。

個別の中卒労働力が、それぞれの契機と経路で就業する。こうして集積された労働市場の地域的差異は、労働力供給者の側の意思によってつくられるが、しかし実際にはその意思は、いま述べてきたような、〈彼〉の存在のちがいから形成されるのである。このことが、労働市場と労働力供給者の関係を規定する第二の要因である。

社会構造と労働市場の関係

次に第三の要因として、これまでみてきた数値が、女子労働者に関する数値であることに注目しておかなければならない。つまり、女性と労働との関係が、労働市場には反映しているのである。

前記労働市場の数値にもとづくなら、そこには次のような特徴が存在していた。

代表的な工業地域であるY・K地区と代表的な農村地帯であるI郡との、製造業のなかの分野別就業先を比較してみると、Y・K地区では、食品工業と電気機械製造業への就業者数の合計が全就業者数の六八・三%と三分の二を占め、これに対してI郡では繊維工業への就業者数が七七・六%と八割近くを示していた。また、女子労働者の場合は、Y・K地区ではその九九%以上が同地区内に就業し、I郡でも、I郡とその周辺地域に九六・七%が就業していた。I郡からY・K地区にはわずか四・六%しか就業先を得ていない。しかしI郡の男子中卒者の場合は、二〇・四%がY・K地区に就職先を求め、またほぼ同数が東京都内に就業しているのである。すなわち、女子ほど顕著な労働市場圏は成立していなかった。

この女子と男子のちがいはなぜ生まれてくるのだろうか。それを考える前に、もう一つの別の数値を示してみよう。男子中卒者で製造業に就業した者たちを業種別比率でみてみると、地域差は表5のようにあらわれる。(Y・K地区およびI郡のほか、工業上の環境がこの両地域の中間的な地帯であるF・C・H地区を加えた。)

表5の三つの地区を比較すると、代表的な重工業である機械工業の場合は、Y・K地区、F・C・H地区、I郡の順序で構成比率が減少し、反対に代表的な軽工業である繊維工業の場合は順序が逆転していることがわかる。その意味で、すでに述べた地域的分業形態が反映している。しかしその割合は、女子ほど顕著ではない。やはりどの地区でも、機械工業への就業者数は多い。I郡男子中卒者の繊維工業への就業者数が多いといっても二六・三%であり、女子の七七・六%と較べれば三分の一である。つまり男子の場合、どの地区をみても、産業構造の地域的ちがいから差異は比較的打ち消され、平準化しているといえるのである。

	Y・K地区	F・C・H地区	I郡
機械工業	67.5%	54.3%	21.1%
金属	25.3	18.4	18.4
化学工業	2.5	1.5	2.6
食料品	0.5	10.5	15.8
繊維	—	3.4	26.3
木製品	1.8	5.6	13.2
印刷	0.2	3.0	2.6
窯業土石	2.2	2.2	0.0
その他	—	1.1	—

表５　業種別就業者比

この女子と男子の労働市場のちがいの、当然考えられる第一の理由は、〈資本〉の受け入れ基盤のかたより、つまり、女子労働者の機械工業などへの就業の道が閉ざされていることがあげられる。しかし、それにしても、I郡の女子が、Y・K地区へ出て、食品あるいは電気工業に就業してもよいはずである。第一の理由によっては、この原因をつかみとることはできない。そこで第二の理由として、男子の場合と女子の場合との、就職に対する考え方の相違を考えてみることが必要になる。一般的には、女子の場合、就職期間は結婚までの一時期にかぎられる。とくにこの数値を示した昭和三十年頃は、今日以上にそうであったといってもよいだろう。そのことは就職先の選択の安易さとなってあらわれる。

しかし、女子の労働市場の特殊性をつくりだした原因は、それだけでもない。第三の理由として、この当時、女子が就職する場合は、そのほとんどが自宅からの通勤可能地域に就職するのがふつうで、そうでなければ住み込みとして就職するケースが多かった。都市部では通勤可能地域内に就業先が求められ、遠隔の農村部では女子工員寮のある就業先を得る、ということが一般的であった。繊維産業の女子労働力が、農村部からのこうした就業のケースで構成されていたことは、よく知られている。I郡での女子中卒者の場合、零細な繊維業への就業者数が多かったのは、こうしたことからも説明されうる。当時、住み込み型の女子労働力の主たる受け入れ業種であった繊維業に、単位規模が零細であっても多くは就業先を求めたのであり、またそのことが縁故的な就職の経路を多くしたのであろう。

このように労働市場には、労働力の供給者の側の生活意識が反映され、集積されるが、そのことは労働者の側の意識の反映であるとともに、その意識をつくりだした社会構造、労働者の存在の反映であるとしなければならない。

これまでの記述で、わたしは、労働市場分析を労働力需要者と供給者の双方の構造をとらえるものとして検討してきた。のちに詳しく述べるが、労働市場が、単に労働力の売買市場ではなく、労働力の社会的構成をあらわすものである以上、〈資本〉の要因だけによっては、労働市場はつくられない。労働者と生産 - 労働過程との結びつき方が、そこにはあらわれる。が、それは労働者の意識を反映するだけでなく、労働者の生活空間を規定するさまざまな社会的構造と労働市場との結びつきとしてとらえなければならないのである。

3　賃金の体系と構造

次に、労働市場を分析する第三の部面として、労働市場にあらわれてくる賃金の社会的な構造をとりあげたい。資本主義的な生産－労働過程の社会的集積状態を、もっとも総括的に示しているものとして、このテーマを検討していくのである。

はじめに、K県の中卒女子労働者の賃金（昭和三十一年）からみていくことにしよう。地域別の平均初任給は次のとおりであった。（ここでのY地区は全Y市を対象としていて内陸部が含まれるので、K工業地区と別にした。）

K地区	五〇〇二円
Y地区	三九九三円
郡部	三五五八円

次に、Y・K地区出身者が就業する率の高い業種の従業員数別に平均初任給をみてみると、

	一九九～二〇〇人	二〇〇人以上
電気機械	四三五九円	五二一三円

食品	三五〇〇円	四五七二円

で、I郡出身者の就業比率の高い零細繊維業の一～四人＝二八二七円、五～二九人＝三一五〇円は、従業員数二〇〇人以上の電気機械工業の五四～六四％にしかなっていない。なお、それから五年後の従業員数別の男女平均初任給をみてみると、(昭和三十五年)

	男子	女子
一五～九九人	八一〇〇円（九八・八）	七四〇〇円（九三・七）
一〇〇～四九九人	八三〇〇円（一〇一・三）	七八〇〇円（九八・七）
五〇〇人以上	八二〇〇円（一〇〇）	七九〇〇円（一〇〇）

で、初任給格差は女子で七％未満、男子中卒者の場合はほとんど解消している。それは高卒男・女子初任給についても同様で、平均初任給でみるかぎり、昭和三十五年度において、企業規模別による格差は縮小ないし解消されていたといってよい。

昭和三十一年の数値では顕著だった企業規模別格差が、三十五年ではかなり縮小し、しかもその傾向は、女子より男子のほうが大きい。このような結果は、なぜ生まれてきたのだろうか。それを考えることから、はじめていこう。

一つには、この昭和三十一年〜三十五年という五年間が、重化学工業中心の高度経済成長の開始の時期にあたること、そのため労働力需要が増大し、またこの間、中卒・高卒者の進学率が上昇したことから労働力の需給バランスに変化が生まれたことをあげることができる。たとえばK県で、昭和三十三年には、求人数六三七六人に対して求職数六八八四人と、求職者数が求人数を上回っていたのに、昭和三十五年には、求人数九六二七人に対して求職者数九四六二人と、逆の現象が生まれてきている。このような需給構造の変化によって、中小—零細企業が安い若年労働力を補充できなくなったこと、それが賃金格差を縮小させた一つの理由であろう。

しかし、もう一つの理由として、この五年間におきた労働内容の変化に留意しておく必要がある。前記したように、この間の生産の拡大は、新規生産設備の建設によってもたらされたものである。それは、ライン生産システムを軸にした生産体制の大量導入というかたちをとった。ここでは、単純労働の分野が増大し、反対に古典的な熟練労働力が不必要化される。その結果として、中卒女子労働者の就業先が、製造業分野に集中したことは本章第一項で述べた。すなわち、労働の単純化は、あらゆる生産部門での労働を平準化したのである。特別な技術労働者が、少数の新しい分野を除いて不必要化した。と同時に、要求された労働力の質の平準化は、熟練技術に応じた賃金を不用なものとする。なぜなら、誰を採用しても労働力の質に差はないのだから。生産過程では「誰でもできる労働」をするだけなのだから。そして、新規設備に投資しえない零細企業のほうが、むしろ熟練労働力を必要とするようになり、新規学卒者を採用するときにも、熟練労働者の予備として雇用することになった。そのことが、中小企業と大企業との間の賃金格差を縮小させる第二の理由である。

ところで、この労働内容の平準化という事実は、労働賃金の決定のしかたに、大きな変化を加えることになった。初期産業資本主義段階では、賃金の形態として、出来高賃金、請負い賃金、一括支払い制、歩合制などが多くの比重を占めていた。たとえば一括支払い制であるが、これは生産過程のなかの一分野をAにまかせ、Aは自分の方法で職人を集めて仕事をする。その全体の仕事に対する賃金を、〈資本〉は一括してAに支払い、そのなかからAは、集めた職人に賃金を支払う、という方法である。*つまり〈資本〉はAと契約をし、Aとその集められた職人の間には、Aを親方とする親方－徒弟型組織がつくられる。この集団のなかでは、職能に応じた賃金が支払われることになる。もちろん、このような賃金形態のもとでは、多くの賃金格差が生まれる。たとえば明治三十八年をみると、活版工の賃金が平均五二銭九厘（日給）、機織女子工員三一銭五厘、鍛冶工九五銭となっている。

このような賃金形態は、確かに前近代的な不合理な面をもつのであるが、しかし一面では、仕事内容、労働内容に基礎を置いた賃金であることは考慮しておいてよいだろう。

労働内容の平準化は、このような賃金のあり方を不用なものとした。しかし、だからといって、賃金も同一化したわけではない。すなわち、労働内容にもとづかない賃金格差が生じることになったのである。この格差を、ここでは「労働外的賃金格差」と呼んでおこう。

この格差は、個別資本的には、労務管理にもとづく賃金格差の体系として生まれ、全社会的には社会的生産構造によってつくりだされる。後者についていえば、親企業と下請けの関係、大きな生産シェアをもつ企業とシェアの小さな企業、小さな生産量しかもたない産業分野と巨大な生産量をもつ分野の産業等々の結合のなかに、全体的な産業構造はつくりだされ、この産業構造の体系を安定化させる労働力構造の体系として、社会的な賃金体系がつくられていることを意味する。この体系からはずれることのできるのは、消費者と直結した小商品生産の領域など、全体の産業政策からは無視するに足りる、地域的なあるいは特殊的な分野にかぎられる。

労働市場は、個別の生産－労働過程への労働力の集積と配置を統括するという機能をとおして、資本主義的生産構造総体を表現する能力を所有していた。ゆえに、労働市場にあらわれてくる社会的な賃金体系は、賃金という側面から、生産－労働過程の社会的集積の内容を提示することになる。とりわけ、労働内容の平準化が進行すると、労働内容にもとづく賃金決定という性格が失われ、賃金格差の体系が、そのまま個別生産－労働過程の社会的に集積化された体系を示すようになった。

たとえば、親企業と下請けの関係をみてみると、両者のもつ収益率のちがいは、当然、そこにおける賃金差を固定化させることになる。そして今度は、この賃金格差が、親企業と下請けとの企業格差を固定化するのに役立つのである。

このような相互関係は、他の場合にも成り立つ。たとえば、企業の生産シェアのちがいと賃金差の関係においてもそうである。今日では、生産過程の構造が、基本的に単能工を生産システムの前に配置することによってつくられている以上、その企業の生産シェアにかかわらず、生産過程の構造に大きなちがいは生まれない。巨大な生産過程においても小さなものでも、基本的には同じ生産過程の構造がつくられ、労働者は同じ労働をする。にもかかわらず、たとえば自動車工業のように量産化が生産コストを減少させる分野では、生産シェアが大きいほど一台当りの企業の収益も大きくなり、支払われる賃金も同一にはならない。すなわち、生産シェアのちがいが賃金格差を生じさせ、逆にここでも、賃金格差が、企業格差を社会的に固定化させてゆく役割をもつのである。

これらのことは、一つの予定調和である。個別資本内的には、労務管理的性格をおびた賃金体系がつくられ、全社会的には、産業構造を反映して、賃金体系が生まれてくる。ゆえに、ここにつくられた賃金格差は、労働外的な賃金格差でしかない。わたしは、このような格差を「労働外的賃金格差」と呼んだのである。

このようにみていくなら、社会的な賃金体系が、労働市場の賃金体系として表現されていることに気がつく。労働市場が、単なる労働力の売買市場ではなく、生産－労働過程の社会的集積状態を表現し、これを統括するものであるがゆえに、社会的賃金体系をも労働市場は表現し、統括する機能をもつことができたのである。

以上のことをふまえながら、ここで、賃金理論について若干の考察をしておこう。労働賃金がどのようにして決定されているのか、ということを考える賃金理論には、これまで大きくいって、二つの見解があった。一つは、労働力の再生産費として賃金をとらえる方法であり、第二は、労働の生産力あるいは生産性によって賃金は決定されているとする理論である。古典的な賃金理論である前者は、多少の深化をとげながらも、今日でもマルクス主義的賃金理論として多くの支持を得ている。労働市場のメカニズム（労働力の需要と供給のメカニズム）をとおして、結局は労働力再生産費として賃金はつくられていると考えるのが、この理論の特徴である。

他方、後者は、一般に限界生産力理論といわれている。労働の生産力の増大が資本の流動量を増大させ、そのことが労働力需要を増大させること、また資本の流動量の増大が資本の利益となる範囲において賃金を増大させること、このような資本の論理に従って賃金は決定される、と考える理論である。

賃金の決定に際しては、当然ながら、個別資本の生産力、生産性、労働組合の力、社会的習慣などが加味される。このような、賃金を決定する諸要素を分析していく理論を、ここでは「賃金決定の理論」と呼んでおく。しかし同時に、つくりだされた賃金体系が結果的にはどのような役割を果たしているのかを考える必要もある。そのような理論を、ここでは「賃金体系の総括理論」と呼んでおく。

わたしは、賃金理論を、この「賃金決定の理論」と「賃金体系の総括理論」の両面から検討していくべきだと考えている。前記二つの賃金理論についていえば、労働力の再生産理論は、むしろ「賃金体系の総括理論」に近いものであろうし、限界生産力理論は「賃金決定の理論」のほうであろう。

まず、「賃金決定の理論」について考察してみよう。その場合、第一に確認しておくべきことは、賃金とは〈資本〉の支払う賃金であるということである。そのかぎりでは、賃金の決定は、資本の生産過程に従属する。この点からみれば、賃金を労働力の再生産費と考えた古典派の理論は、有効性を失う。しかし第二に確認すべきことは、賃金とは、労働力の価格として支払われる反面、労働者が受け取るものだということである。

この賃金の二面性については、隅谷三喜男が正しく指摘している。「賃金の理論も亦、賃労働の特質に基いて、労働力と労働者との結合の内に、すなわち、二重の規定をうけるものとして、把握されなければならない」*――すなわち、隅谷によれば、賃金は労働力に対して支払われるとともに、労働者として受け取るものだということになる。労働力に対して支払われる賃金は、資本の生産過程に従属するが、それを受け取った労働者は、その賃金で自己の労働力を再生産する。「資本の再生産過程に媒介されながら、労働力は自己の再生産の貫徹を主張する」**と、隅谷は指摘している。

賃金が、労働力の価格としての性格と、労働力の再生産費としての性格（生活賃金としての性格）との二面性をもつということは、正しい見解だといってよいだろう。だが、もう一つ見落としてはならないことは、賃金は、労働力の価格として支払われながら、労働力という特殊な商品の所有者である、労働者に対して支払われる、ということである。すなわち、他の原材料価格に対して支払うのとは、ちがった意味がここから生まれてくる。もちろん、労働者に対して支払うという性格をもつからといって、別に〈資本〉は、労働者の生活賃金を保証しているわけではない。むしろ逆に、労働者に対して支払うがゆえに、賃金は労働力の価値と等価にならないということを意味しているのである。

資本の生産過程における純粋経済的要因だけでは、賃金は決定されない。賃金は、主体をもった労働者に支払われる以上、その決定には、労働組合の力も影響するし、社会的習慣も影響する。そして、より重要なことは、賃金が、〈資本〉の労働者への管理‐支配体制の一手段として支払われている、ということである。その結果生まれる賃金格差を、わたしは、「労働外的賃金格差」として前述した。それは、「政治的賃金格差」といってもよい。

個別資本の内部では、労務管理体系の延長線のうちに、賃金体系はつくりだされていた。たとえば男女の賃金格差というものが、「歴史的・社会的な問題である」（隅谷）というより、むしろ今日では、生産‐労働過程における〈資本〉の〈労働〉支配の安定化のための格差として、すなわち、労務管理的性格をおびた格差としてつくられていることは、われわれがすでに熟知していることである。「賃金決定の理論」として、わたしは、賃金が労働力の価格として支払われることと、労働者に対して支払われることの二面性を考察してきた。生産‐労働過程の内部は、商品としての労働力の理論だけではとらえられないこと、それは賃金を考える場合でも同じなのである。

わたしはこの項のはじめで、労働市場と賃金体系の関係を指摘した。そしてこのことを検討する理論が、「賃金体系の総括理論」である。「賃金体系の総括理論」とは、つくりだされた賃金体系が、どのような役割を結果的には果たしているのかを解明していく理論である。ここではまず、次の二つの役割がとらえられる。第一には、つくりだされた賃金体系が結果的には労働力の再生産費として役立っている、ということであり、第二は、労務管理体系の一環として賃金体系がつくられながら、逆に労務管理体系を支える役割を果たしている、ということである。しかし、賃金体系が果たす機能はそれだけではない。労働市場にあらわれてきた賃金体系の果たす役割を考察しないかぎり、賃金体系の総括理論は完了しない。

わたしは、資本主義的な生産－労働過程の総体を、個別生産－労働過程の社会的に集積化された状態としてとらえた。それは、単なる結合ではなく、多層的に集積化されたものである。そして、この集積化された生産－労働過程が、全体として一個の独立した機能を所有している社会として、国家独占資本主義を考察した。ゆえに、国家独占資本主義のもつ能力とは、その集積化された状態のもつ統括総力を指すことになる。

ここでいう統括能力とは、第一に、生産全体の統括能力であり、第二に、全体として国家独占資本主義のもとに労働者を吸収し、支配していく能力のことである。第一の点に関していえば、それは個別の生産過程の、生産という部面での結合が問題になる。各個別資本の生産が、全体的な生産のなかに有機的に結合していることが必要である。それはたとえば、鉄鋼と自動車工業、自動車工業の下請けとしての各部品メーカー、というような結合関係が、安定して存在していることであり、ある見方をすれば、各個別資本の、社会的な生産構造のなかに占めている位置が確定していることであろう。すなわち、個別の生産－労働過程間の位階制が、変動を受けないで存在することが、生産の社会的安定を得るためには必要なのである。

個別生産－労働過程の社会的集積とは、このような格差にもとづく社会的集積である。それは社会的な生産構造全体を安定化させる要素であるが、また同時に、労働者を国家独占資本主義のもとに吸収し、支配するための要素でもあることを、見落とすことはできない。

第三章において、わたしは、生産過程のなかでは労働者は孤立化せざるをえず、またこの孤立化した状態が〈資本〉の〈労働〉支配の基盤になる、と述べた。同じように、社会的な生産構造全体としても、各生産－労働過程が、生産の場所では結合しながらも、しかし他方で格差をもって対立する、この構造に労働者を吸収することが、〈資本総体〉の〈労働総体〉の支配にとっては必要であった。A社の労働者とB社の労働者が、労働内容においては同じ労働をおこなっていても、けっして労働にもとづいて横の結合を得ていくことはなく、各個別資本間の位階制にもとづいて格差を形成していくこと、が必要だったのである。

すなわち、すべての労働者は、社会全体のなかで格差をもって孤立化していることが重要である。今日いたるところでみられるような、A社の課長はB社の部長より地位が高いとされ……というような構造のもとに労働者を吸収することによって、〈資本〉は労働者の個別生産過程のなかへの求引力を獲得したのである。社会的に〈労働〉が結合する可能性を解体したのである。

このような労働者の格差の体系を、労働市場において表現したものが、労働市場にあらわれてくる社会的な賃金体系である。もちろん、労働者の格差を表現するものには、賃金以外の部面も存在するだろう。しかし、労働の平準化が進行し、全産業部門が国家独占資本主義のもとでの一要素化すればするほどに、賃金体系は労働者の格差の体系を正しく表現していくことになる。

わたしは、「賃金体系の総括理論」を、このようなものとして設定する。社会的な賃金体系が、生産‐労働過程の社会的に集積化された状態のなかで、どのような役割を担っているのかをとらえることが必要だったのである。

労働市場分析を、わたしは、第一に、生産‐労働過程の社会的集積状態をとらえるものとして、第二に、労働者の生産‐労働過程へ参加するときの意識と、それを決定する労働者の存在を分析するものとして、考察してきた。そして第三に、社会的な生産‐労働過程の集積が、それ自身としてどのような機能をもっているのか、という労働市場分析の総括的内容を、賃金体系の分析に求めようとしたのである。そのことによって、資本制社会とは何かということを、労働市場から認識していく、新しい視角を確立しようと考えたのである。

四　労働者〈私〉の生活過程

前項においてわたしは、労働市場分析を、労働力需要者の側の量的―質的構造、労働力供給者の存在、できあがった資本主義的生産過程総体のもつ機能という、三つの視点から試みた。もちろんそれは、労働市場分析としてはなおきわめて不備なものである。しかし、そこでわたしが目的においたことは、具体的な労働市場の分析であるよりも、むしろ労働市場分析によって資本主義的生産‐労働過程の総体を認識していく、方法の確立にあった。

本書のはじめに述べたように、これまでの資本主義分析は、単なる資本の運動の分析であったり、資本の構造の解明であったりしてきた。分析の視角から労働者の存在はあらかじめ排除され、労働者は、自分の主体のない理論を「主体化」して活用する役目を負わされた。このような状況に対して、労働主体にもとづく理論体系をうち立てなければ、プロレタリアートの革命の理論はつくりえないことを、わたしは提起してきた。この問題意識にもとづいて資本制社会総体を主体的に分析するためにはどうすればよいのか、という設問に対する、わたしなりの解答を出そうとし、資本制社会を社会なる抽象物としてみるのではなく、〈資本〉と〈私〉の労働存在との具体的な関係の集積のうちに解明しようとした。

ここに労働市場分析は位置する。労働市場を単なる労働力の流通市場としてみるのではなく、

〈資本〉と〈労働〉の社会的関係をとらえていくことこそ、わたしにとっての「労働市場論」である。

以上のことをあらためてふまえながら、本章の最後として、「労働市場論」とはいったい何であるのかについて検討していこうと思う。

前記引用をした隅谷三喜男は、労働市場を、次のような角度からとらえている。隅谷によれば、資本制社会における賃労働の諸問題を生起せしめるものは、労働力と労働者の不可分な性格にある、という。労働力として資本家に売られることは、また労働者として資本家と労働者が雇用契約を結ぶことでもある。労働者は、この雇用契約によって得た賃金で自分の生活をつくりだす、すなわち、自分の労働力を自主的に再生産する。ゆえに労働者の生活（労働力の再生産過程）では、労働者の自主性が一応維持されているのであり、完全に資本の支配下にあるのではない。つまり、労働力の再生産過程は、労働者の手のなかにあるのであり、また資本は、このようにして再生産された労働力を必要としなければならない。だから資本は、労働力の再生産にかかわる過程を、恣意的に支配することはできないのである。

隅谷はこのように述べながら、労働者は、自分の生活との関係によって賃金労働者になること、また資本は、労働力を確保するために労働者の自主的な生活を認めざるをえないこと（資本の支配しきれない生活過程を容認せざるをえないこと）、をみていくのである。隅谷は、この労働力と労働者の不可分性という視点から、労働市場をもみていく。労働市場圏の成立も、労働者が生活との関係で職を得るというような観点から、説明していくのである。労働力と労働者が一体であるがゆえに、労働力は完全な商品になりきらない、として。*

隅谷賃労働理論は、これまでのマルクス主義経済学の客観主義的性格の批判としてつくりだされたものであり、きわめて多くの意義をもっている。しかしわたしは、同じようにこれまでのマルクス主義の客観主義的性格を批判しながらも、それを克服する方法においては隅谷と意見を異にする。それは彼が、労働力と労働者の不可分性を、労働の場においてではなく、労働力－生産過程、労働者－生活過程という構図のなかで問題にすることへの、わたしの疑問である。

はじめに、生産－労働の過程と、生活過程の関係について考察してみよう。確かに今日においては、生産－労働の場所と生活の場所とは、明確な区別が生まれているかのようにみえる。しかしわたしは、この労働と生活の分離は、資本主義的生産様式のつくりだした一つの現象的なものである、と考えている。資本主義的生産過程が価値の生産過程となってしまったこと、生産物が労働から外化してしまったこと、そしてなによりも、生産過程が労働主体の労働の過程ではなく、労働力商品の消費過程に変質したこと、そのことによって、生産の場所から労働者の主体性が失われ、労働と生活のもつ本来的な結合は失われた。その結果、労働は、生活の手段視されるようになった。生産の場所を支配するものは、商品生産の法則であり、ここには労働者の世界はない。

他方、生活の場所は、直接に商品生産の法則によってつくられているわけではない。そこには労働者が自分の意思によってつくることのできる範囲がある。ここから、労働↓疎外された場所、生活↓人間的な場所、という、わかりやすい構図もつくられてくる。

しかし、このような労働者の意識を生みださせたこと自体、資本主義の強さを示しているのである。なぜなら、すでに述べてきたように、生産－労働過程とは、商品としての労働力を消費する過程だけではなかった。それは、労働者が、生産能力と労働能力の双方を消費し、そして再生産する過程である。ここでは、人間の意識をも生産している。そうである以上、ここで労働をとおして再生産された〈獲得された〉〈私〉の能力は、〈私〉の生活過程をも規定してしまうのであり、生活は労働から分離して別に在る過程や場所ではけっしてないのである。

ここでわたしたちは、「生活」とは何であるのか考慮してみよう。「生活」とは、誰もが日々繰り返しおこなっているにもかかわらず、定義づけることは非常にむずかしい概念である。たとえば「生活」のなかには、食うこと、寝ること、語ること等々が含まれるが、では、食うこと寝ること……が「生活」であるのかといえば、けっしてそうではない。

しかし、今日の資本制社会においていえることは、わたしたちが、労働時間外の時間を生活の時間として、無意識のうちに規定しているということである。つまり今日では、「生活」とは、「労働」の反意語のようになってきた。しかし、このような状態をつくりだしたのは、労働の側の責任である。労働が、人間の主体の通用のしない、単なる賃金を得る場所へと変質をとげはじめた結果である。このことを、労働の立場からいえば、使用価値をつくりだすためのすべての行為が本来的な労働であったのに、今日では、貨幣によって表現できる価値を生みだすものだけが、労働として認知されるようになった。

たとえば、自給自足経済のもとでは、狩猟も、農耕も、また衣類をつくる行為も、食事をつくる仕事も、すべてが使用価値をつくりだす行為であり、労働である。ここでは、人間の生活をつくりだしていくための行為が、すべて労働であったといわなければならない。しかし、資本主義的生産様式の発達は、労働として認証される範囲をせばめていった。とりわけ、生活に必要な物を一〇〇パーセント貨幣によって購入しなければならない都市労働者にとっては、貨幣を得るための行為だけが労働として規定されるようになる。それ以外の使用価値をつくりだす行為は、たとえば余暇労働として、あるいは家事労働として、いわゆる労働からは区別されるようになった。

すなわち、資本制社会においては、「生活」に対して労働があるのではなく、反対に、まず労働というものが社会的に認知されている、労働外の時間に「生活」という名称を与えている、といってもよいのである。それゆえに、「生活」と「労働」が分離しているようにみえるのは、資本主義的生産様式によってつくられたものだとわたしは考えている。

現実には「労働」の反意語として「生活」が設定されているとしても、しかし、では、人間の生活過程とは本質において労働過程の反意語であるのかといえば、けっしてそうではない。むしろ積極的に、生活過程とは、一個の労働過程である。人間が自分の総合能力を消費し、再生産していく過程としては、労働過程と生活過程にはなんの区別も生じない。一日の繰り返しのなかで、わたしたちは新しい使用価値をつくり、またそれを消費するという行為を重ねていく。

すなわち、より正確にいえば、人間の存在すべてが、本来、一個の労働過程であった。そして、であるなら、その存在がまた、〈私〉の生活過程である。生活過程と労働過程の間には区別はなかったはずである。だから、原始的な共同の労働がおこなわれていたころは、人間は共同の生活を営み、土地の占有化とともに私的な労働がおこなわれるようになると、私的な生活が営なまれる。ここでは、家族が、最小の協業的な労働単位であり、家族の生活過程が、家族としての労働過程をなしてきた。

資本制社会においても、この関係が否定されたわけではない。しかし、工場労働者として資本の生産過程のもとへ参画する、という労働の形態に、特別の意味が加えられたのである。それは、この労働の形態によってしか生活費用を得られない、という事実によって固定化された。そして他の行為が、労働外の行為とされたのである。

この生活と労働の疎外関係は、資本制社会の解体とともに克服されなければならない。が、ここで確認しておくことは、次のようなことである。

資本制社会では、〈資本〉のもとでの労働過程と、「生活」としての労働過程が、分かれて成立するようになった。つまり、前者は価値の生産過程に生じた労働過程であり、後者はそのままではいかなる価値、交換価値をも生みださない。直接的にはこの二つの労働過程には、結合する要素はない。

しかし、この二つの労働過程が分離したこと自体が、資本制社会の奇形性である。である以上、この分離には、本質において無理がある。人間は「生活」としての労働過程においても、「労働」としての労働過程においても、みずからの主体を消費し再生産していく。それは同じ主体である。だから、「労働」のなかでつくられた人間の意識は「生活」を規定してしまうし、また、「生活」でつくられた意識は「労働」を規定してしまう。人間の主体の内部では、「労働」と「生活」は分けることはできない。

ただ、今日の資本制社会においては、その生活を維持するためにも、人間は「労働」を確保し、それを優先させなければならない。このかぎりでは、「労働」としての労働過程は、「生活」の上に立ちつづけることになるだろう。

このようにして、現象的には労働と生活は分離しているようにみえても、本質的には、「労働過程→労働能力・労働意識の生産→生活」という流れと、「生産過程→生産能力・生産意識の生産→生活」という二つの水脈をとおって、労働と生活は結合している。われわれ労働者が、労働と生活は分離していると考え、自由な生活を得るための手段に労働の場所を限定し、労働の場所が資本の生産過程であることを容認してしまうならば、その生活をも、間接的には〈資本〉の手のうちに帰してしまう。それは労働過程と生活との結合を、労働者自身の手で放棄してしまうことになる。

さらに、労働者が労働の場所を生活の手段として考えているかぎり、生産‐労働過程は〈資本〉のものである。労働者はそのなかに自分の主体を要求しないのだから。そうすれば〈資本〉

にとっては好都合である。第一に〈資本〉は、生産‐労働過程を生産過程の主導のもとに支配することができ、第二に、そこでつくられた労働者の意識をとおして労働者の生活過程をも統括することができる。〈資本〉は、労働者が労働と生活の分離を認めている状況が存在していることのほうが、自己の支配体制をつくりだしやすかった。ゆえに、われわれにとって必要なことは、「自由な生活」を維持することではなく、労働と生活の結合の内容を解明し、そこから資本主義的生産様式の否定の論理をつくりだしていくことである。

わたしは、生活の問題をも、再び生産‐労働過程の領域に戻して考察する。隅谷賃労働理論の、労働力と労働者の不可分性は、ここでは生産過程と労働過程の不可分性の問題に移行する。労働市場の分析についても、生産過程の外にいる労働者と、生産過程の内部にある労働力の関係からそれを考察するのではなく、生産‐労働過程という自己矛盾過程の社会的集積の場所として、分析するのである。

労働市場は第一に、資本の労働力需要を必要条件とすることによって成立する。が第二に、生産‐労働過程のなかに参画する労働者の存在によって、十分条件をも獲得するのである。第一の側面は、社会的な生産過程総体のもつ、量的・質的な状態からつくられ、第二の条件は、労働者の存在と、そこでつくられた生産‐労働過程と生活過程の結合から生みだされるのである。

われわれ労働者が賃金労働者となることは、資本制社会においては強制されたことがらである。なぜなら労働者は、自分の労働力を売る以外には、自分の生命を維持する方法をもたない。しかし労働力の売り方は、かならずしも強制されてはいない。確かにここにも社会的な多くの制約は存在する。が、そこには、労働者の存在と意志とによって自由に決定できる範囲があるからこそ、前項でみてきたように、労働市場圏の成立や、また地域別の就業分野のちがいも生まれてきたのである。

この「労働者の自由となる範囲」での、労働者の行動様式を決定する二つの理由が、労働と生活の不可分な性格である。たとえば男子労働者にとっての労働と生活の関係は、女子労働者の労働と生活の関係とは異なっていた。男子労働者と女子労働者の労働をとらえるときの能動性が異なっていたのである。それは、この能動性を形成する基盤となった、労働と生活の結合形態が、女子と男子では異なった社会的制約を受けていたことに起因している。そしてまた、この制約が、労働者の労働に対する意識として表現されていた。

労働の外にある生活が労働市場を制約するのではなく、労働と生活の結合が、その原因をなしていたのである。

労働市場を労働力供給者の側から規定する第二の要素は、労働に参画するときの、労働自身に対する人間の意識の問題である。労働者が生産－労働過程に参画していく意識には、生産過程に参画していく、すなわち、労働賃金を得るために労働力を売りに出す意識と、労働過程に参画し、労働をそこでするために生産－労働過程のなかに入る意識の二面性が存在する。労働者は、賃金の量だけによっては、労働力の買い手を探したりはしない。自分の労働能力と、生産－労働過程での労働内容の関係をも考えて、就業先を決定する。それは意識的であれ、無意識的であれ、労働過程に自分が参画していくのだという意識の、一つのあらわれである。

労働市場は、生産‐労働過程の社会的集積によってつくられる。それは生産過程の社会的集積だけではなく、労働過程の社会的集積をも意味している。ゆえに労働者は、第一に、生産過程と自分の生活、ならびに生産過程から生みだされた社会的諸要素に規定されながら、生産過程のなかに参画し、第二に、労働過程と自分の生活、ならびに労働過程と結合した諸要素をふまえて、労働過程のなかに参画する。この労働力供給者の側の二面性が労働市場を複雑化していく。単なる資本の論理だけではは かることのできない、資本制社会の実態構造をも、労働市場は表現することになったのである。

この点にこそ、わたしの注目もまた存在した。資本制社会を、〈資本〉と〈労働〉のつくりだした実態構造のなかにとらえることが、労働市場分析と結合した。個々の〈資本〉と〈労働〉の関係によって、個別の生産‐労働過程がつくりだされ、今度はその個別生産‐労働過程の集積によって、社会的な生産諸力と生産諸関係がつくられていく。この重層化された体制のなかに、資本主義をみていくことによって、これまでのマルクス主義理論の客観主義を克服し、資本制社会総体のなかでの、労働者の存在をみていこうとしたのである。

資本制社会総体を、労働存在から解明していくことは可能だろうか、というのが、この章でのわたしの設問であった。そしてこの設問に答えるかたちで、わたしは、労働市場分析を設定し、そのことによってまた、わたしは、労働存在と資本制社会との関係と距離を明らかにしようとしたのである。労働存在から離れた、資本制社会なるものをみるのではなく、労働存在の集積のうちに資本制社会をとらえ、〈私〉と資本制社会との内的関係を示していこうとした。それは、プロレタリアートの手によって、社会総体をも獲得していく、理論的根拠を解明するための試みであった。

終章　労働過程論ノート・補遺

戦後、梅本克己によって、いわゆる正統派マルクス主義哲学が人間不在の哲学である、という批判がおこなわれたことがある。梅本によれば、マルクス主義哲学の内部には人間個人の実存が構築されていなければならず、哲学が単なる世界観や歴史法則の体系としてつくられるかぎり、人間の実存にかかわることはマルクス主義の外部の作業になってしまう。マルクス主義哲学における人間の不在、それを梅本は「空隙」という言葉で呼んだ。

わたしの哲学的興味も、そこのところからはじまった。本書の考え方の基礎になっている存在論的な認識方法は、その頃つくられたものだといってもよい。しかし、序章において述べたように、梅本哲学への接近は、それからの背反をも生みだしていった。梅本が哲学的思惟のなかでの実存をとらえていったのに対して、わたしは、具体的な存在のなかでの人間の実存をみていこうとしたのである。

このようなかで多くのことを教えてくれたのは、隅谷三喜男の労働経済論である。隅谷は、『資本論』の内容の正しさを認めながらも、『資本論』は労働者からみるならば、客観主義的な論理分析になっていることを指摘した。労働者にとって主体的な論理体系を『資本論』とは別に構築しなければならず、その理論を隅谷は「賃労働理論」と呼んだ*。梅本は、これまでのマルクス主義の「空隙」を埋める作業の必要性を提起したが、隅谷は、まったく別個の理論体系が、プロレタリアートにとっては必要だ、と考えたのである。

梅本哲学への共感を出発点としながら、わたしは、梅本哲学へのものたりなさを媒介として、そして最後に、マルクス経済学への疑問をも生みだしていった。が、それは、革命の理論としてのマルクス主義の放棄にはつながらない。というよりも、マルクス主義を労働者の革命の哲学として再構築するための努力であった。

この過程でわたしに多くの影響を与えたものは、一九六〇年代後半からの、新しい労働運動であった。ふつう新左翼労働運動といわれたこの闘争は、労働者とは何か、ということを具体的にわれわれに教えたのである。わたしは、いくつかの結節点を経ながら、具体的な関係のなかで生きている労働者を出発点とする理論体系、すなわち、労働者の存在論を中心にした哲学体系がつくられないかぎり、本当に主体的なマルクス主義哲学体系は創造しえないのではないか、という問題意識をもちはじめていたのである。その労働者の存在論的分析の基本を、わたしは、労働の存在論的分析に求めようとした。そのことによって、賃労働の問題の研究の軸を、労働者の生活に設定する隅谷労働経済論とは異なった方法をたどることになった。労働者のもつ主体的な存在をとらえる軸を、労働の分析に設定したのである。

それは〈労働の研究〉ではない。労働過程を媒介にした、マルクス主義哲学体系をつくりだすための作業である。

資本制社会を資本主義的経済過程によってつくられた社会と考えるのか、それとも資本主義的制約のなかでつくられた人間の社会として考察するのか、ということは、本来対立する事象ではない。しかし前者を主眼とする人びとは、往々にして資本制社会を人間の関係から外化した諸法則のなかに一元化してしまい、社会から人間の存在を切り落としてしまうという誤りを生みだしていった。そういう傾向を、われわれはスターリン主義的傾向と呼んだ。資本制社会を歴史過程における一社会としてとらえる、ということが、社会を動かす土台の研究へと向かい、その土台は生産諸力と生産諸関係の関係として認識された。生産諸力の拡大は、必然的にそれまでの生産諸関係と対立しはじめるという公式をもって、資本主義は、社会主義へ向かう一段階として規定されたのである。

そういうスターリン主義的唯物史観には、歴史を動かす人間の実践という重大な契機が欠落していた。反スターリン主義の立場からは、人間の主体的実践をもって法則化していくところのものと、過去における人間によってつくられた法則性を分離する、という正しい指摘がおこなわれ、そこにおいて史的唯物論と人間の実践との結合がはかられたのである。

しかし、そのような努力は、わたしには過渡的な努力であったように思える。というのは、資本制社会を基本的に規定していく資本主義的経済過程と人間の実践との結合をはかるということはじつは、人間から外化された運動過程と、人間自身の運動過程とを統一的に把握するということである。それは、人間にとって外にある本質と内側の本質とをつなげることになる。しかしそんなことは可能なのだろうか。すなわち、自分の主体的な論理構造と、客体的な論理構造とは、しょせん主体と客体なのであって、統一化される原理規定をもたない。つまり、共通の基盤がないのである。それを無理につなげようとすれば、単なる哲学的作業の上でのことになってしまうし、哲学的営為としてつなげれば新しい観念論を生みだしてしまう。あとはそのときの都合に合わせて、時に法則性が重視され、時に人間の実践が重視される、という場当り主義になってしまう。

実際、日本の多くの反スターリン主義哲学には、そういう傾向がみられたのである。それをわたしは、人間の実践、人間の存在を中核とした資本制社会への原理規定がないからだと考えている。つまり、「資本主義はイヤなのだというオレの気持ち」を生みだす根拠の分析のなかに、資本制社会の科学的本質がとらえられなければならないのである。そういう新しい資本主義分析への道を開く過渡として、過去のスターリン主義批判は存在していたと思えるのである。自分の生きている社会として資本主義をとらえること抜きには、本当に反スターリン主義哲学をつくりだすことはできなかったのである。

しかしマルクス主義は、オレの存在の内の哲学として、労働者に影響を与えていただろうか。

けっしてそうではなかった。だから、「オレの問題」は、精神的な領域に関することは、たとえば実存主義の側から、たとえば宗教哲学の側から、すなわち、非マルクス主義の側から解答を与えられてきた。むしろ自分の問題を切り捨てるところに、自分がマルクス主義者になる道があるようにいわれたのである。

しかしマルクス主義とは、労働者にとって「オレの哲学」でなければならない。そういう意味で、マルクス主義とはプロレタリアートの哲学である。が、そのことは、労働者にマルクス主義は正しいのだ、ということを感じる意識を強制することではなく、反対に、哲学のなかにプロレタリアートの主体的な世界が再構成されていく理論として、哲学の体系をつくりだしていくことである。それをわたしは、労働者の存在論と実践論を軸に資本制社会を解明していく哲学の創造だと考えるのである。

そういう意味では、わたしの作業は、人間の行為のなかにつくられている社会が資本制社会であるということの本質をつきとめることにある。そして、そこでの人間の行為とは、生産と労働の行為である。

労働とは、けっして労働時間の肉体的（精神的）消耗ではない。人間は労働をする動物であるというまでもなく、労働は、人間の全実存の根幹をなしていくものである。それは人間の意識と労働の関係、生活様式と労働の関係をたどっていけばたどりつく結論であって、人間存在の根本は、労働存在によって規定されるものである。

他方、労働は、いうまでもなく生産物を生みだし、労働と生産は不可分の関係に位置する。その労働と生産の関係を、特殊な生産様式にもとづいて疎外態としてつくりだしていったのが、資本主義の生産様式である。だから資本主義的生産様式は、その再生産過程における行為の次元でとらえれば、生産と労働の資本主義的規定のなかの世界としてとらえることができるのである。人間の労働存在は、この資本主義的規定のなかの労働存在へと移されることによってとらえられなければならなくなる。労働存在と労働実践を軸とした資本主義の分析は、そこにおいて労働者の「オレの世界」と、資本主義の再生産過程とを、統一的にとらえていくことができるのである。

そういう分析の方法を、わたしは労働過程論という言葉で呼んだ。しかしそれは、厳密には「生産－労働過程論」といわなければならない。というのは、労働実践とは、生産実践としておこなわれる行為であるが、しかし資本主義的生産様式のもとでは、労働とは労働者の労働能力にもとづく行為であるのに対し、生産とは労働力商品を使っての資本の生産過程である。そこに、労働と生産の分離－二重化という資本主義の特殊性が生じる。

労働者の存在とは、労働にもとづく存在と生産にもとづく存在に分離－二重化される。本質的には労働と生産が分離し、しかし現実的には労働と生産は同一の過程をたどる。その自己矛盾に、資本主義のもとでの存在と実践はかたちつくられる。である以上、生産過程における資本と労働の運動過程と、労働過程における同じ過程を統一的に認識することが必要となったのである。ゆえに、労働存在と労働実践を中軸にした資本主義分析の体系とは、生産過程と労働過程における資本と労働存在・労働実践の行為過程を解明することであり、それをわたしは「生産－労働過程論」という言葉で呼んだのである。

生産－労働過程という言葉は、これまで使われたことのないものである。が、生産過程と労働過程の分離－二重性をあらわす概念が存在しないため、この言葉を使用することになった。とともに、労働過程とは全歴史的な素朴な生産の過程であるという、いわゆる『資本論』的な規定とは、異なった趣きをもってわたしは使っている。労働能力の消費－再生産過程としての労働の行為の世界をわたしは労働過程と呼び、対して、生産物を生みだしていく物質の形態転換の過程を生産過程と呼んだのである。生産と労働が分離してしまっている資本主義的生産様式のもとでは、この二つの概念を、異なるものとして規定しなければ、本質がわからなくなってしまう。そしてこの生産－労働過程における労働存在・労働実践と資本との関係の分析を軸にして、プロレタリアートの主体的な哲学体系をつくりだそうと試みたのである。

そのことは、労働過程論に、一つの特徴を与えることになる。すなわち、労働過程論は、資本主義的生産様式を根幹においた社会でしか通用しない哲学なのである。しかしわたしは、哲学はすべての歴史に通用する必要はない、と思っている。その意味では、マルクス主義哲学は共産主義社会の建設とともに滅び去るものであり、永遠の哲学ではないからこそ、資本制社会のもとでは革命の哲学なのである。

生産－労働過程における労働存在と労働実践を理論の中軸にした、マルクス主義哲学体系の創造という課題に対して、わたしは、次のような構成をもって解答を出そうとした。

はじめに、物質の形態転換の過程である生産過程と、労働の行為過程である労働過程との、概念的相異について述べながら、人間と労働との関係を解明していくことが必要であった。それをわたしは、人間労働を媒介として資本制社会をとらえていくための第一章として設定した。

では、生産過程と労働過程は、資本主義的な生産様式のもとではいかなる運動原理をもつようになったのだろうか。第二章では、資本の価値増殖過程である生産過程と、そこに従属してつくられる労働過程との統一態としての、資本主義的生産－労働過程の原理論的解明を目標とした。

この資本主義的生産－労働過程は、現実的には、どのような実態構造を所有しているのか。その検討を、個別生産－労働過程の内部の、賃労働の組織化の分析としておこなったのが第三章である。それは、〈資本〉と〈労働〉の存在論的分析である。

しかし、個別の生産－労働過程は単独で成立しているわけではない。資本主義的生産様式の社会的な総体との関係でつくられている。ここからわたしは、資本制社会総体の構造を、生産－労働過程の社会的集積という観点から解明しようとした。その基本軸となったのが労働市場分析であり、第四章では、生産－労働過程の社会的に集積化された状態を、労働力の社会的構成という側面から検討していった。

それらの内容については、本書各章を参照していただきたい。ここでは、本書の論理方法をつくりだしていった、次の二つの側面についてだけ簡単にふれておきたい。

一つは、認識論についての、わたしの考え方である。認識論一般について述べれば、それはものを認識していく過程を示すものであろう。しかし、マルクス主義認識論の場合は、認識対象があらかじめ設定されているはずである。この認識対象の設定というところでは、マルクス主義哲学はきわめてイデオロギー的であって、しかも認識過程においてはイデオロギーの排除が要求される。ここでは科学的分析の方法が確立されなければならない。すなわち、認識対象を何に設定するのか、がまず問われなければならない。それをわたしは、プロレタリアートの矛盾した存在の構造と本質をとらえることに設定した。ここに対象を設定するところに、マルクス主義哲学の他の哲学と異なる独自性が存在する、とわたしは思っている。

だから、わたしにとっての認識論とは、プロレタリアートの矛盾の構造を存在論的に解明していく作業であった。それを本書では、労働存在を労働存在論として、労働実践を労働実践論として、解き明かしていく作業として設定したのである。労働存在・労働実践の構造を、理論的に認識していく過程が、わたしにとってのマルクス主義認識論である。ゆえにそれは、藤本進治のいうような、ものをとらえる作業一般を指すのではない。

このような認識過程の方法として、わたしはまた、弁証法的唯物論をとらえてきた。だから、わたしにとって弁証法的唯物論とは、すべてのものは弁証法的・唯物論的構造によって成り立っていることを証明するためのものではない。それは、プロレタリアートの主体の世界を、科学的に対象化していくときの方法である。

わたしはまた、人間が労働との関係で自然を包摂していく過程、その過程を媒介として自然を認識していくところに、自然哲学の場所を設定した。自然哲学とは、自然の人間に対する先行性、人間は自然の産物であることを証明する、エンゲルス的な学問ではない。労働実践のなかでの自然の対象化、自然への認識の過程、つまり、労働と自然との関係をとらえるものである。人間にとって自然が問題になるのは人間の範疇においてであり、つまり、対象化された領域でしか自然は人間に対して自然ではない。労働という人間の営為においてのみ、自然哲学は成立するのではないか。

本書における労働過程論の方法には、このような二つの側面が前提化されている。つまりわたしは、人間の外にある科学的真理というようなものを容認してはこなかったのである。

ところで、本書では、労働過程の概念規定からはじめて、資本制社会を生産‐労働過程の社会的集積としてとらえるところまでを述べてきた。しかし労働過程論の体系の創造という目的からみれば、ここでの作業は、ほんの手はじめにすぎない。すくなくとも、次の二つの研究が早急におこなわれなければならないだろう。一つは、体系化への努力である。ここで必要な作業は、以後の第一の課題として、列記しておくことにする。とともに、もう一つの課題として、本書で扱った内容を、さらに深化させるということが必要となっている。

本書において、わたしは、とりわけ経済学的な分析方法を、多くの場合においてしりぞけている。もちろんそれは、経済学の役割を否定しようというのではない。マルクス主義を労働者の主体的な理論として創造していくために、これまでのマルクス主義の常識をも、一度、再検討してみようということである。労働過程の研究を、わたしはマルクス主義体系の基本軸に設定してきたが、このような方法自身、これまでのマルクス主義の常識的見解とは異なる。それは分析の視角が異なるのである。だから、同じ資本制社会をとらえようとしても、分析視角が異なるから、ちがう構造がみえてくる。

しかし、その構造を、これまで使われてきた用語で説明しようとしたため、わたしは多くの困難につきあたった。用語自体の問題でいえば、たとえば分業という言葉にも、わたしは新しい範疇を与えねばならなかった。協業にもとづく労働の分割と、資本主義的生産様式によってつくりだされた分業とを、わたしはまったく異なる概念としてとらえた。しかしこのこともまた、完全に説明されつくしてはいない。というのは、労働の分割は、労働の協業性の問題との関係でとらえなければならないばかりでなく、協業労働をつくりだす労働形態の共同性や労働存在の共同体的性格と労働の関係をも分析しなければ、資本主義的生産様式のもとでの分業と労働の分割とのちがいを説明し終えることにはならない。

このように、たとえば分業の解明自体をみても、なお問題提起の水準である。また、ある程度の説明は加えておいたが、たとえば精神労働と肉体労働という言葉の意味、あるいは抽象的労働・具体的労働という単語なども、かならずしもこれまで使われてきた概念と同一ではなくなっている。しかしこれらのことは、単に単語の意味を辞書のようにつけ加えればよいというのではない。なぜこのような新しい概念が必要になったのかを明らかにし、その概念による資本制社会の分析を完成させなければならない。

それゆえに、この課題に答えるためには、たとえばいま述べた分業についていえば、共同体についての考察がどうしても必要となるであろうし、それはまた、中世における農業経営や近世におけるマニュファクチュアの分析というように、多くの努力を必要とさせるだろう。そういう作業をとおして、わたしは、「労働過程論ノート」から「労働過程論」へとこの主題を完成させていかねばならない。

以下、労働過程論の体系の創造にとって必要な、基本的な課題を記しておきたい。

「現代世界構造分析の基本視点——世界的な生産－労働過程の集積と配置＝組織化の研究」

これは、これまで世界経済分析、あるいは世界資本主義分析としておこなわれてきた。これまでの過程で、わたしは、資本主義分析を経済分析からはおこなわず、労働と生産の行為の過程を媒介としてつくられた体制の解明、という視点から検討してきた。それは、労働存在・労働実践を、労働存在論・労働実践論として対象化していく作業であり、そのことによって、プロレタリアートの世界の再構成の上に現代世界をとらえていくことであった。第一の課題は、この視点にもとづいて世界資本主義分析をおこなっていくことである。

一、世界的な経済体制を、生産－労働過程の世界的構造における集積と配置としてとらえること

二、そこでの重層的な相互関係、支配関係、ならびにこの構造が労働者に与える影響について考察すること

この二つの視角から、現代世界の構造をとらえていくことである。*

「政治学の体系への視点について」

世界的な生産－労働過程の集積と配置の分析に、国家論をふまえること。これは、国内的な生産－労働過程の組織化された状態を解明するうえでも、必要な事柄である。基本的な問題は、近代的な政治支配関係の確立と「近代国家体制」とをどのように統一的に把握するのか、ということにある。わたしは前者を、資本主義的生産様式によって生みだされた特殊なもの、としてとらえている。第三章において、生産過程と労働過程の分離が、〈資本〉と〈労働〉の政治的支配関係の成立を必然化させると述べた。政治支配関係とは、支配する側、支配される側の双方が、ある一つの過程を経ると分化し、支配－従属関係をとり結んでしまうことだと考えている。それはたとえば、中世的な武力による支配と同じことではない。政治的支配とは、近代－現代的な特殊

的産物であり、またこの特殊な構造を生みだした根拠、基盤が、生産－労働過程内部の政治的支配関係の成立にある。この政治的支配関係を、制度的、権力構造的に外化したものが「近代国家体制」であり、国家とは資本主義的な生産－労働過程の内部に発生する政治的諸関係の総括形体である、と考えるのがわたしの方法である。

本書では、政治学としては、必要に応じてしかふれていない。この断片的な考察を、体系的な理論へとひろげていくのが、労働過程論体系をつくりだすために必要とされる第二の課題である。

「労働過程変遷史について」

本書は、第一―第二章が原理論的領域の分析、第三―第四章が実態論的分析という構成になっている。しかし本来は、原理論と実態論は直接的につながるものではない。その間に、実態をつくりだした歴史過程としての歴史段階論的な研究が媒介として必要になる。それを「労働過程変遷史」という角度から考察することが第三の課題である。

ふつう、資本主義の歴史に関する研究は、資本主義発達史あるいは帝国主義論としておこなわれてきている。しかしわたしは、この歴史を、資本の発達史として描くことに疑問をもっている。資本の歴史が書かれ、そこに従属した〝被害者〟または〝加害者〟として労働者の歴史が書かれるというのが、これまでの大方の方法であった。それは、労働者の外の経済史にすぎない。歴史を、労働者の存在の内部にとりもどすことが、ここでもわたしの目的になる。

たとえば初期産業資本主義段階の分析は、初期産業資本の研究としておこなうのではなく、初期産業資本主義型生産－労働過程の解明へと転化されなければならない。労働者の生産と労働の形態のなかに歴史の諸段階の特徴をもとめること。それは労働存在の歴史を書くことであり、またそうであるがゆえに、そこには技術史が包摂される。

日本労働過程変遷史の構成は、次のように予定される。

一、日本型マニュファクチュアにおける生産－労働過程の構造の分析
二、日本型初期産業資本主義の同様の分析
三、大正期の産業資本－金融資本確立期における同様の構造の分析
四、昭和恐慌－戦時経済体制下の生産－労働過程の構造の分析
五、敗戦から戦後復興までのそれの検討
六、戦後の技術革新以後の生産－労働過程の構造の解明

また、これらとともに、農業労働の構造の変遷があきらかにされなければならない。この、生産－労働過程の構造分析をとおして、〈資本〉と〈労働〉の存在と実践のなかにつくられた歴史をとらえていくことのなかではじめて、資本主義的な階級関係の発生と階級関係の歴史があきらかにされるだろう。またこれは、わたしにとっては、史的唯物論ノートの役割を果たすものにな

る。

労働過程論を完成された体系としてつくりだしていくためには、なお多くの作業が残されている。たとえば価値論史を批判的に検討していくことも、これらの作業と並行しておこなわれなければならない。労働者の主体的な領域のなかに〝資本主義〟をとらえていくこと、すなわち、労働存在と労働実践のなかに資本制社会を認識していこうとする作業は、これまでまったくおこなわれてこなかった、といってもよい。そのために、きわめて初歩的なことまでふくめて、われわれは一つずつ解明していく必要性に迫られている。

しかし、労働過程論としての、労働者の行為と存在のなかの哲学の創造を抜きにしては、われわれは決して革命の哲学をつくりだすことはできないだろう。理論と実践が結合しうるような理論をつくりだすことはできない。労働過程論は、労働者が革命の主体であるということを甦えらせるための、理論体系である。

プロレタリアートの主体のなかの哲学として、マルクス主義哲学を再構成すること、それが本書で最初に述べた目的であった。もちろん、マルクス主義哲学は、これまで正統派をも含めて、つねに、革命によって改革される対象をとらえようとしてきた。が、それらがもっていた誤りは、変革される対象と、変革の主体が、存在論的・実践論的に結合しなかったことである。すなわち、その結合は、〝党〟という、理論集団であり、かつ実践集団である組織をとおしておこなわれるものとされた。理論と実践を結合するものは前衛党である、というテーゼが守られてきたのである。

しかし、資本制社会における党が、資本主義的規定性のなかでつくられた人間によって創造された組織である、ということを忘れることは犯罪である。その意味では、完全に共産主義的に理論と実践の結合した党など、この社会ではつくることはできない。そのことを無視するなら、〝党〟は、つねに「意識の高い」インテリゲンチュアの集団に変質し、ただ意識のなかでマルクスの理論体系に接近しただけの人間の組織に、ならざるをえないだろう。それは〝党〟の体質を、本質的に閉鎖化してしまう。

革命の根拠は、そのようなところにはない。実際に毎日労働をし、生活をしている、プロレタリアートの矛盾した存在構造のなかにこそ、その芽は生まれているのである。人間は日々みずからを再生産する。その再生産過程のなかにあらわれてくる自己矛盾こそが革命への物質的根拠である、とわたしは思っている。そして、その自己矛盾的な過程を〝写実的〟に描くことが、労働過程論体系の目的なのである。

労働過程論を、原理論、実態論という方法のなかにわたしはとらえようとしてきた。が、実態論とは、労働者にとっての客観的実態をあきらかにするのではなく、主体的実態の分析である。それは、労働存在と労働実践の実態を、労働存在論・労働実践論へと表象化していくという方法に示されたものである。だからわたしは、客観的かつ科学的な理論体系を基礎として、その上に、戦略・戦術としての革命論を創造する、というような常識的な方法を拒否した。そうではなく、実態論のなかに革命の原理論がつくられていくものとして考えたのである。つまり、革命の主体的要因を実態論のなかに見出そうとした。実態論のなかにつくられる革命の原理論を、文字どおり革命論として創造することが、労働過程論体系の最後の課題であり、かつ最終の目標である。原理論↓実態論↓革命論という三段階論を、わたしは自分の哲学の方法としてつねにもってきた。が、それら三つは並列化されるものではない。原理論は実態論のための原理論であり、そのつながりのなかには歴史段階論が媒介として存在する。そして実態論のなかには革命の原理論が成立するのであり、だからこそ、理論上の検討は、そのまま革命論のなかに体系化されていくのである。

わたしにとって理論と実践の結合とは、理論の領域のなかに実践の契機をもとめていくものである。またそれがなければ、プロレタリアートの哲学としてのマルクス主義哲学は死を宣告されてしまうだろう。

本書で検討してきたことがらは、革命の原理論への準備作業である。そこでわたしは、資本制社会の根本的な矛盾を、資本主義的 - 生産 - 労働過程のもつ矛盾として解明してきた。それは、資本主義的生産 - 労働過程の矛盾の根拠と、その構造をあきらかにする努力であったと同時に、プロレタリアートが自己を階級として形成する可能性をそのなかから示そうとした。そのことをとおして提起されたことは何だったろうか。

労働者は、自己を再生産する過程のなかで存在基盤を所有する。そしてその再生産過程の最大の要素が、生産と労働の過程である。それは第一に、資本の生産過程であり、第二に、労働者の労働過程である。前者は、価値の生産過程によってかたちづくられた諸規定のなかでの再生産であり、後者は、プロレタリアートの労働能力の消費をとおしての再生産過程である。

人間という個体のつくられる基盤は、その生産過程と労働過程をとおしての人間の再生産過程である。人間はみずからを再生産していく構造から自由になることはできない。そのなかでしかみずからをつくれない。〈私〉とは何かを考えるとき、それは〈私〉をつくりだす再生産過程の構造をみることによって解答を得られるのである。だから人間とは有限な動物である。人間の意識をも含めて、われわれは、今日の生産と労働の構造に基本的に規定されてしまわざるをえないのである。

人間の有限性は、われわれの属する生産－労働過程の構造の資本主義的規定性と可能性の問題である。

資本制社会における階級関係は、この生産－労働過程における〈資本〉と〈労働〉の関係としてつくりだされる。それゆえに階級の考察で必要なことは、第一に、その関係を認識することであるが、第二には、そのなかでの階級形成について研究することである。

わたしは、階級形成を意識の面での〝自己のマルクス主義者化〟だとは思っていない。みずからの再生産過程の構造を再編成していくことだと思っている。みずからをつくりだしてゆく物質的根拠の変革の過程こそ、階級形成の過程である。そういう把握のしかたを、わたしは階級関係論という言葉で呼ぶことにする。つまり、それは人間の再生産過程の関係の問題として、階級の問題を解明していこうとする方法である。

それをわたしは、日本の革命的共産主義運動史における自分の体験から学びとった。自分自身を生産していく場を革命的に変革していくことが、すなわち、自己を階級として形成していくことである。自己を生産していく場所とは、同時に自分のもつ蓄積化された力を消費－再生産していく場所のことであり、それは生産－労働過程を最大の根拠とする。生産－労働過程の構造と自分との関係こそ、わたしの階級形成の状態を示している。

資本の生産過程においては、プロレタリアートは、みずからを「資本のもとでの人間」として再生産せざるをえない。労働者が自己を自然的な力として生産しうる場所は、労働者の自然的能力を発揮しうる場所、すなわち、労働過程においてである。労働者は、労働過程のなかでは資本の生産過程に対峙する力として自己を生産するのであり、反対に生産過程のなかでは資本のもとに掌握されていく自己を生産する。資本主義的生産様式のもとでは、そのしくみから人間はのがれられない。だからこそ、この社会では完全な共産主義者も、また完全な反労働者的人間もつくりだされない。われわれにとっては、その不完全性を認識することが重要なのである。

革命にとって第一に重要なことは、労働者を階級として形成することである。それは、労働者を再生産していく最大の物質的根拠、生産－労働過程を変革することである。

生産－労働過程の変革とは、すなわち、その過程のなかから、資本の生産過程としての要素を排除していくことである。生産－労働過程を、労働者の労働の世界である労働過程へと奪還していくことである。が、それはどのようにして可能だろうか。

その方法を発見していくためには、第一に、資本の生産過程が基盤とするところのものをみていかなければならない。生産過程のもとへの労働者の組織化は、

一、生産システムのもとへの労働者の集積と配置

二、労務管理体系への労働者の組織化

の二つを最大の基盤としておこなわれる。逆にいえば、その二つのものを変革していくことが、われわれにとっては最大の柱となるのである。もちろん、資本の生産システムのもとへの労働者の組織化を完全に解体することは、革命をとおしてしか実現できない。しかし半面、労働者の生産システムのもとへの、より合理的な集積と配置を、資本は生産過程の構造を強化する方策としてつねにもちだしてくるのであり、これに対して、労働者の側は、資本の生産過程の構造に自己の労働の基盤をもって対決していくこと、それとともに資本の労務管理体系を崩していくことは、つねに可能なことがらなのである。

が、日本のこれまでの労働運動史をみるなら、労務管理体系への闘争は、ある程度はおこなわ

れてきたとはいえ、それは往々にして、「資本の非人間的な支配政策」への反対であった。つまり、資本による労働者の組織化の根本政策のなかに労務管理体系を位置づけ、資本の生産過程を解体していくという視座のもとにそれがおこなわれたことはほとんどなかったといえるだろう。だからこそ、それは改良闘争として位置づけられたにすぎなかったのである。資本の生産システムのもとへの労働者の集積と配置の構造を、労働者の側から変革することは、戦後革命期に例外的におこなわれたことがあるだけである。

が、生産システムとは、当然ながら、資本の価値形成－増殖過程の論理にもとづいて、生産技術体系としてつくられている。生産システムのもっとも完成された姿は、いわゆるベルトコンベアシステムであり、ここでは人間の労働に付随する要素はほとんど消滅してしまっている。そういう生産システムのもとでは、第一に、労働者は自分の労働の世界が、資本の生産過程のもとでは、まったく喪失されてしまっていることをとらえかえし、生産過程への対立する主体を形成していくことが重要であろう。そして第二に、自分の労働を、労働技術体系のうちにとらえていくこと、すなわち、生産技術体系のもとへの労働者の集積と配置に対して、みずからの労働技術体系の創造をもって対決していくことが重要なのである。

資本主義的生産様式とは、生産システムが資本の生産過程の論理に従って組織されている以上、安泰である。つまり、そうであるかぎり、労働者はみずからを自己矛盾のうちに再生産することになり、また、資本の労働者支配を可能にする温床を与えている。労働の解放とは、生産－労働過程を、労働過程の世界として創造することである。労働者の自然な行為過程のなかに、労働をつくりだしていくことである。

かつて一九五〇年代の後半、三井三池闘争が闘われた。その時、歴史は石炭から石油へのエネルギー転換を要請しているといわれた。そしてそれにもとづいて、石炭産業では、いわゆるスクラップ・アンド・ビルドといわれた優良炭鉱の育成と他炭鉱の整理がすすめられた。その合理化政策に対して反対したのが、三池闘争である。が、三池闘争を闘った側には、次のようなことが解決できずに残された。確かに資本の合理化は労働者を犠牲にし、容認できるものではない。だが石炭から石油へのエネルギーの転換は歴史の必然であるのかどうなのか。

このことは、その後の日本の労働運動のなかでつねに問われつづけてきたことである。労働者を犠牲にする合理化はいけない。だが機械を導入し、生産システムを効率化していくことはやむをえないのではないか、という反問として。そして日本の労働運動は、結局この合理化を、若干の労働時間の短縮や賃上げとひきかえに容認してきたのである。つまり、そのことへは、ついに解答を出せなかった。三池闘争が敗北したとき、ある指導者は、「このエネルギー転換の流れが、もしソビエトでおこなわれたなら、これほど労働者を犠牲にすることはなかっただろう」という総括を述べた。それ以上のことはいえなかったのである。よく日共系の人びとはこの意見を嘲笑する。が、わたしは、これが三池闘争を闘った労働者の気持ちであったと思う。だが、ではどうすればよいのか、という自問に、明確な答をひき出すことができなかった。

わたしは、いまようやく、わたしなりの解答を示せるようになった。すなわち、〝経済の流れ〟というようなものには、労働者の主体の根拠は存在しないのだ。労働者は、自分の労働体系を築き上げることによってしかみずからを解放することはできない。だとするなら、生産技術体系のいかなる強化にも、労働者は、自分の労働の尊厳をもって対決することができるのだ。

生産－労働過程の変革には、そのような立場を構築していくことが必要である。すなわち、みずからの労働の論理にもとづいて、生産－労働過程の内部に労働者の権力をつくりだしていくこと、である。それは今日の労務管理体系を廃絶することとともに、現在の生産システムのもとへの労働者の集積と配置の構造を、新しい労働技術体系にもとづいて根本から再編成していくという、二つの要求をみたすことを避けてはおこないえない。現在の生産と労働の構造がそのままであるかぎり、いかなる政治上の変革も、プロレタリアートを解放することにはならないだろう。

労働過程論の研究の窮極の目的は、実際に労働者の解放をとおして人間を解放することである。が、現状は、そのための革命の哲学をつくるための、原理論的分析をすすめていく段階でしかない。実践的な契機をもった理論をつくりだすための方法を論じている段階である。『資本論』が発表されてから一〇〇年以上を経て、ようやく最近、共産主義的思想に反対する立場からではなく、マルクス主義理論を発展させていくという視点から、マルクスの思想体系を読みなおす作業がはじまったように思える。それらの地味な作業のなかから、新しい労働者の革命の思想はつくられてくるだろうか。現状はまだそのような水準である。

そういう状況のなかで、わたしはわたしなりに、マルクス主義哲学を、現在、再構築するにはどのような方法が必要であるのかを考えてきた。

労働過程論は、労働存在と労働実践を、労働存在論－労働実践論へと対象化していくことに基礎をおいた哲学体系である。ここにおいて哲学は、プロレタリアートをみずからの主体とする。

補章　『労働過程論ノート』の現在的課題

一

これまでの社会主義理論は人間を解放するといいながら、人間の解放とは何かについての検討を怠ってきたのではないか、というのが『労働過程論ノート』を書いたときのそもそもの私の問題意識であった。もちろん、社会主義理論といっても多くの系譜が存在する。マルクス以降のマルクス主義のなかからはその後レーニン主義が発生し、さらにはスターリン主義的分派が形成されていったし、この二百年の世界史のなかでは、アナキズム的社会主義から、宗教的な、民族的な社会主義までが、さまざまな実験を重ねていった。

一面では、それらは確かに人間を何かから解放したのかもしれない。だが、それらの実験は、完全に解放された生を人間にもたらさなかったという点では、やはり共通性をもっていたように思う。『労働過程論ノート』に着手した頃、私の前には三つの現実が存在していた。

第一の現実は、これまでの社会主義理論の弱さを克服する新しい思想を提出せぬかぎり、人間の解放は実現しえないのではないかという思いであった。第二は、二十世紀後半の〈資本主義〉

の現実をとらえきることのできる思想を創造しなければ、〈発達した資本主義国〉の革命は成功しないであろうという問題であった。実際、多くの社会主義者たちの予想に反して、資本制社会の歴史はその弱さよりむしろ強さを浮きぼりにしていくという現象を生みだしていた。この問題を資本制社会の強さとしてとらえるのではなく、これまでの社会主義理論の弱さとして検討する、それが当時の私の第二の問題意識であった。

第三は、マルクス以降のマルクス主義のもつ問題点を批判し、マルクスの思想にたちかえろうとした人々——ここでは彼らを反スターリン主義者と呼んでおく——の役割を、一面で評価しつつも、他面でその限界を克服しなければならないという現実があった。二十世紀後半におこなわれた〈反スターリン主義者〉のさまざまな実験も明らかに壁につきあたっていると思われたからである。

だが、この三つの現実は、思想的な作業のなかではひとつのものに統一していた。なぜならこれらの現実の底には、つねに人間を解放しうる理論のたち遅れがあり、この二十世紀の現実のなかで人間を解放するとは、何から何を解放することなのかという問題についての検討の不十分さがあったからである。

人間の解放とは何か、当時私はこの原点に帰ろうとしていた。人間の解放、それは人間の存在を解放することではなかろうか。もちろん、失業や生活、あるいは戦争の不安から人間を解放することもその一部に含まれるであろう。だがそれらは、人間の存在の一部ではあっても全体ではない。実際、これまでの社会主義的試みは、人間の存在の一部を解放することと引き換えに、他の諸側面を抑圧してきたのである。

しかし私にとっては、これまでの社会主義思想を批判することは二次的な課題であった。資本制社会における人間の存在の問題をとらえること、すなわち資本制社会における人間の存在とは何か、それがいかなる存在へと止揚されるとき人間の解放は実現するのか、この設問に対する答えを哲学の課題として検討しようとした試みが『労働過程論ノート』であったといってもよい。あるいはこの課題を追求することをとおして、私はこれまでの社会主義思想の問題点をも克服しようと考えていた。資本制社会の本質を存在論的視点から批判的に解明することと、これまでの社会主義思想への批判は、ひとつの思想的回路のなかに統一しなければならない。

ところで、存在論的視点からの資本制社会の分析とはいかなるものであろうか。それは人間の主体の展開過程のなかに資本制社会の本質をみいだすことではないかと私は考えていた。あるいは、人間の主体の展開している場所として資本制社会をみる、と書き換えてもよい。そのことによって、資本制社会における人間の主体の自己矛盾的展開のあり方を、その意味で自己矛盾的存在をとらえようとしたのである。その考察が人間の存在の解放をめざすもっとも確かな道筋を与えてくれるように思われた。

『労働過程論ノート』は、マルクス経済学からの摂取とそれへの批判を軸に展開されている。その理由は次のようなものであった。マルクス経済学は労働者を労働力商品という概念に置き換えることを学問の端緒としている。そのことによって資本制生産様式がいわば自動律として剰余価値を蓄積していく過程を明らかにした。もちろん、このマルクス経済学の役割を私はいささかでも否定するものではない。しかし『資本論』を一読してみれば、読者はすぐ次のことに気づくであろう。それは、資本制生産様式の内的法則を解明している部分と、そのもとでの労働者の悲惨な状況の分析が、マルクスの意志のなかでは統一されていても、学問の展開それ自体のなかでは分離してしまっている、ということである。

前者は宇野弘蔵的な表現を使えば、永遠に続いていくがごとく展開している資本制生産様式の内的法則を説いているのであって、ここには労働者の問題は介在しない。すなわちマルクス経済学はマルクスの意志がどこにあろうと、それ自体は労働者の問題を解いているのではなく、資本制生産様式の展開過程を客観的、科学的に分析したものである。だからこそそのためには、労働者という科学的に把握できない対象を、一度労働力商品という科学的概念に置き換えるという手続きを必要としたのである。

だがもしそうなら、マルクス経済学は、それがいかに真実であったとしても、労働者の存在にとっては外部の思想にすぎない。この理論からは、労働者の存在それ自体をとらえることも、またその帰結として、資本制生産様式を否定する契機をみつけだすこともできない。

そうしてここからは重要な問題が生じてくる。それは、社会科学にとっていったい真理とは何かということである。

社会科学における真理とは、主体を媒介にしてしか成り立たないのではなかったか。たとえば自由という概念を取り出してみよう。いうまでもなくそれは、自由を口にする主体のあり方によっていかようでも変容していく性格をもっている。自由という客観的事実はどこにもなく、ただ存在するものは主体と〈自由〉の関係だけである。つまり、私は哲学や思想においては主体を離れた真理などありえないと考えているのである。

とすれば、マルクス経済学のとらえた客観的真理とは何なのであろうか。それは労働力商品を学問の端緒的概念として設定するときみえてくる資本制生産様式の法則にすぎないのではないか。それがなぜ客観的かといえば、労働力商品という概念のなかには主体は介在しないからである。労働力商品とはあくまでひとつの学問的抽象である。

しかし、またそうであるなら、この方法からは、労働する主体からみえてくる資本制生産様式の本質は明らかにできないような気がする。それはマルクス経済学の限界である。ともに、主体の介在しない思想体系を普遍的真理だとしてしまうならば、それは主体が客体の前にひざまずくことであり、あるいは主体から離れた論理に人間が従属することである。ここから生まれてくるものこそ思想の権力化である。現実にいま私たちは、マルクス以降のマルクス主義－スターリン主義と、資本制社会における〈知〉の体系という、二つの権力化した思想に直面しているといってもよいのである。

私にとって存在論－労働過程論の研究は、なんら普遍的真理を見定めようとするものではない。

労働する主体にとって資本制生産様式とは、資本制社会とは何なのかをみようとするだけである。だがその方法だけが、労働する主体にとっての存在の解放とは何かを発見する方法ではなかろうか。

考えてみれば、もともと革命に関する問題を科学的に位置づけようとすること自体に無理があったのである。革命に客観的可能性などは存在しない。それは人間が、いまのままでは自分の存在はどうしようない、自己の存在の止揚を現実の社会の変革に賭けてみよう、と思う精神から出発するものである。革命とは法則的な問題ではなく、人間の感情と精神から出発する。もちろん、それを誘導する客観的条件の変化はあるだろう。だが最後は、人間が感情の次元で資本制社会の否定を意識する、その意識をつくりだしていく場所、それもまた人間の存在である。

二

このように考えながら、私は『労働過程論ノート』を構想していた。故に私にとってその研究は、存在論の視点からの資本制生産様式と資本制社会の分析であるとともに、革命の可能性を新しい視点から追求してみようとする試みであった。

といっても、この方法に対しては次のような質問が浴びせられるかもしれない。それは、人間の存在をとらえる方法の軸になぜ労働過程論が設定されるのかということである。『労働過程論ノート』のなかで、私は本源的な労働という概念を、労働能力の消費－再生産過程という視点からとらえている。ここでいう労働能力とは、人間のもつ総合的な能力、すなわち主体のもつ諸能力の総体のことである。そうしてもし労働が主体のもつ総体的な能力の消費－再生産過程であれば、人間の生きていく過程もまたひとつの労働過程である。本論二五二頁のなかで述べているように、人間は日々生活のなかで自己の能力を消費し再生産しながら暮している。とすれば、いま私たちが考える労働＝賃労働とは、この大きな労働の過程のなかの小さな領域なのではなかろうか。

この視点は、後に『山里の釣りから』（日本経済評論社　本著作集第三巻に収録）というエッセーのなかで、広義の労働、狭義の労働として整理されることになった。人間はもともと生活全体をひとつの労働過程として広義の労働の世界のなかで暮していた。しかし近代に至ると、賃金を得るための労働、すなわち狭義の労働だけが価値ある労働として把握されるようになってくる。全体の労働の一部でしかなかったものが分離し、逆にそれが広義の労働の世界をも律していくようになる。ここに生じている基本的な労働の疎外の問題を、私は賃労働時代の労働の根源的な矛盾としてとらえようと考えていた。資本制社会とは、賃労働という狭義の労働以外の労働の部分を、労働ではないとして切り捨てることを制度化している社会だといってもよいのである。

私にとって、資本制社会における人間の存在の矛盾はまずこの視点からとらえられる。本来であれば人間の存在そのものがひとつの労働過程であるという把握、しかし賃労働としての労働だけが広義の労働の世界から自立し、しかもこの狭義の労働は、商品の生産過程の論理に従うことによって成立する。ここに形成される人間の存在とは何か、それが資本制社会に対する私の根本的な問いである。

この問いに対する答えを哲学の方法として提出すれば、存在論の研究の軸に労働存在論を設定し、資本制社会における労働存在の分析を労働過程論によって実現するというものである。『労働過程論ノート』ではまだ不明確な点を残しているが、存在論⇅労働存在論⇅労働過程論という方法は、一貫して私の哲学の基本的な方法になっている。

『労働過程論ノート』では、物質の形態転換の過程である生産過程と労働の行為過程である労働過程が、本質的な意味での概念の相違を超えて、実態としても分離・二重化する生産様式として資本制生産様存をとらえるところから記述をはじめている。商品の生産過程が労働過程から独立した論理を獲得し、それ自体として自己展開していく生産様式、それが資本制生産様式である。そのとき人間の労働過程はいかなる立場に追い込まれるのであろうか。

思想はこの問題を労働の疎外として簡単に片づけてしまうこともできる。だが私は、労働の疎外を論証して理論を閉じてしまうことに、いささかの満足もみいだせない。なぜなら、思想が自己の立場からいかにこの状態を表現しようとも、労働者はこの生産‐労働過程の世界に自分の生きる場を、すなわち労働存在の世界を築いていくしかないからである。

本来なら人間にとって労働過程とは、自己の主体の消費‐再生産過程である。しかし現実の労働過程は商品の生産過程の論理によって規制されつづける。そこに成立する自己矛盾的な労働者の存在構造、私たちはその内部に深く立ち入らぬかぎり、現代における存在の解放とは何かを見極めることはできないであろう。

しかもその背後には広義の労働の世界の崩壊という現実が存在している。そのことが人間の生活空間をもかぎりなく変貌させつづける。そうしていうまでもなく、生産－労働過程における労働存在の矛盾と生活空間における広義の労働の世界の崩壊は、密接な関係を保ちながら実現しているのである。

労働過程論を核にしてみえてくる世界は、単なる賃労働の世界に終わらない。そこからは現代における人間の存在全体が遠望できるのではないか。『労働過程論ノート』では十分説明されているとはいえないが、この思いが、資本制社会における人間の存在の矛盾を労働過程論の視角からとらえようとさせた理由であった。故に、私にとって哲学の方法は、存在論↑↓労働存在論↑↓労働過程論でなければならなかったのである。

ところで、私の労働過程論の研究に対しては、次のような疑問が提出されてきたように思う。それは、私の方法はあまりにも技術論偏重的であり、技術論の枠から労働者の問題も資本制生産様式の問題もとらえようとしすぎる、というものであった。

だが、労働者や労働の問題を考察しようとするとき、存在論的分析を欠落させ、その結果、経済学の客観性と運動論の主観性の間を往復してきたにすぎないこれまでの理論への批判から、私の作業は出発している。そして資本制社会における労働存在の考察は、技術論的検討抜きに実現しえないのである。

戦前の唯物論研究会内の論争にはじまる日本の技術論論争史のなかで問われていたことは、資本制生産様式の経済学的分析と労働論的分析の接点を技術論に求めるというものであった。すくなくとも、唯研のなかで相川春喜や戸坂潤、岡邦雄たちが打ち出した主張は、欧米の技術史研究とは次元を異にしていた。彼らは技術論の視点から資本制生産様式の内部をみようとしていたのである。ただ当時は——当然のことではあるが——いわゆる正統派マルクス主義を疑うことができなかったために、このことを意識的に提起することができず、スターリン主義的変質をとげた客観主義的経済学とのありえない和合の上に技術論を確立しようとする矛盾を、内在化させてしまっただけである。

この日本的技術論は、戦後、武谷三男によって人間の主体と実践の領域で技術をとらえるという、いわゆる武谷技術論を生み出していった。そうして〈主体と実践〉の領域を技術者の場所から労働者一般の地平にまで引き上げた功績は中岡哲郎のものである。このときから労働存在の問題を技術論的視点からとらえる方法が拓けていった。

私にとって技術論とは、たとえば技術と公害というような——もちろんそれも重要な課題ではあるが——研究ではなかった。資本制生産様式を労働存在の次元で把握しようとすれば、労働のあり方を規定している技術の分析が不可欠になる。資本制生産様式を技術論の視点から考察するときみえてくるものは、狭い意味での技術と労働の問題だけではない。第一に商品の生産過程のつくりだす技術とは何かが明らかになり、第二に技術と労働の関係からは生産過程と労働過程の関係がみえてくるのである。

ところで『労働過程論ノート』終章で述べているように、私の哲学的関心は、梅本克己を中心とする戦後主体性論争を学ぶことからはじまった。その評価はここではおこなわないが、梅本哲学の弱点は、人間の問題を追求しながらそれをマルクス主義における理論的抽象の次元でしか考察できず、すなわち労働者の具体的存在の次元にまで引き上げられなかったことであった。あくまで理論の枠組のなかでではあったが、その後、この弱点を克服しようとして、生産と労働の場における人間主体の問題を追求しようとしていたのは細見英であった。細見の提起に対する私の意見は『労働の哲学』でふれているのでここでは述べないが、『労働過程論ノート』の草稿をすすめていた頃は、私は自分の思想を日本的マルクス主義哲学の一本の流れの延長線上の作業として位置づけていた。はるか以前には唯研のマルクス主義があり、三木清の哲学がある。戦後の主体性派の哲学があり、その壁を打ち破ろうとする細見の苦闘があった。

しかしいま、梅本克己、細見英両氏はすでに喪くなられ、この日本的マルクス主義哲学の一本の流れは、現代の日本から消え去ろうとしているかのごとくである。そうして「伝統」から切れた「新しい哲学」がつねに外国から輸入され、時間とともに消え去っていく現象を繰り返している。もし哲学の歴史もひとつの文化であるとするなら、現在においては、文化としての哲学の歴史は消え去ってしまったのではないかという思いをいだかせるのである。

人間の存在は歴史と切れたところには形成されない。そうして人間の存在を解放するための理論を提出することが私たちの哲学の目的であるとするなら、私たちは歴史のなかの哲学を、哲学の歴史性を、その意味で「伝統」のなかの哲学を回復しなければならないのである。

三

『労働過程論ノート』初版は、私にとっては自分の方法論をつくりだすうえで重要な出発点であった。しかしこの私の二十代前半の研究は、今日となっては、いくつかの不十分な面を含んでいることも否定できなくなっている。それがもっとも端的にあらわれてくるのは、第四章「資本制生産様式の全体像」である。

本論のなかで、私は資本制生産様式のつくりだした経済社会総体を認識する方法として、次のような提起をおこなっている。

「第一にそれは、生産システムの形態であり、同時に、そこでの労働組織の形態であろう。すなわち、生産 - 労働過程における労働組織の形態こそが、資本の実態的な形態をあらわすのである……。そして、ここでより問題にすべきことは、社会的な結合化された資本の形態に応じて、社会的な労働組織の集積と配置がつくりだされているということである」(二〇〇—二〇一頁)

この問題意識自体はいまの私にも受け継がれている。資本制生産‐労働過程は、その内部の技術的な質、労資関係などをつねに二つの形態として現象化させていく。ひとつは生産‐労働過程の技術的姿、すなわち生産技術体系であり、第二はこの生産技術体系に対応した労働力編成、労働力体系である。実際、この二つのかたちのなかに、生産‐労働過程の性格はもっとも端的にあらわれてくるといってもよい。そうしてこの生産‐労働過程の集積が資本制商品経済社会全体でもあるのだから、資本制商品経済社会総体をとらえるには、私たちはまず、生産‐労働過程が社会的にいかに集積しているのかを分析しなければならないのである。

この分析は、次の二つの方法によって実現する。ひとつは、社会的な集積をとげた社会的生産技術体系の実態を分析すること、第二は、社会的な労働力体系の構造を解き明かすことである。前者は経済社会全体がいかなる技術の結合によって成り立っているかを分析することであり、後者は社会的な労働力の構造を考察することによって資本制経済社会の実態をつかまえようとする方法である。

この二つの方法のうち、私はつねに後者のほうに重心を置いて分析をすすめている。その理由は、分析の容易さということも含まれはするが、社会的な労働力体系のほうに資本制経済社会の実態はより明確な姿となってあらわれるからである。たとえば現実の日本の労働力体系のなかには、下請構造や社外工組織、また不安定就労者の状態などまでが確実に映し出されてくる。それをみることによって〈日本資本主義〉とはいかなる経済社会なのかがわかってくるのである。

だが、この課題に答えるものとして『労働過程論ノート』では、労働力体系を分析する方法としての労働力市場分析を設定している。いうまでもなく労働力市場分析とは、労働力の流通部面における状態を解く方法である。とすれば、労働力の流通部面も社会的な労働力のあり方に影響されているとはいえ、それをもって現に生産と労働をおこなっている、すなわち、すでに生産－労働過程のなかに入っている労働力の状態をとらえることには、無理があったといわなければならない。私たちはあくまで生産－労働過程における労働力体系がいかなる社会的集積をとげているかを検討しなければならないのであり、労働力市場分析ではなく、言葉どおり労働力体系の実態を分析しなければならなかったのである。

『労働過程論ノート』にあったこの問題点は、後に『戦後日本の労働過程』(三一書房　本著作集第四巻に収録)『労働の哲学』のなかで現状分析の方法を確立していく過程で克服されていくことになった。資本制的な商品の生産過程はいかなる労働力体系を社会全体のなかにつくりだしていったのか。この労働力体系の構造からみえてくる資本制経済社会とは何なのか。ただし私の目的は資本制経済社会を評論することではない。この資本制経済社会に組み込まれることによって自己の労働存在をつくりだすしかない労働者の矛盾をとらえるための方法こそ、労働力体系の分析である。

ところで、『労働過程論ノート』を一読してみると、資本制生産－労働過程の原理の検討からはじめて、次第に現実の生産－労働過程の実態へと分析を広げていく方法がとられている。そうしてそのことは、結果的には縦軸的な分析、すなわち資本制生産−労働過程の形成と展開の考察を不十分なものにしてしまっていることがわかる。故に本書の続篇として書かれた『労働の哲学』では、その点についても補足的な説明が加えられることになった。

『労働の哲学』では、次の二つの視点から資本制生産−労働過程の歴史に対する分析がおこなわれた。ひとつは、資本制生産様式がどのような歴史的基盤のなかから形成されたのか、すなわち資本制生産様式の成立史を具体的に考察し、その結果をマルクスの『資本制生産に先行する諸形態』と対照させること、第二は、その成立以降現在までの歴史を、資本制生産−労働過程が純化されていく歴史としてとらえることであった。商品の生産過程が労働過程から独立した論理と展開を獲得していく過程、それを成立史としてとらえ、この本質が実態としても確立されていく過程をその後の展開史として位置づけながら、この全歴史を私は労働過程変遷史という視角から考察しようと考えていた。

その具体的検討は『労働の哲学』を参照していただきたい。ただここでは、次のことにだけ触れておきたいと思う。それは、労働過程と生産過程を分離させた要因としては、歴史的には次の二つの要素があったということである。第一は、労働力商品の成立＝賃労働の成立であり、第二は、労働者を商品の生産過程の論理によって使用しうる生産技術の確立である。この後者の把握がマルクスの『資本制生産に先行する諸形態』における資本制生産様式の成立史のとらえ方との相違を生み出すことになった。

マルクスは資本制生産様式成立の基盤を、労働力商品の成立と資本の蓄積に求めている。だが私には、資本の蓄積は、歴史の現実に照らしてみてもたいした要因ではないように思われた。そのことより、農村共同体と都市ギルド社会の分解によって生まれてくる賃労働者たちを商品の生産過程の論理に従って組織化できる、技術の成立のほうが、より重要な要素だったのではなかろうか。

賃金を支払って労働者を雇えば、ただちに資本制生産様式が成立するわけではない。それだけのことならこの形態は、かなり古くから歴史的には例外的に存在していたのである。生産過程が労働過程から独立した論理を獲得し、しかもそれが商品の生産過程として自己展開しはじめる、この生産様式が資本制生産様式である。そうしてこのような生産の形態を現実につくりだすためには、第一にすでに賃労働者が存在していることが、第二にこの労働者を生産過程の論理に従属させて使用することのできる生産技術の確立が、必要だったのである。

ここから『労働の哲学』ではいくつかの新しい考えを提示することになった。そのひとつは、中世あるいは近世末期に広範囲に形成されてくる賃労働者の存在を前提にしている社会と、資本制賃労働者の社会との、質的な相違についてである。前者を私は単純賃労働の社会と、後者を資本制賃労働の社会と呼んだ。すなわち、単純賃労働の社会が労働力を商品として売り、それを買う人たちによって成り立っているとすれば、資本制賃労働の社会はその上に次のような事実が付け加えられる。それは、そこでは単に労働力の売買がおこなわれるだけでなく、買った労働力を商品の生産過程の論理に従って、すなわち、労働者の労働能力を従属的要素にすることによって生産が実現しているということである。

ここから、労働力商品という概念も新しい段階に入ってくる。単純賃労働の社会では労働者は自分の所有している労働能力を商品として売りに出しているが、ここではその労働能力自体が商品の生産過程の論理に従属することによってしか成立しないからである。前者の労働能力には社会的な普遍性が存在するが、後者の労働能力は生産過程従属的、その意味で個別的なものでしかない。両者は流通部面では同じ労働力商品であるが、生産－労働過程のなかで受け取る労働存在が異なるのである。

資本制生産様式が成立していく過程のなかで、労働力商品自体も単純労働力商品から資本制労働力商品へと転じていくのである。もちろん、資本制労働力商品とは単純労働力商品の資本制的特殊形態にすぎないし、経済学の上では両者の区別はほとんど必要ない。しかし、労働存在の歴史という視点から資本制生産様式の歴史をとらえようとするなら、このちがいは大きな意味を持ってくるように思われるのである。

そうしてもし現代の生産技術が労働過程から自立した生産過程をつくりだすための技術であるとするなら、生産技術とはなんら普遍的なものではなく階級的なものであるということも明らかになってくる。とすれば、労働過程変遷史のなかで繰り返しおこなわれ、現在も進行している技術革新とは、労働過程に依存しない生産過程をつくりだすための、すなわち労働者の労働能力に依存しない生産－労働過程をつくりだしていく歴史であった、といってもよいのである。

四

ところでいまここに、職人的な生産様式と資本制生産様式の二つが存在しているとしよう。労働者がこの二つの生産様式のちがいを問題にするとき、そこにあるものは両者の経済学的相違ではなかろう。そこで働いたときいかなる労働存在を獲得することができるか、それこそが基本的な問題である。とすると、労働存在論の視点からとらえれば、賃労働というものも歴史貫通的な概念ではなく、そこで労働者が受け取る労働存在の変化に応じて変容していく、歴史段階的なものではないのかという気がしてくる。

これまでのマルクス主義の理論は、賃労働とか労働力商品などが資本制段階に至って、いかなる変容をとげていくかの分析が不十分にしかなされていない。しかし労働者が感じているものは、資本制的に特殊化された賃労働、労働力商品の矛盾であり、この問題を分析せぬかぎり、理論は労働者の魂に到達しないのである。

このことが軽視されてきた原因としては、いくつかのことがあげられる。マルクス経済学がいかに国民経済学に影響されながらつくられてきたのかを総合的、批判的に検討してこなかったこともその一因であろうし、これまでの記述にしたがえば、存在論的視点からの資本制社会の分析の欠如も、またその帰結としての技術論の軽視も、その理由のひとつであろう。とともに、労働力商品を流通過程的概念としてすませてきてしまったことにも、大きな責任があるように思われるのである。

もし労働力商品を流通過程的概念として把握するなら、それは歴史段階によっていかなる変容をとげるものでもない。それは市場において売買される商品であるという歴史貫通的な意味をもつにすぎない。しかし、労働力商品の歴史には、次の二つの異なった歴史段階が存在するように私には思われる。

単純賃労働の社会では、労働者は、たとえ自分の肉体的力だけを提供するものであれ、自分の労働能力を商品として市場に投げ出すことができた。彼の労働能力がどのようなものであるかは、それが労働力市場にあらわれた時点で決定していたのである。誰に雇われようと彼の労働能力は普遍的な価値をもっていた。すなわち、彼には彼の固有の労働能力があったのである。

しかし、資本制生産様式のもとでの労働力商品はそうではない。労働力市場にある間は労働力商品にはいかなる労働能力も備わっていないのである。労働者はいかなる労働能力も所有していない、いわば白紙の状態で労働力市場にあらわれる。そうして彼がなんらかの労働能力の所有者になるのは、彼が生産－労働過程のなかに入って、生産過程の求める労働能力を身につけさせられたときからである。すなわち、単純賃労働の時代にはまず労働能力があって、必要な労働力商品を生産過程が求めたが、資本制生産様式のもとでは、生産過程がひとつの生産システムとして形成され、それに適応する能力が労働能力にすぎないのである。資本制労働力商品は、商品の生産過程の論理に規定されることによって、はじめて商品たりうる。

この変化は、労働力商品の価値の意味をも変えていくように思われる。いうまでもなく、労働力商品の価値とは、それを再生産するために必要な価値量によって決定される。いわば労働力の再生産費が労働力商品の価値である。とともに、もともと労働力の再生産は労働者の生活過程のなかで実現していた。もちろん現代に至ってもこのことは基本的に変わらない。

ところが、その労働力を再生産するのにはどれだけの費用が必要であるかは、労働能力の質によって変わってくる。故に自分に固有の労働能力を商品として労働力市場に投げ出していた間は、労働力商品の価値は労働者自身の手によってつくられていたといってもよい。だが資本制賃労働の時代には、彼の労働能力自体が生産過程の論理に従って決定される。彼はある日「質の高い」労働能力の所有者になり、また一年後にはもっとも「低級」な労働能力の所有者でしかなくなっている。この変化を生み出したものは、生産過程の変容である。そうして実際、このようなことは資本制賃労働の時代には日常的に生起しているのである。

労働者の生活過程をとおして再生産されている労働力商品とは、現代ではこのようなものにすぎないのである。とすると、彼の労働能力を再生産するのにどれだけの再生産費が必要かも、生産過程の論理と離れては成立しえなくなっているといってもよいだろう。

このような側面は、資本制生産様式の純化の歴史とともに一層明瞭になってくるといってもよいだろう。今日では多くの労働者たちは、いかなる固有の労働能力ももたず、ただ商品の生産過程に従属することによってのみ、労働力商品の所有者でさえありうる。現在の労働者たちの敗北感は、自分が生産過程の論理から自立した労働能力の保有者ではなくなってしまったことを知っているところから発生しているのである。

このことについては『労働の哲学』で述べているのでこれ以上ふれない。ただこのような視点から読み直してみれば、『労働過程論ノート』の労働力商品や賃労働概念のとらえ方のなかには、まだ未整理な面が残っていることも否定できないのである。そのほかにも、分業概念の把握、あるいは労資関係の考察なども、いまとなればいくつかの点を付け加えることになるだろう。

たとえば『労働過程論ノート』のなかでは、単なる労働の分割と、商品の生産過程の論理によって、すなわち、労働外的要因によって労働が分割されていく分業の問題を分けてとらえている。もちろんこの視点は、今日でも否定される必要はない。しかしいまなら私は次のことを付け加える。それは、資本制的な分業の進行は労働者の主体の破壊を促進する、ということである。

といっても、それは分業の進行が労働を単純化させ、単純労働に従うことが労働者の主体を破壊するというアダム・スミス－マルクス的な意味においてではない。労働者にとって主体とは何であろうか。もっと厳密に述べれば、労働存在のなかの主体とは何であろうか。それは、自分の労働と他人の労働の間に成立していく関係のなかに生まれる主体ではないか、と私は思っている。

主体とは個人的につくりだされているわけではない。他との関係のなかで主体たりうるのである。しかし分業は、労働者のこの関係の世界を破壊してしまうが故に、それは労働する主体の破壊をもたらすのである。

『労働過程論ノート』は、資本制段階に入ると生産過程と労働過程がいかに分離し、生産過程の論理が一人歩きするようになるかを分析しながら、そのとき生ずる労働存在の矛盾を明らかにすることを目標として書かれている。その結果、その基本的な考えはいまでも価値を失っていないと思われるが、生産‐労働過程の外側に広がる人間の存在の問題がしばしば切り捨てられる傾向が生まれている。そのことが労資関係や階級、あるいは人間の意識をとらえるうえで不十分な展開をみせているのである。それらのことについては後述していくことにしよう。

五

ところで『労働過程論ノート』を書き終えてから、私は幾度かヨーロッパの各地を旅行した。そこでみたもの、それはヨーロッパの、とりわけてフランスの労働者階級が崩壊していく姿であった。その簡単な報告は『フランスへのエッセー』に記しているが、その経験は私に労働者とは何かを考えるうえで多くの示唆を与えた。

それはこういうことである。フランスでも近年自分のことを「中流」と表現する「労働者」たちが急増してきている。しかし私には、この「中流」と労働者の間には、賃金や仕事の上で客観的に表現しうるいかなる相違も存在しないように思われた。それなのにある人は自分を「中流」だと言い、またある人は「労働者」だと述べる。この違いはいったいどこから発生してきているのか。私にはその間には意識のもち方というだけでは表現できない何かがあるように思われた。

私がみつけだした最初の発見は次のようなものであった。それは、自分を「中流」と表現する人たちは、自分一人の力で生きようとしているが、労働者だと言う人たちは、集団のなかの自己として生きようとしているという単純な事実である。

私たちは自分の力だけを頼りにして生きていこうとすれば、自分の手で自分の人生設計をつくり、その人生設計を実現すべく、熊沢誠の表現をつかえば「孤独な稼ぎ人」になるしかない。実際、フランスでも不況が蔓延するなかで、自分だけが失業しないための競争が一般化し、年金と財産形成の計算をしながら、人生設計にしたがって住宅を買い、その結果ローンの重圧にあえぐというのが「中流」の一般的な姿である。

集団で権利を闘いとりながら生きる労働者階級と「中流」の間には、この、自分だけの力で生きようとするのかどうかをめぐって、明確なちがいが存在していた。

だが彼らは、なぜ労働者であることから離脱し、自己を「中流」へと「止揚」していったのであろうか。私はその底には、熟練や自分に固有の労働という意識がつくりだす労働の誇りの崩壊があると考えていた。第二次欧州戦争以降のフランスの技術革新の歴史は、それまでの労働の世界をつき崩し、古典的な労働の誇りを人間から奪い去っていった。それは単に個人の労働の世界を崩壊させただけではない。生産－労働過程のなかで自分の労働と他人の労働が対等に結びつく、すなわち〈労働の関係の世界〉を崩壊させていったのである。そのとき人々は労働のなかでまず孤立し、働くことの意味を見失っていった。そうなってくれば、労働は稼ぎに転じるようになってくる。とともに、働くことそれ自体のなかに求心力がなくなれば、人々は労働の外に生きる意味を求めてさまよい歩くようになる。こうしてかつての労働者たちは「中流」的な行動や「中流」ぶる生活を欲するようになっていったのである。

そのことに気づいたとき、私には、かつて『存在からの哲学』のなかで述べた、人間の本質を〈関係〉概念のなかで把握するという方法が甦ってきた。労働者という存在とは何であろうか。それは労働にもとづく平等と連帯の世界を、自分の存在自体のなかに確立している人のことをいうのではなかろうか。とすれば、労働者の存在とは、他の労働者との〈関係〉のなかに形成されているはずである。すなわち、労働者が資本の論理とは別のところに、独自の〈関係〉の世界＝存在の世界を築いているとき、労働者ははじめて階級的な労働者階級なのである。そうして私は、労働者の独自の存在の世界のことを、これからは、労働者の文化圏という言葉で表現しようと思う。

労働者は二つの労資関係のなかに身を置いて暮しているのではないだろうか。ひとつに労働者は生産－労働過程のなかに成立する狭義の労資関係のなかに身を置いている。とともに、商品経済社会がつくりだす人間の存在のしかた、すなわち資本制社会の文化・文化圏と労働者の文化・文化圏の対立として成立している広義の労資関係のなかで暮している。もちろん、広義の労資関係の底には狭義の労資関係が存在しているのだが、私には労働者はこの二重の労資関係のなかに自分の存在の場所を築いているように思われるのである。労資関係の把握に関する『労働過程論ノート』の不十分さとは、それを狭義の労資関係の次元でのみとらえていて、つまり、商品の生産過程の論理がつくりだす〈資本〉の世界と、労働過程から生まれる〈労働〉の世界の対立として考察され、たとえそれが基本であるとしても、その外に広がる広義の労資関係までがとらえられていないことにあるのである。

ところで、二重の労資関係という視角からとらえれば、日本の現在の労働者の位置も明らかになってくるであろう。生産-労働過程は基本的に商品の生産過程の論理に主導されている。労働者はこのなかに労働にもとづく平等と連帯の世界を築けずにいる。とともに、広義の労資関係のなかにも自分たちに固有の、すなわち商品経済社会から自立した独自の文化圏を形成していないのである。『労働過程論ノート』のなかの言葉をつかうなら、日本の労働者は二重の「実存の搾取」のなかで生きているともいってもよいのである。

六

このような認識視角の確立によって、私にとっては階級の概念も一層明確になっていった。『労働過程論ノート』のなかで私は、賃金のために労働力を売る人という意味の労働者と意識的な労働者階級とを分けてとらえた。そこでは生産－労働過程のなかに生じている自分たちの関係を変えながら、労働過程を自分たちのもとへ奪い取っていく意識的な労働者たちを労働者階級と規定した。しかし、この規定もまたこれまでの記述にしたがえば、広義の労資関係をも包み込んだ階級の問題まで論じてはいなかったということができるであろう。

労働者は生産－労働過程のなかの狭義の労資関係を変革していこうとするとき、みずからを労働者階級へと転じていくことができる。とともに、広義の労資関係をも変革し、そこに労働者の存在の世界を、労働者の文化・文化圏を形成しはじめるとき、二重に措定された労働者階級たりうる。

いわゆる資本主義イデオロギーとは、単純にイデオロギー教育によって注入されてくるばかりではない。日々の商品経済とそこから生まれてくる人間関係、価値観、想像力、そういったすべてのものが、いわゆる資本主義イデオロギーをつくりだす温床であり、ここから形成される〈資本主義の文化〉こそ私たちに資本制社会のイデオロギーを注ぎ込みつづけるのである。

とすれば、労働者の階級意識もまた、この〈資本主義の文化〉から自立した労働者独自の人間関係、価値視、想像力……、すなわち労働者が〈労働者の文化〉を保有しているとき形成されてくるのではなかろうか。

労働者の文化はつねに集団性の文化として成立する。資本制社会の文化の基礎がマルクスの言うように〈自由、平等、博愛、利益主義〉であるとするなら、労働者の文化の基礎には、〈自由、平等、連帯、利益を超えた人間と人間の関係〉が横たわっている。もちろんそのときの〈自由、平等〉は資本制社会の文化のもとでのものとは異なっている。資本制社会の文化のもとでは、労働力商品としての自由、平等にすぎないものが、ここでは労働にもとづく自由、労働にもとづく平等に変わってきているからである。

同じように私たちは、自立という言葉にも、相異なる二種類の意味を付与することができる。資本制社会の文化のもとでの自立とは、次のような意味である。資本制社会では第一に、労働者は個人として自己の労働力商品を労働力市場に売りに出す。第二に、生産-労働過程のなかでも、すでにつくられている生産システムの前に個人として配置される。すなわち個人として働き個人として生きる、つまり個人としての存在を形成していく過程が、資本制社会の文化のもとでの自立という言葉の意味である。もし自立という言葉に国家や資本からの自立という意味を付加したところで、それが個人としての意識と行動という枠のなかにとどまっているあいだは、たとえ本人の目的意識がどうであれ、資本制社会の文化が形成する自立＝個人化という枠組みを崩すことはできない。

だが労働者の文化のもとでは、自立という言葉も全く違った展開をみせる。なぜなら労働者の自立とは、商品の生産過程の論理と資本制社会の文化の論理を超えて、独自の労働と存在の世界を形成していくなかに生まれていく言葉でしかないからである。

実際、資本制社会のもとでは、労働者が個人として「自立」し、労働の協働性を喪失した状態で生産-労働過程のもとに組織されているのが、〈資本〉にとっては一番好ましいのであり、現在でも欧米では、労働者の労働の協働性を守ろうとする意識が、しばしば労資関係を対立的なものに変え、技術革新を停滞させる要因になっているのである。

私は、近代的理念の指標とされる近代的自我の確立=個人の確立、それを基礎にした自由と平等という考え方は、それが正しいのかどうかを一度疑ってみる必要があるのではないかと思っている。その理由は次の二点である。ひとつは、ヨーロッパ近代史のなかで生きた労働者たちは、この近代的自我=個人主義の論理をブルジョア・イデオロギーとして退け、逆に労働にもとづく自由、平等、連帯を主張していることである（『存在からの哲学』参照）。その頃の労働者たちには、労働者とは集団で助け合いながら労働と生活の世界を築く動物であり、個人主義の精神はこれを破壊するものだという意識があった。労働者は個人に分解されてはならないのである。第二に、個人主義的な人間の生き方から生まれてくるものは、仲間意識の喪失と競争意識の台頭であり、自分だけの世界を築こうとする個人主義的な人生設計の道である。そうしてこの論理にとり込まれていったとき、労働者たちは自分を労働者だと思う立場から脱出し、「中流」へと転じていったことをすでに私たちはみてきた。

そうして〈資本〉にとっては、この個人であり競争する動物である「中流」としての労働者たちが、とりわけ今日のように技術革新がすすんだ社会では、もっとも生産過程の論理によって組織化しやすいのである。たとえ意識としては〈資本主義〉と対決しようとしていても、労働と生活自体のなかに自由、平等、連帯の関係の世界を所有していないかぎり、労働者は資本制社会の文化に飲み込まれながら生きるしかない。その帰結は「実存」の疎外感と存在の無意味感に襲われながら、あるいは逆に自分だけは自由だという恥ずかしげのない幻想にとらわれながら、「中流」市民としての社会的要請に追われつづけるしかないであろう。

七

近代的自我－個人主義の論理からは、人間の存在の解放の思想は導き出せないような気がする。これは歴史的にみれば次のようであったのではないかと思う。ヨーロッパでは個人主義の論理によって生きる人々＝本来の中産階級と、個人主義を止揚した協同性に己れの生を求めた人々＝労働者階級の二つの階級によって社会がつくられていた。だが近年、労働者の固有の労働と、労働にもとづく自由、平等、連帯の崩壊にともなって、労働者階級は少しずつ減少し、ここに本来の中産階級でも労働者階級でもない新中間階級＝「中流」階級が生み出されてきた。彼らは生活や仕事上の実態としては労働者階級に属しながら、しかしその意識においては中産階級の世界に限りなく接近しようと努力する。

ところが明治以降の日本では、ヨーロッパ的近代化をとげていくなかで、中産階級的市民主義の原理をヨーロッパ的原理として導入し、その結果、労働者の論理、労働者の文化は無視されつづけてきた。労働者にまで中産階級的個人主義の生き方が強制され、労働者の文化が育つ土台そのものが形成されなかったのである。

自然発生的に労働者の文化圏が成立したヨーロッパと違って、日本では、労働者の文化を形成することと自体がひとつの闘争にならなければならなかった。といっても、そのことが意識的に追求されたわけではなかったから、闘いの過程で偶然的に労働者の文化圏の萌芽が生まれてくるというように、日本においてはそれはつねに例外的なものでありつづけなければならなかった。そのことが、いまでは日本の社会を世界でもっとも進んだ「中流」の社会に、すなわち、資本制社会の文化に一元化された社会に仕立て上げてしまったのであろう。資本制社会の文化に隅々まで間接統治された社会、それが現代の日本社会である。

この状態を克服するためには、労働者は二重の意味で歴史と社会の主人公にならなければならないであろう。第一に、労働者は生産－労働過程のなかで、商品の生産過程の論理を超えた労働の論理を獲得する、すなわち生産－労働過程のなかに労働にもとづく自由と平等と連帯の世界を築いていかなければならない。それは、資本制社会のもとでの労働存在を、自分たちの手で止揚していくことである。第二に、労働者は広義の労資関係においても資本制社会の文化を止揚する論理と方法を獲得していかなければならない。近代的自我‐個人主義の思想を超えた労働者的存在の世界を、すなわち、労働と空間の協同性を基礎にした労働者の文化圏を形成していかなければならないであろう。そうして社会が二つの文化圏の対立と均衡によって成立するようになったとき、はじめて労働者は〈資本〉と対等の存在物になることができるのである。

ところで、労働者の文化は一種の集団性と協同性によって形成されると述べるとき、当然ある人は次のような質問を浴びせるであろう。それは、集団性の論理から生まれてきたものは、歴史的には第一に前近代的共同体の社会であり、現代史においてはファシズムとスターリニズムの社会だったのではないかという問いである。そうして、それへの危険性から逃れる方法としての個人主義の保証、という通俗的な見解を支持する人々はことのほか多いのである。

共同体社会が没個人の社会であったのかどうかは全く別の検討課題であるが、労働者の文化のもつ集団性、協同性とは次のようなものであろう。第一に、生産‐労働過程のなかでは、個人の労働、彼に固有の労働を尊重することがその出発点になっている。だが第二に、その労働の質が個として「自立」してしまうことができないということであろう。労働はつねに他の労働との協同性、連帯をとおしてしか、すなわち他の労働と関係しつづけることによってしか実現しえない。いわば集団性や協同性が目的に置かれているのではなく、自分の労働の世界を築くことが、同時に協同労働の世界を築くことにならざるをえないということであろう。それは個人の労働の尊厳をお互いに守り合うという意味では近代的精神に支えられており、しかし、労働自体が個人主義を止揚し労働の協同性を獲得するという意味では、近代的個人主義の論理を超えるのである。

同じことが労働者の文化圏の形成のなかでもいえるであろう。なぜなら、ここでも集団の文化圏をつくることが目的ではなく、個人の存在空間の維持が集団性や協同性に支えられる、すなわち、人間の存在の個別性と普遍性の統一を獲得することが、あるいは『経済学・哲学草稿』におけるマルクスの言葉を借りるなら、近代的市民社会の生みだした個と類の対立と矛盾を止揚することが、その目標だからである。

フランスの労働社会学者、ジョルジュ・ルフランは、現代のフランス人労働者が変貌していく様をみながら『労働と労働者の歴史』をはじめとする著書のなかで、その要因を技術革新にともなう固有の労働の世界の崩壊、すなわち自己の労働に対する誇りの喪失に求めている。これまで述べてきたように、もちろんこの指摘は正しい。だがここで私たちが考えなければならないことは、人間にとって固有の労働とはいったい何なのか、ということであろう。

私は、労働者が自分は誇りうる労働の世界を所有していると感じるのは、労働のプロセスを自分で（あるいは協業労働集団で）獲得しているときではないかと考えている。すなわち、自己の労働のプロセスを自分で律することができるとき、あるいはこの労働は自分の手によって実現していると思えるときである。生産‐労働過程のなかの、たとえ一部の領域であれ、労働のプロセスが労働をする主体に支えられているあいだは、労働者は自己の労働を、自分に固有の労働として意識するのではなかろうか。逆に労働者が自分の労働に喪失感を感じるのは、労働のプロセスが自分のものではなくなったと思うときである。そのとき人間は労働の外に自分の価値観を求めてさまよいはじめる。たとえばそれは企業内の地位であったり、物であったり、「中流」としての市民生活であったりする。実際、技術革新がすすんで労働のプロセスの喪失感が労働者に広まっていったとき、労働者は生活の「向上」や昇進を強く求めることが多いのである。

ある意味では現代社会とは、人間が労働だけでなくさまざまな部面でプロセスを失い、またそうであるが故に新しいものに自分の存在の象徴を求めつづける社会として成立しているといってもよく、それが現代文化をかぎりなく頽廃させつづけていくのである。

ところで、労働のプロセスの喪失とは、より具体的に考察すれば何を意味しているのだろうか。私にはそれは労働における技能的側面の喪失過程と軌跡を同じくしているように思える。

もちろん、ここでいう技能とは、職人的な技能だけを意味しているのではない。労働者が労働のプロセスを掌握し、生産－労働過程を経験や勘、あるいは自分の判断力などによって律していく能力のことである。このような意味での技能は、現在でもさまざまな分野で残っているといってよい。資本制生産様式は生産過程の論理に主導されて成立するといっても、必ず半面においては労働過程に依存しなければならないという資本制生産様式の根本的矛盾が存在するかぎり、

〈資本〉は技能的能力を無視した生産－労働過程を創造しえないからである。

この労働者の技能、すなわち労働を自分の判断によって律していく能力こそ、労働者にとっては労働の誇りだったのではなかったか。そうして自分の技能的能力と他の労働者の技能的能力が、ひとつの労働過程のなかで連帯するとき、ここに技能の共同性が、その意味で労働の協同性が生まれてくるのではなかろうか。

生産－労働過程のなかに、労働者の固有の技能が展開する場所があるとき、労働者はその技能をとおして自分の労働のプロセスを認識し、同時に技能と技能の関係の世界を、すなわち、労働にもとづく共同主体性の世界を獲得することができる。この共同主体性の世界こそ、労働者が〈資本〉の論理に抵抗しうる源である。あるいはこの共同主体性を媒介にしながら労働存在の世界を築くことができるとき、労働者は労働にもとづく自由、平等、連帯を真に自分のものにすることができるのである。そのとき労働者はすでに資本制社会の文化から自立した独自の文化圏を形成する可能性を獲得している。

八

このように考えていくとき、私たちには次のことがわかってくるのである。労働者は生産－労働過程のなかでは労働にもとづく共同主体性の世界を、自分の存在空間全体のなかでは資本制社会の文化を超えた独自の文化圏を、独自の存在の方法を獲得しているとき、はじめて階級的な労働者になっているのではなかろうか。階級の問題とは、単純に意識の問題でも、まして社会主義の理論で武装されることでもない。自分たちの存在自体が、資本制生産様式、資本制社会、資本制社会の文化に抗するような、そういう存在形態を労働者が確立していることである。すなわち、労働存在から存在総体をつないだ抵抗する存在の形態を獲得しているとき、労働者は真の意味で階級的なのである。

資本制生産様式は結合労働力によってつくりだされている。しかしここでは労働の協同性は必要ではない。商品の生産過程の論理に従って、個としての労働力を生産過程のなかに配置していくことを基本原理にしているからである。そうして社会がこの原理に主導されている以上、私たちは個と類の対立を止揚した、すなわち個別性と普遍性を統一した社会を築くことはできないであろう。

だがあえて述べれば、資本制生産－労働過程のなかでも、現実には部分的には労働の協同性を生みだすことはあるのである。それはその分野では、個としての労働力を生産過程に配置するだけでは生産－労働過程が成り立たないとき、あるいはそれだけの技術的基盤を〈資本〉がつくりだしえないときである。しかしこの場合も、もしそのための技術が確立されれば、労働の協同性と労働者の技能は繰り返し浸蝕されつづける。実際今日ではコンピュータの、とりわけ小型コンピュータの発達が、労働者の複雑な技能をもコード化しマニュアル化しはじめたことによって、労働者は労働から技能的要素を奪い取られ、労働の孤立化が促進されつづけているのである。

近代以降の歴史のなかで労働者たちは、自分たちの本質的財産をつねに浸蝕されつづけてきた。そうして労働と存在自体が資本制社会の文化のなかにとり込まれていったとき、労働者は新しい歴史をつくりだすための意識や思想、言語や想像力を喪失していかざるをえないのである。それが今日、世界的な労働者階級の退潮を生みだしている。

人間の解放は突然に訪れることはない。労働者たちがこの資本制社会のなかに共同主体性の社会を築きはじめたとき、そうして労働と存在のなかに資本制社会に抗する文化圏を築きはじめたとき、はじめて労働者には未来がみえはじめるのである。

ところで「補章」の最後に私は次のことを触れておきたいと思う。はじめに述べたように『労働過程論ノート』はマルクス経済学に対する一定の批判から出発した。労働と労働者の問題を〈存在〉としてつかまえなおすという労働過程論の方法は、労働者を労働力商品の概念に置き換えることによって資本制生産様式の展開過程を解明しようとしたマルクス経済学の方法とは、その端緒において一致しえぬものをもっていた。その後刊行した『存在からの哲学』のなかでは、私はマルクスと対立した、いわゆる初期社会主義者たちを存在論的社会主義の系譜として位置づけながら、その非理論的側面を直視しながらも、彼らの人間の解放への希求に共感を示すことになった。さらに『労働の哲学』のなかでは再び『経済学・哲学草稿』や『経済学ノート』『資本制生産に先行する諸形態』をみながら、マルクスの歴史理論、あるいは疎外論の根源にある存在論の軽視を批判していくことになった。

だが断じてことわっておかなければならないことは、私の研究の目的は、マルクスを批判することでも、それを過去の思想として葬り去ることでもない、ということである。

私たちはいま、マルクスの明らかにした資本制社会という現実にたち向かっている。そして同時に、資本制社会からの人間の解放は、マルクスの提起したテーゼを防衛することだけによっては果たしえないという現実に直面している。その意味では、現在私にとっては、マルクスの思想体系は一層重要になりつつあり、同時に一層批判的になってきているのである。

存在論↑↓労働存在論↑↓労働過程論という方法を核にして、人間の存在の解放の起点をみつけだそうとする私の試みは、これからもマルクスの思想体系としばしば衝突するだろう。だがこの自分の作業を推進すればするほど、資本制社会との対決を自己の思想のなかで主体化しようとした人＝マルクスの偉大さを発見しないわけにはいかない。

現在の私たちは、哲学の解体という状況のなかにたたされている。そんなときこそ私たちは、思想とは自己の主体の構築であるという哲学の基本にたち還らなければならない。そうして人間の主体とは、新しい歴史を形成するために存在しているのである。（一九八四年六月）

*

労働過程と政治支配

マルクス主義政治学における労働過程の問題

一

マルクス主義政治学は、国家・政治の廃止の可能性と方法の研究*である。

私たちはこれまで、国家・政治について、それは本質的にどのようなものだと考えてきたのであろうか。労働者にとって廃止されるべき国家・政治とは、何に基礎をおいて生みだされ、いかなる構造をつくりだしているのだろうか。それを廃止するとは、どうすることなのか。

労働者解放の原型を歴史のうえにさし示したパリ・コミューンから一〇〇年以上の月日を経た今日も、資本主義はいぜんとして強力に生命力を保っている。労働者の解放された社会は、いまなおつくりだされていない。

この動かすことのできない事実から、マルクス主義政治学の研究は始まる。マルクス主義政治学は、これまで多くの努力があったにもかかわらず、未成立のままに放置されてきた。国家・政治の廃止をめざして、『資本論』＝経済学批判のような「政治学批判」の体系はつくりだされていない。しかし、ではこれまでの政治学の研究をそのまま発展させれば、それで「政治学批判」の体系化はなしとげられるのだろうか。これまでの政治学は、少しでも国家・政治の本質に迫ることができたのだろうか。

資本主義の政治的な生命力とは何であるのか。労働者の挑戦をたくみにつつみこんできた資本主義の力はどこにあったのか。スターリン主義の裏切りを断罪することは、たやすい。しかしいま私たちは、新しい視点から、資本主義国家、その政治的本質のもつ力を分析するのである。

資本主義とは、政治的側面からみるなら、生産－労働過程をとおして、国家が労働者を掌握していく社会である。一般的な労働者を、ではなく、日々労働をし生活をしている労働者を、国家は、その労働・労働過程をとおして掌握していく。資本主義社会は、それまでの階級社会が、単に武力等の経済外的強制に、階級支配の基礎が置かれるのに対して、資本主義は、生産－労働過程における政治性にその基礎をおき、政治的国家のワクのなかに労働者を組みこんでいくことによって、階級支配をなしとげる社会である。

ここから、二つの結論が導きだされる。第一に、マルクス主義政治学の研究対象は、一般的な国家にあるのではなく、あくまでこの政治的な近代国家に置かれる。第二は、であるからこそ、労働過程における政治的支配の本質と近代国家との関係の分析が、マルクス主義政治学の視点に据えられる。

これまで私たちは、支配階級と被支配階級の歴史的変遷をたどり、その経済的土台との関係を分析することが、史的唯物論だと考えてきた。その階級分化から、国家の成立を説明してきた。エンゲルスのたとえば『家族、私有財産および国家の起源』や『反デューリング論』は、それを裏づけるものであった。そしてたとえば、古代奴隷制国家、封建制国家、資本主義国家というように、すべての歴史上の階級社会に、同じような意味をもたせて、国家という言葉が使われてきた。だが、生産関係からの外的強制によって維持されてきたそれまでの階級社会と、生産-労働過程をつつみこんだ政治的構造のなかに階級支配を成立させる資本主義国家を、同質のものとしてとらえることはできるだろうか。それは経済学についてよく言われるように、なぜ資本主義社会になってはじめて、政治的支配の構造を分析する政治学が成立したのか、ということにもかかわってくる問題である。

いうまでもなく資本主義は、労働力商品の成立を基礎としてなりたった。そしていま私たちは、労働力商品の廃絶を問題とし、国家・政治の廃止に視点を据える。ではこの労働力と国家・政治は、どこに関連する基盤をもつのだろう。この双方の廃止は、どうして統一的になしとげることができるのだろう。

労働過程のもつ政治的構造の分析をとおして、資本主義国家とその政治的構造を解明していくことは不可能なことだろうか。少なくともこれまで、労働過程の検討から、資本主義の政治構造を研究しようとする試みがなされたことはなかった。国家はあくまで国家としてのみ、つかみとられていた。

「理論政治学」の常識的方法とは異なって、労働過程をとおしての資本主義の政治的構造の分析から、マルクス主義政治学は開始される。

これまでスターリン主義に対する批判をも含めて、生産過程から近代国家の本質をさぐろうとする研究は、経済決定論になるとして、意識的に避けられてきたように思える。しかしブルジョアジーの利益＝資本主義国家の利益として、経済法則から国家の動向を完全に認識できる、とするのが経済決定論なのであって、労働過程における政治性と近代国家との関係を分析することは、けっして経済決定論なのではない。経済的な力は、労働過程をとおしての政治支配という、別の要素をつくりだすことによって、国家の政治的な力へと連鎖するのである。それはけっして直線的なものではない。

資本主義は、労働過程における政治性、政治的支配を、階級支配の主軸におくことによって、国家としての安定を生みだす。それなら、近代国家成立の必然性を、政治学の立場から分析することはできないだろうか。当然のこととして近代国家は、絶対主義のもとでの資本の原初的蓄積がおこなわれるなかで、生産力の飛躍的拡大が様々な封建的桎梏をとり払うことを要求したという、経済的要請から成立の必然性を検討することができる。しかし第二に、資本主義段階となって、階級支配の主軸が、経済外的強制によるものから、政治的支配に変貌したということと、近代国家成立の関連を研究する必要性を発見する。近代国家成立の根拠を、資本主義に付随する政治性の側面から分析するのである。

資本主義は、労働力商品の流通過程、生産－労働過程自身が、政治性をはらんだものとしてつくりだされてきた。自由、平等な人権は、流通部面を経て、けっして自由、平等でなくなる制約をもった。さらにそれは、人権を基礎におきながら労働過程をとおして、資本・資本主義が労働者を掌握していく過程と並行し、まったく異質の、人間性をもつつみこんだ階級支配へと変貌する。その基礎として、労働と労働力の隔離を、労働者にとっての矛盾がないかのように隠しきる、労働過程が存在する。この小稿の目的は、近代国家の政治支配の本質を、資本主義社会の最も基礎をなしている生産－労働過程のもつ政治性から分析することである。じっさいの労働者の意識、生活、行動を包摂していく労働過程のもつ政治的構造と、その法的、制度的表現である近代国家との関連を研究することである。だからこの稿では、そのための基礎的な方法を提起することにとどまっている。国家の実体的解明には、触れていない。

しかし、労働過程と国家の相互規定的な政治性のなかに、国家・政治を廃止する方法を発見するるのである。

二

資本主義のもつ政治性とは、労働者が、労働をし生活をする当然の過程を経ると、資本、国家のもとにあたりまえのようにつつみこまれてしまう、そのような経過のことである。そのような資本主義の政治性の第一に、労働力商品の成立から不可避的に生みだされた、近代的人権のもつ政治性を発見することができる。

封建制下の自然的生産活動では、生産－労働が、例外的事象を除いて、一個の個人（あるいは家族）に帰していたのに対して、資本主義は、生産手段と労働の分化にもとづく社会的協働を基礎においてつくりだされた。それは、労働を封建的紐帯から解放することによって、労働者を一個の人間、一個の人権として承認することを伴った。「資本のもとでの平等」の承認という、新しい保障を付随したのである。

「労働力の売買が、その限界のなかで行なわれる流通または商品交換の部面は、じっさい、天賦人権のほんとうの楽園だった。ここで支配しているのは、ただ、自由、平等、所有、そしてベンサムである。自由！　なぜならば、ある一つの商品たとえば労働力の買い手も売り手も、ただ彼らの自由意志によって規定されているだけだから。彼らは、自由な、法的に対等な人権として契約する。契約は、彼らの意志がそれにおいて一つの共通な法的表現を与えられる最終結果である。

平等！　なぜならば、彼らは、ただ商品所持者として互いに関係し合い、等価物と等価物とを交換するのだから。所有！　なぜならば、どちらもただ自分のものを処分するだけだから。ベンサム！　なぜならば両者のどちらにとっても、かかわるところはただ自分のことだけだから。彼らをいっしょにして一つの関係の中に置くただ一つの力は、彼らの自利の、彼らの個別的利益の、彼らの私的利害の力だけである。そしてこのように各人がただ自分のことだけを考え、だれも他人のことを考えないからこそ、みなが、事物の予定調和の結果として、またはまったく抜けめのない摂理のおかげで、ただ彼らの相互の利益の、公益の、全体の利益の、事業をなしとげるのである」*（マルクス『資本論』）

資本主義は、貨幣を媒介としての自由、平等を保障した。資本と労働が、同じ基盤のうえで対等の関係をもつところに、資本主義の社会的協働の基礎をおいたのである。ここに近代的人権が成立した。結局、資本主義となって、労働者は、自分の労働力を売るのも売らないのも、労働者の自由とすることができた。どこに、どのような方法で売るかも、たとえ制約があるにしろ、基本的には労働者の自由にまかされたのである。

しかし労働者は、自分の生命、生活を維持するためには、つねになんらかのかたちで労働力を売りつづけなければならない。ここに、流通部面における労働力売買の自由の、第一の制約をみる。この制約のもとで労働力を売ったとき、すでに労働者は、本来の意味での人権ではなくなる。「われわれの労働者は生産過程にはいったときとは違った様子でそこから出てくるということを認めざるをえないであろう。市場で彼は『労働力』という商品の所持者として他の商品所持者たちに相対していた。つまり商品所持者にたいする商品所持者としてである。彼が自分の労働力を資本家に売ったときの契約は、彼が自由に自分自身を処分できるということを、いわば白紙の上に墨くろぐろと証明した。取引きがすんだあとで発見されるのは、彼が少しも『自由な当事者』ではなかったということであり、自分の労働力を売ることが彼の自由である時間は彼がそれを売ることを強制されている時間だということであり、じっさい彼の吸血鬼は『まだ搾取される一片の肉、一筋の腱、一滴の血でもあるあいだは』手放さないということである」(同上)*

では、自由、平等な人権は、資本主義のもとでは成立しないのだろうか。けっしてそうではない。あくまで貨幣を媒介とした人権、自由、平等な人権の保障を、資本主義は成立の要素としている。そして本質的に自由、平等であった人権は、生産過程をとおると、もはや自由な人権ではないのである。結局、自由な人権などありはしない。しかしその基礎に、自由な人権の成立を前提とするのである。この矛盾した関係を統一させていくものこそ、資本主義の生産‐労働過程のもつ力である。この自由な人権を成立させながら、自由な人権を成立させないその過程が、資本主義のもつ第一の政治性として抽出される。

三

それは、生産手段を独占している資本の優位性にもとづくものである。しかしそこからでてくる結果は、単に自由に売ったはずの労働力と、等価の賃金をもらえない、ということにとどまらない。もしそれだけなら、とっくに労働者は、その矛盾を解決する方途をみいだしていただろう。生産過程で資本にとって必要なものは、人権ではなく労働力である。そこでは、労働者は単なる労働力にすぎない。しかし生産過程の構造は、その労働力を労働者の人格として、逆に規定する。この倒錯を、労働者に対する資本の優位性をもって承認させていく。

労働過程をとおして、それとの関係において、労働者は、自分の生活をつくりだす。それは単に、得た賃金による物質的な生活にとどまらない。労働者の全生活様式が、労働過程に規定されている。労働者の意識、生活、行動、およそ生存していく過程のすべてが、労働過程とのかかわりにおいて生みだされる。

労働者は、労働過程に、賃金を得るための場、手段の意味しか与えないだろうか。労働過程を、単に何時間かの生産工程にすぎないと考えるだろうか。たとえば労働過程上の不満が、生活に満足を与えないように、たとえば自分の生活が、働くということと関係づけられてつくられるように、たとえば自分の考えが、労働行為と無関係につくられないように、労働過程は、労働者の意識、生活のなかに入りこみ、逆にそれらをつくりだしていく。

資本主義において、商品が、使用価値と交換価値の二重性の矛盾のうえになりたつように、労働過程は、商品としての労働力と、本来の労働の二重性の矛盾のうえに成立する。人間は、労働をもって歴史のうえに人間として成立した。労働との関係において、意識、生活を生産してきた。この関係は資本主義のもとでも成立する。しかし本来の労働ではなく、労働力商品の処分という行為をとおして。

資本主義の労働過程とは、生産過程における労働力処分の過程にすぎない。が、そのなかには労働のもつ本来の意味が内在されている。この二重性を、資本は労働者に対する優位の関係をもって、「これこそ労働である」と労働者に対して宣言する。宣言の承認を労働者に迫るのである。この倒錯が、きわめて自然に遂行される過程こそ、労働過程のもつ政治性、政治的力である。その結果、労働者のつくりだしたすべての成果を、その政治性をとおして資本が吸収する。逆にすべての責任は、労働者個人に還元される。この労働過程のもつ政治性を、私たちは、第二の政治性として抽出する。資本は労働過程をとおして、まったく矛盾したことをも、まったく矛盾せずに実行することができる。

資本主義の支配は、経済的力と国家の政治的力の二つの要素だけで維持されるのではない。国家の政治の力がでてくるまえに、労働者は、労働過程のもつ政治性をとおして、資本のもとに強力にとりこまれてしまっている。労働過程をとおして、安定的に労働者支配を維持すること、それが資本主義の人間支配の根幹をなしている。近代的人権は、労働過程を経ると、自由に考える権利まで、資本のもとに強制される。そしてこの点が、これまでの歴史段階と相違する、資本主義の生みだした政治性、政治酌支配の基礎である。

それは商品経済の成立によって、はじめて保障される。この側面から、政治学上における、たとえば生産物の一部を武力で横取りすることから階級社会が成りたっていた封建制下の自然的生産過程と、資本主義との本質的差異をとらえていく。資本主義とは、労働過程において剰余価値を生みだしつつ、かつそのことをとおして、労働者を政治的に支配していく安定の保障を生みだしていく社会である。

しかしそれでは、生産 - 労働過程における政治性、労働者の政治的支配の本質、を検討しただけで、近代資本主義国家は認識しつくされるだろうか。政治的支配は、単に個別資本の力だけでつくりだされるものだろうか。個別資本のワク内の力だけで、この矛盾を止揚しつつ遂行することができただろうか。

ここに政治的側面からみた、資本主義のもつ社会性の意味をとらえる。それは個別資本のもつ社会性と言いかえてもよいだろう。資本主義は、個別資本のなかで労働者を掌握することに階級支配の基礎を置く。だがそれは、全社会的な階級支配との連関においてである。社会的政治支配と個別資本の政治支配、その双方が分離しておこなわれるのではなく、同じ基盤のものとして、個別資本のなかでの労働者の掌握が、同時に社会的な掌握であるという二重の関係の統一としてつくられるのである。労働市場がこの媒介をつとめる。この個別的、かつ社会的政治支配の過程を、私たちは資本主義のもつ第三の政治性として抽出する。

「随って又其の政治的支配は、個々のブルジョアの其の労働者に対する支配ではなく、ブルジョア階級の全社会に対する支配に外ならない」*（マルクス「道徳的批判と批判的道徳」）

資本主義の階級支配は、全社会的な支配となってはじめて完成する。しかしそれは、個別資本のワクをとり払って全社会的な体制に依拠するのでもなければ、個別資本の支配と全社会的支配が、二個の異なった基盤のうえで、一体化するのである。では、個別資本による労働過程をとおしての労働者掌握の過程は、どのような媒介を伴って、社会的な労働者掌握の過程と結合するのだろうか。

四

労働者が本来自由な人権でありながら、現実には、けっして自由な人権としてはつくられない、という資本主義にとっては矛盾のない近代的人権の二重的性格は、商品としての労働力が成立したとき、その属性としてつくりだされたものである。労働力商品は、生産‐労働過程においてその機能を行使される、労働過程の本質を決定する最大の基礎である。しかし労働力商品というとき、それはあくまで労働力という商品であり、流通過程上の価値である。労働力の売り買いという、貨幣を媒介とする流通部面において、労働力は商品としての価値を決定する。この労働力の流通市場として、資本主義の労働市場がつくりだされる。

労働力商品の成立とは、すなわち労働市場の成立であった。第一に資本にとっては、つねに労働力の源泉が社会的に保障されていることが必要であった。いつでも労働力を自由に買うことができなければならなかった。しかし第二に、個別資本のなかの労働力も、その性格、機能を個別資本が保障するのではなく、労働市場が商品として保障する。すなわち労働力があくまで労働市場によって規定され、個別資本は保障しないという政治的構造が、労働過程を安定させるのにどうしても必要であった、という政治的側面から労働市場はまた、要求されたのである。

たとえば労働者は、自分の賃金は、資本との契約にもとづいて決定されていると考える。しかし本当はそうではない。この労働者の賃金は、総資本をつつみこんだ労働市場によって、基本的には決定されてしまっている。当然、労働者の力の大小等、様々な要因によって違いは生まれるが、原則的には、この労働者の賃金は労働市場においてきめられるのである。*であるから、労働力市場の維持を社会的に保障するとは、単に個別資本に労働力を供給するということにとどまらない側面が付随する。

労働市場は、資本主義の労働過程を、労働力商品の流通部面から表現している。個々の労働過程は、労働市場が商品としての労働力を保障することによって、はじめてその政治性を、資本のもとへの労働者の掌握を、成立させるのである。だから個々の労働者は資本のワク内につねにいながら、本質的には資本の外にはじき出されて存在している。しかし労働者は労働過程をとおして、自分の意識、生活、行動などをつくり出す。労働者は、つねに資本との関係において自分をつくりだし、しかし資本はけっして直接にはその労働者を保障しない。その結合は労働市場の役割にまわされる。

資本は個別のワクのなかだけで成立してはいない。それは経済的要素からだけではなく、政治的要素においてもまたそうである。労働市場を媒介としての社会的性格、社会的保障をもつことによって、はじめて個別資本の労働過程における政治性は安定するのである。

資本主義の労働市場は、けっして個別資本のワク外のところでつくられるのではない。個別資本をも含みこんだ総資本の労働力を、保障している。労働過程のもつ政治性を、労働力の流通部面から保障している。社会的全労働・社会的全労働力とその支配の、安定の機構としての機能を持ちつづけるのである。*

結局、個別資本の労働過程をとおして完成する政治的な労働者支配は、個別資本のワク内で成りたつにもかかわらず、きわめて社会的であり、逆に全社会的保障によってはじめてなりたつ。それは、あくまで労働過程をとおしての政治的支配を強化する方向で完成し、けっして個別資本のワク外のところでの完成はあり得ないのである。しかしその本質は、個別的であると同時に社会的である。それであるがゆえに、個別的な支配は同時に社会的である。このことを矛盾なく労働過程は遂行する。そうであればあるほど資本は労働者を強力に掌握する。この政治的な過程を、第三の政治性として抽出したのである。

では、その労働市場を社会的保障とする労働過程における政治的支配は、国家とどのような関係をもつのだろうか。

五

これまで、個別資本が、労働過程における政治性をとおして、労働者をいかに掌握するのかについて検討してきた。労働過程と労働市場の相互の関係によって、全社会的性格を含みこんだ個別の労働者の掌握が成立し、ここに近代的な政治支配の基礎をみいだしてきた。この個別的、社会的な政治性、政治支配が、文字どおり政治として、法的、制度的に形態化、あるいは外化した体制として、私たちは近代国家を分析する。だから、国家を国家として、人権を人権としてのみ、とり扱う方法はしりぞけられる。本当の人間の生活をとおしてつくられる政治支配と、その外化された形態としての国家の政治支配との内部の連関を問題とする。

「これ（近代資本の所有）は共同体のみせかけをすべてぬぎすてたところの、そして所有の発展に対する国家のあらゆる作業をしりぞけてしまったところの純粋な私有である。この近代的私有に近代的国家が対応する」*（マルクス『ドイツ・イデオロギー』）

「国家は、支配階級の諸個人がかれらの共通利害を主張している形態、そして一時代の市民社会

全体が集約されている形態である」*（同上　傍点引用者）

資本主義の労働過程は、資本の優位にもとづいて、労働者を掌握していく政治性を含んでいた。それは近代国家の成立によって、法的、制度的表現をもち、はっきりした政治として明文化したのである。結局、国家によって最後的な保障をとりつけることが、労働過程の政治性を行使するためは必要であった。ここに、資本主義における近代国家成立の必要性を、政治学の側面から発見するのである。

近代国家は、ブルジョアジーの共同利害を主張する体制である。しかし同時に、もっとも現実的な、政治的人間社会が集約され、はっきりとした表現をとって形態化した姿である。その基礎が、労働過程における政治的支配にあるがゆえに、この二つは、矛盾することがない。

近代国家を、ブルジョアジーの利害を保障する面と、市民社会の集約された面との二つに分け、それを対立的にとらえ、あるいはどちらか一方の機能に、その本質をみいだそうとする試みは、もはや成立しなくなる。ブルジョアジーの利益と市民社会の集約という二つの要素が、まったく矛盾なく統一的に体制化するものこそが近代国家である。それはその双方の基礎が労働過程に置かれるからであり、そうであるからこそ国家は政治的に安定する。

国家が、この構造を土台としているからこそ、経済的な動きから国家は、一定程度独立している。国家は経済構造を表現しているのではなく、経済構造のなかの、政治的な構造を表現している。ただ政治的構造の本質が、労働過程の政治性にあるからこそ「政治と経済は分離している」

という説明だけではすまされないだけだ。資本が、労働過程をとおしての労働者掌握に安定の基礎をおき、その政治性を国家が体制化するからこそ、国家は資本の要求と本質的に矛盾しない。

国家はけっして市民社会の法則と対立することはない。対立するのは、ただ労働者が自分を階級として組織し、その要求をつきつけた時だけである。しかし、それが労働過程のもつ政治性、その政治的支配の本質を超えない限り、それらは末端から、最高の表現である国家にいたる政治性のもとに、きわめて容易に組みこまれてしまう。ここに、資本主義のもつ政治的強さがある。

ところで、マルクス主義政治学が、今日においても、その体系化の「序説」の段階の指摘しかおこなわれていないことは第一項で述べたとおりである。しかも、その序説そのものが、けっして政治的支配の本質をとらえていない。柴田高好氏は、近著『マルクス国家論入門』のはしがきのなかで国家の本質をつぎのように規定する。「第一部国家本質論では、『資本論』における商品－貨幣－資本の弁証法的論理に対応する人権－政府－主権の論理の展開を行ない……」。

すでにことわるまでもなく、国家、その政治的支配の本質を、人権－政府－主権の論理分析に求めることはできない。私たちはそれを労働過程の政治的構造においてとらえる。それが国家という政治支配に表象化されていく経緯を分析する。「市民的制度と国家制度とへのすべての要素の二重化」*（マルクス「市民社会と共産主義革命」）が成立する構造を分析することが第一の役割である。** その構造をふまえて、近代資本主義国家の諸制度、現実的な政治体制の研究は可能となる。

であるから、「政治学批判」は『資本論』＝経済学批判のつぎにくるものであった。『資本論』における市民社会の解剖を前提としてはじめて、「政治学批判」は体系化への出発点をもつのである。単に資本主義が維持されるということだけで、資本と国家は労働者を掌握することができる。

六

そのことを、労働過程のもつ政治性と国家との関連で追求してきた。が、このことは、資本主義の純粋な、抽象的な、政治的本質を検討しただけであって、現実の政治支配の実体とそれは同じではない。これまで検討してきたことは政治学原理論への基礎的方法である。

実際上の国家の形態は、階級的な、歴史的な、国際的な制約にもとづいて様々な変遷をたどる。労働過程のもつ政治的本質を、もっとも政治的に完成させた政治体制として、ブルジョア民主主義、民主主義的議会主義を私たちは発見するが、それをしてもまた、資本主義の国家形態の最終的な完成とみることはできない。生産‐労働過程のもつ政治性に規定されて、国家形態はたとえ一定の制約があるにしろ、いかなる変遷でもたどることができる。国家体制の変遷をいかに法則化しようとしても、それはできるものではない。近代国家は、労働過程との政治的つながり以外の本質をもたない。

とするならば、国家の実体の分析とは、どこにその方法が求められるのだろうか。それは近代国家が、歴史的にどのように成長してきたのかを研究するところからはじめられるように思われる。日本に即して述べれば、現在のブルジョア議会制度が、いかなる歴史的変遷をたどり、いかなる要素にもとづいてつくりだされてきたのかを分析することである。そのなかで、労働過程にどのような変化が加えられたのか、労働過程のもつ政治的本質はどのように変化してきたのか。そうしてはじめて、歴史の一段階にすぎない現在の政治体制の具体的分析が可能となる。*

すべての政治構造の具体的な一つ一つに歴史が付随している。その一つ一つは、資本の生産－労働過程をとおしての労働者掌握の過程と歴史段階的に照応する。

近代国家の政治支配の本質を分析する国家本質論↓歴史的段階論を内に含んだ国家実体論という方法をたどって、私たちは現実の国家の認識へと近づく。そして国家はこの実体のうえに様々な諸政策、諸行為を実施する。資本主義の国家はこれで完結する。

しかしマルクス主義政治学は、ここまでで終わらない。なぜならマルクス主義政治学は国家・政治を廃止するための政治学であり、政治学批判だからである。本質論－実体論－現状分析論という三段階の分析方法をたどっては終了しない。マルクス主義政治学の結論は、国家の廃止の方法として提起されるべきである。

資本主義の政治の現状分析と革命論は分離しては考えられない。なぜなら現状（別に現在のみを意味しない）とは、けっして科学性にもとづいた、ただ一つのものではない。労働過程の政治的構造のなかに存在する人間が、しかしその労働過程をとおしてつくりだしてきた意識をもって分析するのである。だからそれは、きわめて主体的なものであって、ただ一つの真理ではない。

本質論→歴史段階論を内に含んだ実体論→革命論という方法が、マルクス主義政治学の方法論として浮かびあがってくる。

私たちは、近代国家の本質を、階級支配の政治性のなかに求めた。結局それは、労働過程をとおしての労働者掌握の過程にその政治的本質をみいだす。労働力商品の成立を基礎とし、労働市場を媒介として、最後には法的、制度的に国家の保障をとりつけて、それは成立した。労働過程にこそ、近代的政治支配の本質が内在化していた。

しかし労働者は、この労働過程をとおして労働と労働力のもつ矛盾につきあたる。労働者は労働過程をはなれて、自分を階級として組織することはできない。革命が労働過程の政治性を止揚するとき、国家・政治の廃止は、その端緒をひらく。*

書評 国家論の基本的解明に挑む

柴田高好著『マルクス国家論入門』

『資本論』第一版が発表されて一〇〇年以上を経た現在、一〇〇年以上も前に原理的に明らかにされていた労働者の解放された社会が、いまなお成立していないという事実を、いままでの社会主義理論を批判的に検討しなおすことを通して追求しようとする試みが、さまざまの視点からなされている。その一つとして本質的な意味でのスターリン主義批判が、日本で開始されて久しいが、現在では、スターリン主義を本当に超えるためには「レーニンは正しい」という前提をも捨てなければならないという指摘が、幾人かの人々から提出され始めている。荒っぽくいえば、エンゲルス→レーニン→スターリンという理論的系脈は、実は本来のマルクス主義とは異質なものではないのか、とする指摘である。

柴田氏がかつて『マルクス主義政治学序説』を出版したとき（一九六四年）、当時、新しいマルクス主義の闘いを開始していた人々に、宇野経済学が登場した時にも似た新鮮な衝撃を与えた。

「われわれは、政治そのものの否定、止揚のために、そのために、そのための政治学としてのマルクス主義政治学を研究し学ぶのである」。六九年出版の『国家の死滅』では、無政府主義的心情をひきあいに出しながら、レーニン国家論の批判を部分的に提出していた。

本書は、そういった柴田氏の政治学的関心の一つの頂点を示すものである。マルクスは「近代国家の特質をより明らかならしめるものとして」(本書一章)国家論＝政治学をつくりだしていった。近代国家は「ブルジョア階級の共同利害のための組織形態と市民社会全体の総括形態という二つの矛盾物の統一として」(同)とらえられた。プロレタリア革命は、社会の上部にある国家を「社会の下に完全に従属する機関に変え」「ついには国家を廃止」(二章)するものとして解明された。しかしエンゲルスを経てレーニンは、マルクス的な市民社会と政治的国家との弁証法的構造をとらえていなかった(三、四章)。それゆえにレーニンの「国家は廃止するのではなく死滅するのだ」という国家論、革命論は、革命後の国家を「社会の上に位置づけ」、マルクスとは逆に「国家の中に社会を吸収してしまう方向において問題を解決しようとするのである」(五章)。

マルクスの思想を正しく認識することによって現代政治学の桎梏を乗りきろうとする柴田氏の方法は、現代のマルクス主義の状況に対する一つの問題提起であろう。しかし柴田氏のように、レーニンの思想がマルクス主義の本質的無理解のうえになりたっており、それゆえに革命の過程で誤りをおかしたと考える限り、およそ不完全なわれわれは、何度でも誤りをくりかえすだろう。〝思想的に不完全な〟人間によって担われ、しかし自らと労働者を解放するものこそプロレタリア革命である。最高の指導者こそ最大の実践家であり、最大の理論家であるべきだとする、あまりにもレーニン的な理論的範疇からは、社会と民衆のもとに国家を従属させる革命の方法は生まれてこない。

いま必要なことは、労働者解放の理論であるマルクス主義が、実際の階級闘争と連鎖する根拠、方法を明らかにすることであろう。その根拠、方法は全労働者、民衆の共有財産でなければならない。マルクス的にいうなら「現実の人間から出発する思想・理論」（例えば『ドイツ・イデオロギー』）は、どうしたらその言葉通りのものとすることができるだろうか。柴田氏が本書の「はしがき」で述べている武谷－宇野的三段階論の政治学への適用は、氏の長年、主張してきた方法論の一つであろう。

私は、現代社会において最も政治的なものは、生産における労働力支配の構造ではないかと考えている。自分の労働ではないかのような労働力を通して、人間が支配されていく過程である。そこには近代国家のもつ二重の構造が凝縮されているように思える。そして生産における二重性との関係において、近代国家は特殊な、独自の構造をかもしだしているのではないだろうか。このことをたとえ感覚的であれ、もっともよく感じているのは、当の労働者である。柴田氏の指摘のようにではなく、レーニンを含めてこれまでのマルクス主義政治学に欠けていた、人間の労働過程と国家、革命との関係を明らかにすることこそ、理論と実際の闘争とを連鎖する第一の前提となるのではないだろうか。

*——註

労働過程論ノート

序章

028頁*——たとえば『社会科学と弁証法』(岩波書店)での宇野弘蔵と梅本克己の論争は、そのことを端的に示している。宇野の、マルクス経済学は科学であってそこから革命の必然性は引き出せない、という説が、むしろそこでは有効性をもってしまっているのである。

029頁*——この宇野の方法論については、多くの批判もまた存在することは、知られているとおりである。しかしマルクスは、経済学において、人間存在、人間実践の分析をおこなっているのではなく、商品の生産過程(流通過程)の原理的な分析を試みているのだから、この宇野の指摘は、そのかぎりでは正しいものといわざるをえない。

030頁*——もっとも、この部分では、ヘーゲル哲学とドイツ社会との関係において、その双方を止揚することをマルクスは提起しているのであって、今日的な意味においてプロレタリアートと哲学の関係を論じているとするのは多少の無理があるといえるだろう。しかしここで重要なことは、マルクスが直観的に感じとった、このようなプロレタリアートと哲学の関係を内部にもった哲学体系を、その後マルクスは生みだしたのか、という問題である。

031頁＊――労働力商品の無理については、宇野に代表される、労働力が特定の使用価値をもたないという面からの考察と、労働力が労働者という人格と不可分であるというところから説明するものとがある（哲学としては梅本克己、また労働経済学の立場から隅谷三喜男など）。そのことをわたしがどのようにとらえているかは後述するところとなる。

032頁＊――『資本論』で、なぜマルクスは「労働過程」を「剰余価値の生産」のなかで扱ったのか、考えてみる必要があるだろう。

037頁＊――ワイトリングの社会主義革命論は、当時としては卓抜したすぐれたものであったが、資本主義を倒す革命の独自性を考察するには、多くの不十分な面をもっている。ワイトリングの論文は、『資料ドイツ初期社会主義』（平凡社）を参照。

038頁＊――そのことについては、共産主義者同盟内部の論争を考察することが必要である。

＊＊――当時、バクーニン派がプロレタリアートを革命の中心勢力とすることに反対していたことについては、望月清司の論文を参照にするとわかりやすい（「『ゴータ綱領批判』の思想的座標」、『思想』一九七六年四月号）。

039頁＊――この側面の研究については、宇野弘蔵の研究、並びに岩田弘『資本主義と階級闘争』（社会評論社）を参照。

044頁＊――梅本克己「唯物論における主体性の問題」（『マルクス主義における思想と科学』三一書房、収録）

045頁＊——マルクス『フォイエルバッハへのテーゼ』(『ドイツ・イデオロギー』岩波文庫版、収録)

046頁＊——同上

＊＊——梅本「主体性と階級性」(『唯物論と主体性』現代思潮社、収録)

＊＊＊——田中が『主体的唯物論への途』(労働文化社、のち季節社より再版)によって、マルクスの『経済学・哲学草稿』の重要性を提起したことは、この論争に大きな転機を与えた。またこの点についての梅本の経緯は、『人間論』(三一書房)に詳しい。

048頁＊——そのことについての共通目的をもっていたものとしては、田中吉六、梯明秀をあげることができる。

049頁＊——その結論には支持しがたいものがあるが、しかし一九六〇年代後半以降提起された中岡哲郎の個別的な疎外の追求は、このような疎外論の「空隙」を衝いたものであったことは事実である。

＊＊——たとえば『現代日本の革新思想』(河出書房)などはその類例である。

050頁＊——さしあたっては、マルクス『経済学批判・序説』を参照。

055頁＊——マルクス経済学の問題点を、マルクス主義的立場から提起した隅谷三喜男の「労働経済学」においても、労働者の主体性は生活過程のなかに設定された。そのため、重要な提起にもかかわらず、労働者がなぜ資本制社会を止揚するのかという根拠は、明確化されないという面をつくりだした。

第一章

062頁＊――マルクス『資本論』大月書店版　第一巻　二三三頁
＊＊――同上　二三四頁
＊＊＊――同上　二三四頁
＊＊＊＊――同上　二三六頁
063頁＊――同上　二四一頁
064頁＊――同上　二四三頁
＊＊――同上　二四二頁
＊＊＊――同上　二四三頁
065頁＊――同上　二三〇頁
066頁＊――同上　三九六―三九七頁
＊＊――同上　四〇八頁
069頁＊――同上　二三四頁
075頁＊――フォイエルバッハ『キリスト教の本質』船山信一訳
076頁＊――わたしは、肉体労働と精神労働を、分けることのできない一つの労働のなかの両面、すなわち、精神的な面と肉体的な面というようにとらえている。普通は、精神労働と肉体労働については、労働の分業という観点から語られている。それはときとして、資本家は精神労働をおこない、労働者は肉体労働をするというような、卑俗な見解につながっていく。しかし精神だけの労働、肉体だけの労働などというものは、しょせんありうるはずがない。だから労働の疎外という問題も、けっして精神労働と肉体労働の分離にその原因があるのではない。労働の疎外とは、資本主義的な生産過程のなかでの、労働の性格からつくられたものである。さしあたりそのことに関しては、本書第二章を参照していただきたい。

078頁＊——『資本論』前掲書　五〇三頁

079頁＊——『弁証法の諸問題』収録、昭和二十一年十一月初版発行。なお現在では、勁草書房から復刊されている。

＊＊——技術を労働手段の体系として規定したのは、相川春喜であった。それはまた唯研のほぼ統一した見解でもあったから、たとえば戸坂潤も「普通、『技術』とは労働手段の体系のことだと考えられている」と当時述べている（『科学論』三笠書房・昭和十年）。戸坂は相川の見解を批判したのだが、それでもその批判は、相川が「生産力にぞくする技術性」だけを技術としたのに対し、技術とは「生産関係の領域だけに止まらず広く社会的規模に於て理解され」なければならないというだけのことであり、技術を労働手段という物質形態に求め、技術と人間の目的意識的実践の関係を無視した誤りには、気がつくことはなかった。人間の行為という実践論的問題と技術の関係を提起した武谷技術論は、したがってきわめてすぐれた提起であったといわなければならない。

080頁＊——人為的な諸関係が入り込まない、自然な労働能力の消費—再生産過程を〝自然的労働過程〟とした前項でのわたしの規定と、動物的な労働を自然的労働過程とした星野とのちがいに留意しておいていただきたい。そのちがいは、のちに資本制社会における労働を解くうえで重要な面をつくりだすことになる。

＊＊——『技術論と史的唯物論』。なお原文傍点は割愛した。

082頁＊——ヘンリー・ホッジス『技術の誕生』平田寛訳（平凡社）

第二章

099頁＊——この「生産－労働過程」という単語は、これまで常識的に使われていたものではない。生産過程と労働過程を統一的に表現する言葉がないために（それは労働過程についての掘り下げがあまりおこなわれていない結果だが）、このような単語を生みだすことになった。たとえば、柳川昇・高谷茂木共著の「紡績業における合理化と労働生産性」（『経済学論集』一九五四年十月）には「生産－労働行程」という言葉が使われているが、これは狭い意味での生産と労働の行程をあらわしているため、わたしの意味とは異なっている。それ以外には、宇野弘蔵と宇野学派の一部の人びとが「労働生産過程」という言葉を使用している。これは労働過程と生産過程を統一的に語るものとしては当を得ているのだが、残念ながら労働過程のより深い追求がおこなわれていないために、簡単な意味でしか使われていないようである。

113頁＊——資本主義における労働が抽象的労働になるということは、労働が機械の上での労働となり抽象化する、ということではない。生産過程における生産行為は抽象的労働としての規定性をもつ、ということである。ゆえにそれは、労働過程が具体的な労働を基盤にするということへの対応を示すのであって、労働全体が具体的に抽象化するわけではないのである。

114頁＊――同時にみておけば、この生産過程の論理を基本にして資本の自己運動はおこなわれる。だから資本は、価値の生産だけを自己目的化するのであり、具体的な生産物をつくりだすことに目的を置いているのではない。したがって、たとえば海運企業が証券取引きをおこない、自動車産業がプレハブ住宅を販売し、繊維企業が不動産取引きをおこなうというように、無関係な業種への拡張がおこなわれるのである。それは〈資本〉が物をつくるということに執着心をもたないからこそできた事象である。

123頁＊――戦前の日本資本主義論争において、講座派は、日本における「封建的残存」を指摘し、天皇制絶対主義の規定をおこなったのであるが、彼らは、資本主義的生産様式は特定の産業部門から生まれてくるということを忘れていた。資本制社会とは、資本主義的生産様式に領導された社会を示すのであって、全社会構造の資本主義的改革に基礎をもつのではないのである。

127頁＊――マルクス『フォイエルバッハへのテーゼ』（前掲『ドイツ・イデオロギー』、収録）

第三章

136頁＊――出雲における「たたら鉄」の場合の参考資料として、『小判・生糸・和鉄』（奥村正二・岩波新書）、『和鋼風土記』（山内登貴夫・角川選書）、『日本鉄鋼産業発達史』（講座現代日本産業発達史）を使用した。

149頁＊――丸山真男「日本ファシズムの思想と行動」（『現代政治の思想と行動』未來社、収録）

162頁＊――わたしは、ベルトコンベアシステムについては、資本主義的生産様式が生みだしたもっとも代表的なものだと考えている。だからこのシステムは、社会主義社会において使用することなどまったく不可能なのである。だが実際には、レーニン時代にソ連でテーラーシステムの導入が決意されて以来、いわゆる「社会主義国」でも、つぎつぎと利用されはじめた。このことは、「社会主義国」のスターリン主義的変質の過程と同時であったことに、われわれは注目しなければならないだろう。

163頁＊――マルクス『資本論』前掲書　二四三頁

164頁＊――ＺＤ運動については、さしあたり、本書『労働過程論ノート』第三章・六項を参照していただきたい。

166頁＊――最近、スウェーデンにおけるボルボ（自動車）でベルトコンベアの廃止がはかられて以来、逆に「協業労働」を復活させる動きがある。日本でも三菱電気などが実験的にベルトコンベアの廃止をおこなっているが、この場合、その動機は労務管理的側面からのものであった。これは分業労働の廃止を意味するものではない。徹底した分業化から生まれてきた矛盾を、分業形態の若干の変更によって解消しようとする試みである。その意味では、分業は資本主義的生産様式の必然的所産であるが、分業形態はいくらでも手直しのきくものである。

167頁＊――造船業について、資料として主として『技術革新と労務管理』（東京大学社会科学研究所編、東大出版会）を使った。

168頁＊――同上

＊＊――同上

第四章

194頁＊――たとえば『社会科学と弁証法』（岩波書店）参照

205頁＊――『日本鉄鋼産業発達史』（飯田賢一・大橋周治・黒岩俊郎編著）より

206頁＊――そのことの証明はここではおこなわない。伊東光晴の諸研究（たとえば『寡占経済論』有斐閣）を参考にしていただけるとよい。

207頁＊――このような生産構造は、基本的には、日本では太平洋戦争期のいわゆる「統制経済下」でつくられたと考えられるが、そのことについてはここではふれない。

211頁＊――「K県」とは神奈川県のことである。ここでは同県の労働市場の分析が目的ではなく、一つの例として扱ったにすぎないので、このように表記した。なおこの項において、ことわりなく使用している労働市場の数値は、すべて『日本労働市場分析』（氏原正治郎・高梨昌著、東大出版会）からの引用である。

217頁＊――ここでの資料は、主に『日本石油産業発達史』（井口東輔編著）を使用した。

＊＊――ここでの「いくつかの例外」とは昭和恐慌以降の設備改革をさすが、そのことについてはここではふれない。

218頁＊――ここでの資料は、主に『日本鉄鋼産業発達史』を使用した。

219頁＊――「五割」をあらわす統計は、ここでは示さないので了解していただきたい。

221頁＊――ここでの資料は、『日立製作所史』を使用した。

240頁＊——ここでの資料は『明治時代産業発達史』（玉城肇編著）を主に使用した。

244頁＊——隅谷三喜男「賃労働の理論について」（『経済学論集』第二三巻第一号）

＊＊——同上

251頁＊——隅谷三喜男の説については、前記「賃労働の理論について」を中心に紹介した。

終章

261頁＊——最近書かれたものとしては、「労働問題研究の基本的視角」（『思想』一九七四年六月号）に詳しい。

272頁＊——現代ソ連論、中国論を検討するとき、その指標をどこに設定するのか。これまでの研究に欠けていたのは、これらの諸国における労働構造の分析ではないかと思う。一般的には、権力構造の解明を軸としておこなわれるが、それは革命の問題を政治権力の奪取だけに置いて考える思考方法から、まぬがれていないからではないか。また労働の問題に言及しても、そのすべてが、これら諸国を賛美するためのものか、もしくはこれらの国にも労働の疎外があることを証明する、そのいずれかの分析しかない。わたしは、これら〝スターリン主義諸国〟、またいわゆる〝後進国〟の労働構造がどのようになっているかをみること抜きには、これら諸国の分析はできないのではないかと思う。経済の国有化は、なんら生産－労働過程の労働者の手への獲得を意味しないのである。資本主義的なものではない生産過程と労働過程の特殊な分離の進行のなかに、これら諸国の労働構造はつくられているのではないかというのが、わたしの考えである。

労働過程と政治支配

324頁＊――「国家は廃止するのではなく死滅するのだ」というレーニンの有名なテーゼに対して国家は死滅するものではなく、実践的に廃止しなければならない、とする理由をここで論ずる余裕はないが、このことを研究した柴田高好『マルクス国家論入門』をあげておく。

330頁＊――マルクス『資本論』大月書店版　第一分冊　二三〇―二三一頁

331頁＊――同上　三九六―三九七頁

335頁＊――マルクス「道徳的批判と批判的道徳」宇野弘蔵訳　改造社版『マル・エン全集』第三巻三六五頁

336頁＊――当然それは国家独占資本主義下で著しいが、それ以前においても、本質は同じである。賃金理論は重要な問題であるので、別に検討したい。

337頁＊――労働市場論は、以上のような角度から細かく研究し直される必要がある。

338頁＊――マルクス『ドイツ・イデオロギー』古在由重訳　岩波文庫版　九三頁

339頁＊――同上　九四頁

340頁＊――マルクス「市民社会と共産主義革命」前掲『ドイツ・イデオロギー』二三二頁

＊＊――「市民社会と共産主義革命」はマルクスが「政治学批判」を書くために用意したメモというべきものである。

324頁＊――ここでは明治四年の天皇制絶対主義の成立から明治二十年代後半の天皇制ボナパルティ

ズムの形成、昭和期のファシズムの勝利とつづいた日本政治史を研究することが不可欠の要素となる。その政治過程で産業ブルジョアジー、ならびに金融資本はいかなる成長をとげたのか。日本資本主義の成長過程と政治体制の変移との関連を、労働過程上の変化の経過と対応させて、研究することは重要である。これについては服部之総の数十点におよぶすぐれた研究があるが、ここでは問題提起にとどめる。

343頁＊――具体的には、コミューンと国家の解体、廃止について研究したマルクスの『フランスの内乱』『ルイボナパルトのブリュメール一八日』『クーゲルマンあての手紙』（一八七一年四月十二日）『ゴータ綱領批判』などを参照して研究されるべきである。

初出および底本

『労働過程論ノート』初出：田畑書店　一九七六年
底本：田畑書店　増補新版一九八四年
「労働過程と政治支配――マルクス主義政治学における労働過程の問題」
『現代の眼』一九七三年十一月号
「書評　国家論の基本的解明に挑む――柴田高好著『マルクス国家論入門』」
『週刊エコノミスト』一九七三年八月十四日号

＊著作集収録にあたり、表記の統一など最小限の加筆修正を行ないました。

内山 節◎うちやま・たかし

一九五〇年、東京生まれ。哲学者。『労働過程論ノート』（一九七六年、田畑書店）で哲学・評論界に登場。一九七〇年代から東京と群馬県上野村を往復して暮らす。趣味の釣りをとおして、川、山と村、そこでの労働のあり方についての論考を展開、『山里の釣りから』（一九八〇年、日本経済評論社）に平明な文体で結実する。そこでの自然哲学や時間論、森と人間の営みの考察が『自然と人間の哲学』（一九八八年、岩波書店）『時間についての十二章』（一九九三年、同）『森にかよう道』（一九九四年、新潮社）などで展開された。近著として『日本人はなぜキツネにだまされなくなったのか』（講談社現代新書）『ローカリズム原論』（農文協）『新・幸福論』（新潮社）などがある。

NPO法人・森づくりフォーラム代表理事。『かがり火』編集長。「東北農家の二月セミナー」「九州農家の会」などで講師を務める。二〇一〇年四月より立教大学大学院21世紀社会デザイン研究科教授。

内山節著作集1

労働過程論ノート

二〇一五年三月十五日　第一刷発行

著者　内山　節

発行　一般社団法人農山漁村文化協会
〒一〇七-八六六八　東京都港区赤坂七-六-一
電話　〇三-三五八五-一一四一（営業）　〇三-三五八五-一一四五（編集）
ファックス　〇三-三五八五-三六六八
振替　〇〇一二〇-三-一四四四七八
http://www.ruralnet.or.jp/

印刷　株式会社東京印書館

ISBN978-4-540-14125-6〈検印廃止〉
 定価はカバーに表示。

DTP制作――株式会社農文協プロダクション
ブックデザイン――堀渕伸治◎tee graphics

内山節著作集　全15巻

価格は本体価格

第1巻　**労働過程論ノート**

人間の存在を労働過程としてとらえ、そこから人間の解放を展望するデビュー作。　二九〇〇円

第2巻　**山里の釣りから**

川を「流れの思想」からとらえ、山里の暮らしから労働の二面性をみる記念碑的作品。　二九〇〇円

第3巻　**戦後日本の労働過程**

経済学とは別の立場から、現実の社会のなかで生きる労働者の存在をとらえる現状分析論。　二九〇〇円

第4巻　**哲学の冒険**

十五歳の「僕」が、自分の存在に対する迷いから哲学の扉を開いていく異色の哲学入門。　二八〇〇円

第5巻　**自然と労働**

エッセイという形式で存在論、労働存在論、労働過程論を、現代に再出発させる試み。　二八〇〇円

第6巻　**自然と人間の哲学**

自然と人間、そこでの労働の意味を問い直し、現代における自然哲学の構築を目指す。　二九〇〇円

第7巻　**続・哲学の冒険**

一人の高校生が「近代における人間存在からの解放」という重い課題を背負う哲学的自伝。　二七〇〇円

第8巻　戦後思想の旅から
戦後生まれの目から、「民主的」な戦後社会に潜む管理と自由の喪失をあぶり出す。　二七〇〇円

第9巻　時間についての十二章
直線的に過ぎ去る「時の矢」としての時間と、循環する時間の違いをとらえる時間論。　二八〇〇円

第10巻　森にかよう道
知床から屋久島まで日本全国の森を訪ね、「森と人間との営み」の回復を展望する。　二八〇〇円

第11巻　子どもたちの時間
近代的学校制度が破壊した村の循環的な時間。時間論からの根源的な教育批判。　二七〇〇円

第12巻　貨幣の思想史
スミスやマルクス、ケインズなど近現代経済思想を「貨幣と人間の関係」から読み解く。　二八〇〇円

第13巻　里の在処（ありか）
上野村に古民家を譲り受けた著者が、四季折々にむら人と交流する姿を小説風に描く。　二七〇〇円

第14巻　戦争という仕事
現代の労働に潜む「戦争」との共通性。労働の改革から無事な世界への道筋を示す。　二九〇〇円

第15巻　共同体の基礎理論
解体されるべきものでなく、自然と人間の基層から未来を拓く可能性としての共同体論。　二七〇〇円